华中地域乡镇村国土空间规划编制研究
——以湖北省为例

张力文 著

东南大学出版社
·南京·

内容提要

本书以华中地域为例,构建了国土空间规划体系下乡镇村国土空间规划编制的逻辑框架;结合国家提出的村庄类型以及省、市、县等上位规划确定的职能分工,同时考虑乡村地域自身特色与发展条件,构建了乡镇分类指标体系,明确了不同类型乡镇的发展目标与战略指引。乡镇村国土空间规划在逐层传导落实上位规划约束性指标和刚性管控要求的同时,依据乡镇村自身发展条件,融入全域土地综合整治策略,确定产业经济、社会发展、国土空间保护开发等方面的规划目标,优化乡村空间布局。规划案例表明,乡镇村国土空间规划研究为乡村地域的高质量发展和高品质生活提供了科学的理论保障。

图书在版编目(CIP)数据

华中地域乡镇村国土空间规划编制研究:以湖北省为例/张力文著. --南京:东南大学出版社,2025. 7. -- ISBN 978-7-5766-1559-3

Ⅰ. F129.9

中国国家版本馆 CIP 数据核字第 2024D4F301 号

策划编辑:邹 全　责任编辑:秦艺帆　责任校对:张万莹　封面设计:王 玥　责任印制:周荣虎

华中地域乡镇村国土空间规划编制研究——以湖北省为例

Huazhong Diyu Xiangzhencun Guotu Kongjian Guihua Bianzhi Yanjiu ——Yi Hubei Sheng Wei Li

著　　者	张力文
出版发行	东南大学出版社
出 版 人	白云飞
社　　址	南京四牌楼2号　邮编:210096　电话:025-83793330
网　　址	http://www.seupress.com
经　　销	全国各地新华书店
排　　版	南京布克文化发展有限公司
印　　刷	广东虎彩云印刷有限公司
开　　本	787mm×1 092mm　1/16
印　　张	12
字　　数	278千字
版 印 次	2025年7月第1版第1次印刷
书　　号	ISBN 978-7-5766-1559-3
定　　价	59.00元

本社图书若有印装质量问题,请直接与营销部调换。电话(传真):025-83791830

前言

乡村振兴战略是基于我国未来经济发展转型和经济结构优化的宏观战略。习近平总书记在党的十九大报告中指出,实施乡村振兴战略,是解决新时代我国社会主要矛盾、实现"两个一百年"奋斗目标和中华民族伟大复兴中国梦的必然要求,具有重大现实意义和深远历史意义。乡村作为我国行政区划的重要基础单元,是实施乡村振兴战略的重要抓手。

党的十八大以来,作为国家治理体系的重要组成部分,我国通过出台一系列政策持续推进空间规划体系改革。2019年中共中央、国务院印发《关于建立国土空间规划体系并监督实施的若干意见》,明确了以国家级、省级、市级、县级、乡镇级五级,以及总体规划、详细规划、专项规划三类规划构建国土空间规划体系。本书针对"乡镇村"国土空间规划编制开展研究,"乡镇村"涵盖了五级三类国土空间规划中的乡镇国土空间规划以及村庄规划,是乡村振兴各类开发保护建设活动的基本依据和重要抓手,对全面构建国土空间规划具有重要意义。本书对大量政策文件进行了梳理汇总,充分研究了国内外的相关研究以及规划实践,在此基础上,构建了国土空间规划体系下具有湖北特色且实用的国土空间规划编制范式,助力华中地域的乡村振兴战略实施。

本书共七章,第一、二章对乡镇村国土空间规划相关理论研究及实践进行分析,全面梳理振兴战略、国土空间规划体系中关于乡镇村地域的要求,以及乡镇村空间规划的发展历程、相关概念及理论。第三章以湖北省为例,分析华中地域乡镇村地域的现状特点以及乡镇村国土空间规划的编制现状,为后续研究提供有力基础。第四章结合湖北省乡镇特征,从经济社会、自然资源、生态保护和区位特征等方面,分层次构建乡镇规划类型划分的指标体系和评估模型。第五章形成乡镇国土空间规划的编制逻辑框架,构建"目标—格局—要素—单元—地块"的编制传导体系及编制重点内容。第六章以村庄为分析单元,探讨村庄规划的编制思路,并从编制内容、工作程序、编制成果等方面提出编制策略。第七章通过实证研究证明本书的研究方法具有一定的普适性和推广性。

本书是湖北省空间规划研究院横向研究项目"湖北省乡镇级国土空间规划编制理论与实践研究""全域国土综合整治指导下的实用性村庄规划编制研究",以及湖北省高等学校哲学社会科学研究重大项目(省社科基金前期资助项目)(22ZD152)"基于乡村振兴战略的湖北乡村国土空间规划研究"的研究成果。本书由武汉华夏理工学院张力文撰写。此外,本书部分内容也来自团队的规划实践项目。在此,向项目团队的老师——武汉华夏理工学院的张城芳教授、刘雄老师、向添媛老师、杨亨老师致以衷心的感谢,感谢各位老师的帮助与指导。

由于写作时间及水平有限,疏漏与不足之处在所难免,恳请各位专家、学者及读者给予批评指正。

张力文

2024 年 2 月

目录 Contents

第一章 乡镇村国土空间规划总论 ·· 001
1.1 相关概念界定 ··· 001
1.2 乡镇村国土空间规划发展历程 ··· 002
  1.2.1 乡镇国土空间规划的发展历程 ································ 003
    1.2.1.1 乡镇发展历程 ·· 003
    1.2.1.2 乡镇国土空间规划发展历程 ··························· 003
  1.2.2 实用性村庄规划发展历程 ······································ 005
1.3 新时代乡镇村国土空间规划特征 ····································· 006
  1.3.1 乡镇国土空间规划编制的特征及要求 ······················· 006
    1.3.1.1 乡镇总体规划现状 ······································ 007
    1.3.1.2 乡镇国土空间总体规划的转变方向 ··················· 007
  1.3.2 实用性村庄规划的基本特征 ··································· 008
    1.3.2.1 实用性村庄规划的内涵 ································ 008
    1.3.2.2 实用性村庄规划的基本特征 ··························· 009

第二章 乡镇村国土空间规划相关理论及实践 ······················· 011
2.1 相关理论研究 ··· 011
  2.1.1 乡镇国土空间规划相关理论研究 ····························· 011
  2.1.2 乡镇分类研究 ··· 013
2.2 编制要求分析 ··· 017
  2.2.1 相关政策解读 ··· 017
  2.2.2 技术标准分析 ··· 029

第三章 湖北省乡镇村基本概况 ··· 037
3.1 基本概况 ··· 037
3.1.1 湖北省行政区划概况 ··· 037
3.1.2 湖北省总体格局 ··· 038
3.2 湖北省乡镇村现状情况 ··· 039
3.2.1 地形地貌分析 ··· 039
3.2.2 人口分布情况 ··· 043
3.2.3 经济发展情况 ··· 044
3.2.4 道路交通情况 ··· 046
3.2.5 水系分布情况 ··· 047
3.2.6 三区空间分布情况 ··· 048
3.2.7 碳排放分析 ··· 050
3.3 湖北省乡镇村国土空间规划编制情况分析 ······························· 052

第四章 湖北省乡镇分类评估 ··· 058
4.1 数据来源与处理 ··· 058
4.1.1 统计年鉴类数据 ··· 058
4.1.2 地理空间类数据 ··· 058
4.1.2.1 遥感影像数据 ··· 058
4.1.2.2 POI数据 ··· 059
4.1.2.3 夜间灯光数据 ··· 060
4.1.2.4 高程数据 ··· 060
4.1.2.5 道路网数据 ··· 060
4.2 乡镇分类指标体系构建 ··· 060
4.2.1 指标体系构建原则 ··· 060
4.2.2 指标体系构建 ··· 061
4.2.3 指标权重定量分析方法 ··· 063
4.2.4 指标权重确定 ··· 064
4.3 乡镇分类评估方法 ··· 067
4.3.1 乡镇分类方法 ··· 067
4.3.2 分类流程 ··· 068
4.3.3 乡镇类型含义 ··· 069
4.4 湖北省乡镇分类评估结果及分析 ······································· 070
4.4.1 乡镇分类结果 ··· 070
4.4.2 "综合"发展分类结果及分布特征分析 ······························· 071
4.4.3 "特色"发展分类结果及分布特征分析 ······························· 072
4.4.4 各类乡镇规划策略 ··· 073

第五章 基于分类的湖北省乡镇国土空间规划编制要点 ········· 076
5.1 乡镇国土空间总体规划的编制逻辑 ········· 076
5.1.1 乡镇国土空间总体规划原则 ········· 076
5.1.2 乡镇国土空间规划编制基本要求 ········· 077
5.2 湖北省乡镇国土空间规划编制要点 ········· 077
5.2.1 目标 ········· 079
5.2.2 格局 ········· 083
5.2.2.1 国土空间格局 ········· 083
5.2.2.2 三线划定与管控 ········· 085
5.2.2.3 规划分区与国土空间功能结构调整 ········· 085
5.2.3 要素 ········· 086
5.2.3.1 资源保护与利用 ········· 086
5.2.3.2 支撑体系 ········· 087
5.2.4 单元 ········· 089
5.2.4.1 划分目的及意义 ········· 089
5.2.4.2 划分原则 ········· 089
5.2.4.3 城镇（乡集镇）编制单元规划指引 ········· 089
5.2.4.4 村庄编制单元规划指引 ········· 091
5.2.5 地块 ········· 093
5.3 不同类型乡镇编制要点 ········· 095

第六章 湖北省乡村国土空间规划编制思路 ········· 100
6.1 乡村国土空间规划编制框架研究 ········· 100
6.1.1 国土空间规划体系中的乡村规划 ········· 100
6.1.2 乡村国土空间规划编制框架 ········· 101
6.2 实用性村庄规划编制关键点 ········· 102
6.2.1 实用性村庄规划分类 ········· 102
6.2.1.1 村庄类型的划分 ········· 102
6.2.1.2 湖北省五类村庄的特征 ········· 103
6.2.1.3 湖北省村庄分类方法 ········· 104
6.2.2 基础研究 ········· 108
6.2.2.1 传统村庄规划基础调研主要内容 ········· 108
6.2.2.2 基于"三调"的用地要素细化调研 ········· 108
6.2.2.3 村民参与式调研 ········· 113
6.2.2.4 底图底数构建 ········· 114
6.2.3 产业规划与用地布局 ········· 115
6.2.3.1 用地支持政策 ········· 115
6.2.3.2 建管并重，落实各项管控要求 ········· 115

     6.2.3.3 五类村庄产业及用地布局规划策略 115
   6.2.4 融入全域国土综合整治 117
     6.2.4.1 全域国土综合整治与村庄规划的衔接 117
     6.2.4.2 上位规划对村庄规划的要求 118
     6.2.4.3 村庄规划中全域国土综合整治内容 120
 6.3 实用性村庄规划编制工作程序及编制成果 122
   6.3.1 工作程序 122
   6.3.2 编制成果 123

第七章 实践案例分析 126
 7.1 乡镇国土空间规划实践案例 126
   7.1.1 四川省广元市青溪镇国土空间规划 126
     7.1.1.1 基本情况 126
     7.1.1.2 编制内容 127
   7.1.2 安徽省亳州市十九里镇国土空间规划 129
     7.1.2.1 基本情况 129
     7.1.2.2 编制内容 129
   7.1.3 广西壮族自治区融水县香粉乡国土空间规划 131
     7.1.3.1 基本情况 131
     7.1.3.2 编制内容 131
   7.1.4 湖南省衡南县宝盖镇国土空间规划 132
     7.1.4.1 基本情况 132
     7.1.4.2 编制内容 133
   7.1.5 小结 134
 7.2 村庄规划实践案例 135
   7.2.1 集聚提升类村庄规划编制实证研究——以鸡头山村为例 135
   7.2.2 城郊融合类村庄规划编制实证研究——以黄荆塘村为例 138
   7.2.3 农耕传承类村庄规划编制实证研究——以新河口村为例 141
   7.2.4 特色保护类村庄规划编制实证研究——以青林寺村为例 143
   7.2.5 搬迁撤并类村庄规划编制实证研究——以十里桥二村为例 145

附件 湖北省各乡镇分类情况及碳源、碳汇、碳排放数据 147

第一章

乡镇村国土空间规划总论

1.1 相关概念界定

1. 镇(乡)域
镇(乡)人民政府行政的地域。
2. 镇区(乡集镇)
镇(乡)人民政府驻地的建成区和规划建设发展区。
3. 中心村
镇村体系规划中,设有兼为周围村服务的公共设施的村。
4. 基层村
镇村体系规划中,中心村以外的村。
5. 行政村
由依法设立的村民委员会进行村民自治的管理范围。
6. 国土空间规划
对国土空间的保护、开发、利用、修复做出的总体部署与统筹安排。
7. 乡镇国土空间规划
乡镇,从字面上看,由"乡"和"镇"组成,是我国最基层的行政机构。虽然乡和镇在经济发展水平、人口规模、农村人口和农业经济占比等方面存在差异,但两者都是以乡镇政府驻地为中心、以农业空间为主体的混合区域,是连接城市和乡村、推动城乡经济社会有序发展的重要行政单元。国土空间是实现保护、开发建设的物质载体,是居民进行生产和生活的场所,根据空间活动类型可分为生态空间、农业空间和居民点空间。乡镇国土空间规划是在现有乡镇空间布局的基础上对空间进行有效调整,以实现乡镇域内的自然环境、社会生活以及产业经济的可持续发展。

乡镇国土空间规划是乡村建设规划许可的法定依据,要体现落地性、实施性和管控性,突出土地用途和全域管控,对具体地块的用途做出确切的安排,对各类空间要素进行有机整合,充分融合原有的土地利用规划和村庄建设规划。

8. 乡村规划

"乡村"是指具有大面积农业或林业土地使用或有大量的各种未开垦土地的地区,其中包含着以农业生产为主,人口规模小、密度低的人类聚落。关于"乡村规划"的概念没有权威的定义,在传统的城规中,乡、村庄规划是指对一定时期内乡、村庄的经济和社会发展、土地利用、空间布局以及各项建设的综合部署、具体安排和实施措施。

9. 村镇体系

镇(乡)人民政府行政地域内,在经济、社会和空间中有机联系的镇区(乡集镇)和村庄群体。

10. 村庄规划

村庄规划作为国土空间规划体系的重要组成部分,是法定规划,是国土空间规划体系中乡村地区的详细规划,是开展国土空间开发保护活动、实施国土空间用途管制、核发乡村建设项目规划许可、开展全域土地综合整治、进行各项建设等的法定依据。

11. 生态修复和国土综合整治

遵循自然规律和生态系统内在机理,对空间格局失衡、资源利用低效、生态功能退化、生态系统受损的国土空间进行适度人为引导、修复或综合整治,维护生态安全、促进生态系统良性循环。

12. 国土空间用途管制

以总体规划、详细规划为依据,对陆海所有国土空间的保护、开发和利用活动,按照规划确定的区域、边界、用途和使用条件等,核发行政许可、进行行政审批等。

13. "三区三线"

"三区"是指城镇空间、农业空间、生态空间三种类型的国土空间。其中,城镇空间是指以承载城镇经济、社会、政治、文化、生态等要素为主的功能空间;农业空间是指以农业生产、农村生活为主的功能空间;生态空间是指以提供生态系统服务或生态产品为主的功能空间。"三线"分别对应在城镇空间、农业空间、生态空间划定的城镇开发边界、永久基本农田、生态保护红线三条控制线。

1.2 乡镇村国土空间规划发展历程

回顾我国乡村规划的编制历史,其有法可依的编制阶段始于《村庄和集镇规划建设管理条例》(1993),随后我国相继颁布了《村镇规划编制办法(试行)》(2000)、《县域村镇体系规划编制暂行办法(试行)》(2006)和《中华人民共和国城乡规划法》(2008)。在相关法律法规的指导下,我国近年来编制了一系列的乡村规划,有综合型规划、专项规划及各类建设规划,如村庄布点规划、乡村土地利用规划、村庄建设规划、美丽乡村规划、村民住房规划、村庄环境整治规划、农业布局规划、生态空间规划、乡村风貌规划。各类规划定位不明、层级失衡,难以与县、镇、村三级政府事权相呼应[①]。

---

① 李开明,岳丽莹,李开顺. 国土空间规划体系下乡村空间规划框架的优化策略[J]. 规划师,2020,36(24):28-34.

1.2.1 乡镇国土空间规划的发展历程

1.2.1.1 乡镇发展历程

乡镇是我国最基层的行政机构，在农村乃至整个国家经济社会发展中发挥着基础性作用。"乡制"始于西周，已有3 000余年的历史，几千年来，我国乡镇设置不断演变。1949年中华人民共和国成立后，大致可以分为五个演变阶段：

第一阶段(1949—1957年)：确定乡镇作为最基层的政权组织。新中国成立后，在全国范围内逐步开始了土地改革和基层政权建设，实行县、区、乡三级人民代表会议。1957年农村开始撤区并乡。

第二阶段(1958—1980年)：人民公社时期。人民公社实行"政社合一"体制，原镇党委改称公社党委，镇人民委员会改组为社务委员会。生产大队（管理区）是分片管理工农商学兵和进行经济核算的基本单位。生产队是劳动组织单位。人民公社实行"政社合一"体制，公社兼有国家行政管理和集体经济经营管理双重职能[①]。

第三阶段(1981—1985年)："社改乡"时期。从这一阶段开始，我国进入改革开放的崭新历史时期。人民公社体制逐渐开始解体，乡镇重新成为我国最基层的政权组织。1982年12月，宪法规定"乡、民族乡、镇设立人民代表大会和人民政府""乡、民族乡、镇的人民政府执行本级人民代表大会的决议和上级国家行政机关的决定和命令，治理本行政区域内的行政工作""农村按居住地设立的村民委员会是基层群众性自治组织"，从此确立起"乡政村治"体制模式[②]。

第四阶段(1986—1998年)：撤并乡镇和县乡综合改革。1986—1989年：撤并乡镇，由于1983年中央文件中"乡的规模一般以原有公社的管辖范围为基础，如原有公社范围过大的也可以适当划小"的规定给地方留下较大的操作空间和灵活性，造成了新建乡的规模普遍变小，建制镇的数量猛增。于是从1986年开始，各地又开展了"撤并乡镇"工作，建制乡的数目从1985年的8.3万个左右下降到1988年的4.5万个左右。

第五阶段(1999—2008年)：农村税费改革和农村综合改革。1999年，全国开展地方机构改革，对乡镇采取适度撤并、压缩财政供养人员、归并事业站所等措施，并首次提出乡镇机构改革要与农村税费改革密切配合。

2009年3月，中共中央办公厅、国务院办公厅印发了《中央机构编制委员会办公室关于深化乡镇机构改革的指导意见》。2009年，全国已完成机构改革的乡镇达1.9万余个，全部乡镇的改革任务于2012年完成。

截至2019年12月，全国共有38 734个乡级区划，包括8 516个街道、20 975个镇、8 122个乡、966个民族乡、153个苏木、1个民族苏木、1个县辖区。

1.2.1.2 乡镇国土空间规划发展历程

村镇体系规划是统筹区域内村镇发展的重要手段，村镇体系规划的发展大致经历了

[①] 朱介鸣. 乡镇在城乡统筹发展规划中的地位和功能：基于案例的分析[J]. 城市规划学刊，2015(1)：32-38.
[②] 张茜. 后农业税时代乡镇政府职能转变研究[D]. 济南：山东师范大学，2011.

初期探索、逐步发展、内涵拓展和创新发展等4个主要阶段。在早期的城乡发展和规划编制中，有确定和统筹某一区域众多村镇发展战略、资源配置、建设规范等需求，由此，村镇规划也学习城镇规划，引入"村镇体系"规划概念，并在其后的理论研究和实践中不断拓展村镇体系规划内涵和研究范围。

我国当代空间类规划起源于新中国成立初期的建设需要，并于20世纪50年代在借鉴国外规划经验的基础上逐步形成。在早期的计划经济体制下，城乡空间建设规划并不完善，主要扮演服务于计划经济目标的角色，作为经济计划具体实施步骤中的一部分，归建设部门分管，此时的空间规划并未明确提出"村镇体系"等概念；改革开放后，随着城乡规划、土地规划和地理学等学科的发展，国内学者将西方"城镇体系"规划相关思想引入空间规划体系，相关研究逐渐兴起。1984年，《中华人民共和国城市规划条例》首次明确将"城镇体系的合理部署"纳入法定内容，标志着其正式融入城乡空间规划体系框架。1989年，城镇体系规划作为法定规划被纳入城乡规划体系中，通过知网检索，关于"村镇体系"的研究目前最早见于1987年由童循湘等发布于《小城镇建设》杂志05期中的《攸县县域村镇体系布局探讨》，文章主要参考当时城镇体系规划的理论框架对攸县县域内村镇体系发展战略、村镇层次结构、村镇地域结构、村镇功能结构、村镇规模结构等方面进行了研究。此时正值城镇化和城镇建设加速阶段，而且城乡二元结构差异明显，空间类规划多以城市为研究重点，对于村镇研究关注度较低，对于村镇体系规划的研究重视度不足，研究仅停留在较浅层面。

20世纪90年代，随着国内城乡建设的推进和实践经验的积累，以城乡规划为代表的空间建设类规划编制体系逐步完善，城镇体系规划进入快速发展期，研究热度不断升温，研究内涵也逐步拓展到广大农村区域。1993年发布的《村镇规划标准》(GB 50188—93)首次以标准的形式明确了村镇体系中村镇的层级分类(分别是中心镇、一般镇、中心村、基层村)和村镇建设用地标准；2000年发布的《村镇规划编制办法(试行)》将村镇体系研究作为村镇总体规划的主要研究内容之一；2006年发布的《县域村镇体系规划编制暂行办法》将村镇体系规划上升至法定地位，并系统地从总则、编制组织及编制要求等方面划定了村镇体系规划的编制规范，并将村镇规划的概念定义为"政府调控县域村镇空间资源、指导村镇发展建设，促进城乡经济、社会和环境协调发展的重要手段"；《镇规划标准》(GB 50188—2007)将村镇体系编制范围进一步细化至"镇域"范围，并提出镇域"镇村体系"的概念，虽然从县域的"村镇体系"到镇域的"镇村体系"在提法上有所改变，但前后研究内涵和研究对象均未变化，且研究框架基本一致①。

至2007年前后，我国关于"村镇体系"的研究内容已经基本确定，随着全国对村镇体系规划编制的需求增加，各地纷纷展开村镇体系规划编制的实践研究；随着国家对城乡发展不平衡问题的逐步重视，城乡规划领域也越发关注乡村区域的规划发展问题，住房和城乡建设部2010年发布的《镇(乡)域规划导则(试行)》涵盖了村镇区域内经济社会发展与产业布局、空间利用布局与管制、居民点布局、交通系统、供水及能源工程、环境卫生治理、公共设施、防灾减灾和历史文化及特色景观资源保护等九个方面的规划内容，对"村镇体

---

① 汪燕衍. 乡(镇)级土地利用规划与村镇规划的比较及协同研究[D]. 武汉：华中农业大学，2011.

系规划"内容做了进一步的补充与完善,从研究广度和深度上都有较大的提升①。

随着我国城镇化水平的提高和城乡建设需求的逐步转变,村镇规划思想经历了从新农村建设到美丽乡村建设,再到如今的乡村振兴的逐步革新。从《住房城乡建设部关于做好2014年村庄规划、镇规划和县域村镇体系规划试点工作的通知》发布开始,村镇体系规划正式开始了"多规合一"的探索工作,在"规划一张图"的背景要求下,不断融合国民经济、社会事业、产业发展类规划、生态及资源环境约束类规划等规划思想,有从空间开发建设型规划转变为开发与保护并重的综合性规划的趋势。2019年《中共中央 国务院关于建立国土空间规划体系并监督实施的若干意见》的发布,标志着国内国土空间类规划自上而下的第一次大整合,表明国土空间规划体系顶层设计和"五级三类"规划骨架已经形成,隶属于国土空间建设类规划的"村镇体系规划"也进入了全面创新发展阶段②。乡镇作为城市与农村之间的过渡空间与纽带,是实现生产空间集约高效、生活空间宜居适度、生态空间山清水秀的国土空间格局的重要环节之一。乡镇国土空间规划作为体系内的最底层规划,对于落实上位规划、执行保障自然资源资产的可持续性和提高人民生活品质有着天然的直接性和基础性。

1.2.2 实用性村庄规划发展历程

我国村庄规划是从20世纪90年代末正式拉开序幕的,国家关于农村政策发展演变经历了从"社会主义新农村建设"的初级乡村阶段向"乡村振兴"的全面小康阶段逐步迈进的过程。2004—2018年,中共中央、国务院先后发布了多个"三农"主题的"一号文件"。这些"一号文件"虽然没有系统性地发布乡村治理政策,但也是根据中国"三农"问题实践发展而制定的改善乡村治理状况的重要文件。可见,我国的乡村政策发展经历了一个长期的摸索过程,并不断从经济、产业、体制机制等方面探索(图1.1)。

总的来说,在村庄规划体系构建过程中,伴随着不同时期的政策指引和要求,经过新农村规划、新型农村社区规划、迁村并点规划、农村三年环境整治、"厕所革命"各个阶段,出现了村庄总体规划、村庄布局规划、社会主义新农村规划、美丽乡村规划、乡村建设规划、村庄整治规划等村庄规划类型,各规划之间从属关系不明、成果深度不一、内容繁杂重复,导致许多规划对村庄实际建设发展作用甚微③。

习近平总书记2019年3月8日参加十三届全国人大二次会议河南代表团审议时指出:按照先规划后建设的原则,通盘考虑土地利用、产业发展、居民点布局、人居环境整治、生态保护和历史文化传承,编制"多规合一"的实用性村庄规划。

2019年中发18号文《中共中央 国务院关于建立国土空间规划体系并监督实施的若干意见》发布,明确提出村庄规划属于国土空间规划"五级三类四体系"中的详细规划,在城镇开发边界外的乡村地区,由乡镇政府组织编制"多规合一"的实用性村庄规划④,作为

---

① 王路. 城乡总体规划整合城市总体规划和村镇体系规划的探讨:从河南省新郑市规划编制说起[J]. 上海城市规划,2010(3):6-9.
② 郝庆. 对完善国土空间规划编制内容与编制体系的再思考[J]. 热带地理,2021,41(4):668-675.
③ 李保华. 实用性村庄规划编制的困境与对策刍议[J]. 规划师,2020,36(8):83-86.
④ 裴欣,高宜程. 国土空间规划背景下的村庄规划发展方向研究:基于对九个省级村庄规划导则的分析[J]. 小城镇建设,2020,38(4):25-30.

核发乡村建设项目规划许可、进行各项建设的法定依据,同时确立了"多规合一"、村民主体、成果简明、生态优先、地方特色、因地制宜等新要求。

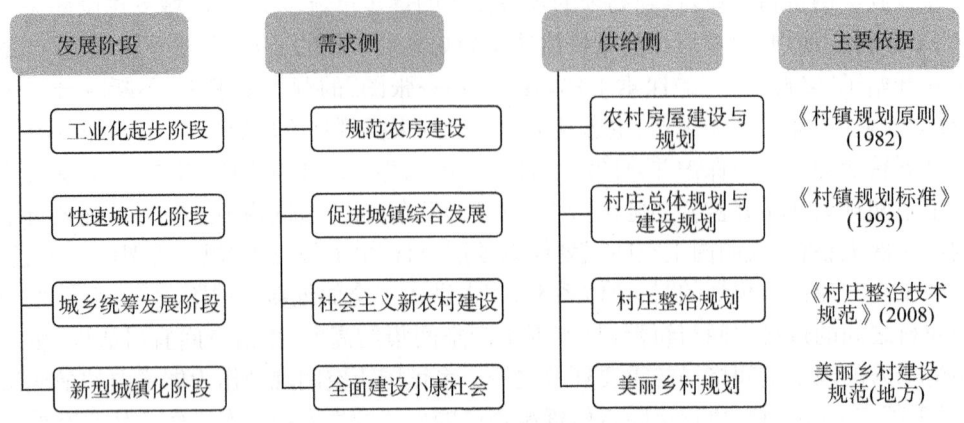

图 1.1　村庄规划发展演变阶段

1.3　新时代乡镇村国土空间规划特征

1.3.1　乡镇国土空间规划编制的特征及要求

空间规划是国家开展空间治理的重要手段,新的国土空间规划体系作为推进国家治理体系和治理能力现代化的重要抓手,成为规制地方发展的重要治理工具。乡镇政府作为我国行政体系的基础单元,应当建构起与乡镇事权高度匹配的规划管控体系[①]（图1.2）。

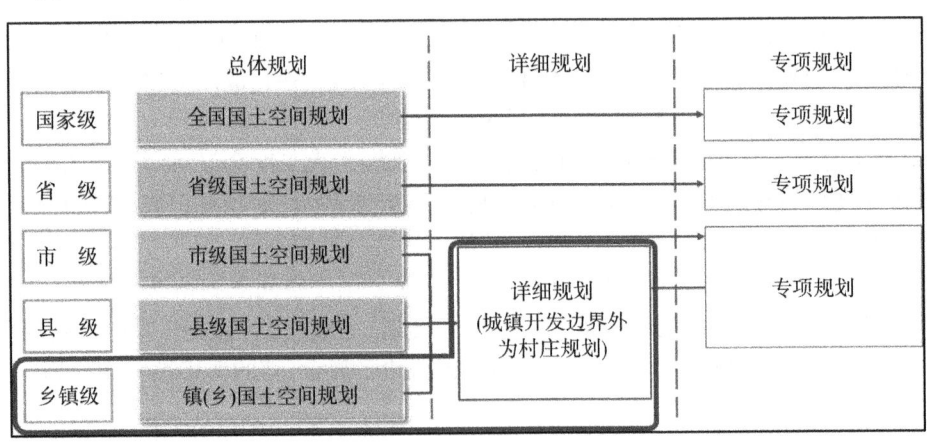

图 1.2　"五级三类"国土空间规划体系

---

① 彭震伟,张立,董舒婷,等. 乡镇级国土空间总体规划的必要性、定位与重点内容[J]. 城市规划学刊,2020(1)：31-36.

1.3.1.1 乡镇总体规划现状

传统的乡镇总体规划面临多重挑战,包括规划体系的不统一、向下传导和落地实施性差、乡镇规模和职能的差异等。

首先,在镇村层级有多种规划类型,包括乡镇总体规划和乡镇土地利用总体规划等,但传统空间规划各自为政,未能形成统一体系,导致规划与实际管控需求之间存在显著背离。乡镇作为规划的基本单元,面临着"多规冲突"的严峻问题。目前,乡镇总体规划和土地利用总体规划在内容和实施上均难以适应镇村发展需求,无法全面指导乡镇发展及空间资源的有效管控。

其次,乡镇总体规划的向下传导和落地实施性不强。尽管大部分乡镇已具备完整的总体规划成果,但这些规划在实际操作中往往难以有效传导和落实;同时,在村庄规划引导方面,既有的乡镇总体规划往往仅提供宏观的村镇体系引导,而传统的土地利用总体规划对村庄的管控也相对有限,难以有效匹配地方的实际发展需求。

最后,乡镇规模差异大、职能不完备,既有规划标准难以适应。我国乡镇的人口规模和用地差异显著,而现有的规划标准、编制办法、技术规程等大多是统一的规定性条款,难以因地制宜满足实际需求。

1.3.1.2 乡镇国土空间总体规划的转变方向

乡镇国土空间总体规划的编制,一方面应传承原乡镇土地利用总体规划中建设用地与非建设用地全覆盖,强调资源保护的特点;在内容上明确管控内容,强调底线思维,采用刚性有效的管控方法;在数据库建设上体现动态监测与评估相结合。另一方面应加强研究原乡镇土地利用总体规划中不足的地方,如难以指导乡镇层面实际实施,部分指标刚性过强、管制不足,以及欠缺公共参与等问题。

乡镇国土空间总体规划的编制也应传承原乡镇(城镇)总体规划中,对乡镇发展的战略引领作用较强,强调以土地使用为核心的资源与环境的结构性管控的特点,以及聚焦镇区发展与建设,在镇区层面规划可实施性强等优势。但也要加强研究和改善原乡镇(城镇)总体规划在全域空间统筹、资源保护优先上让步于建设与发展,管控刚性约束不足、层级传递不强,忽视土地发展权,镇一级政府权责不匹配,以及信息化手段缺乏、部门职能交叉等方面的问题。具体来看,乡镇国土空间总体规划有以下三点转变:

① 生态本底作为乡镇国土空间规划的首要前提。党的十八大以来,生态文明成为指导我国各方面建设的重要思想,是国土空间规划体系建构的核心价值观。乡镇作为国土空间规划体系最直接的实施落实基本单元,具有重要的自然资源和生态保护的作用,是生态保护实施最基础且最关键的一环。

② 全域、全要素、全覆盖的分类综合管控。传统的乡镇总体规划比较注重镇区规划建设,主要谋划、统筹建设空间的空间布局与建设安排。在国土空间规划改革背景下,全域全要素分类是实现自然资源统一管理和国土空间规划编制的基础,以争取建设空间、物质空间为主要规划范围的乡镇总体规划转向构建全域全要素的空间管控体系。

新时期的乡镇国土空间总体规划注重统筹建设空间和非建设空间,合理划分覆盖全域全要素的国土空间用途分区,以"山水林田湖草"非建设用地为重点,因地制宜,优化国土空间保护和开发利用格局,实现全域全类型国土空间用途管制。

③ 传导上位管控要求,统筹引导详细规划,注重规划实施性。市县国土空间总体规划是乡镇的上位规划,因此,乡镇国土空间规划须严格衔接落实市县规划中的相关管控要求。包括对永久基本农田、城乡建设用地规模等指标的管控,以及对"三区三线"的分区管控等。

同时加强对镇区空间的用途管制,通过划分主导功能分区,利用各分区进行指标和要素控制,向下传递指导详细规划。

在新的国土空间规划体系中,市县层面要完成村庄布点工作,乡镇国土空间总体规划作为市县与村庄规划的中间层,应成为村庄建设管控的主要平台,明确村庄国土空间用途管制规则与建设管控要求,同时明确村庄建设边界。

1.3.2 实用性村庄规划的基本特征

1.3.2.1 实用性村庄规划的内涵

1. 村庄规划的规划定位

村庄规划作为"五级三类"国土空间规划体系(图 1.3)中乡村地区的详细规划,是开展国土空间开发保护活动、实施国土空间用途管制、核发乡村建设项目规划许可、进行各项建设等的法定依据,是法定规划①。要整合村庄土地利用规划、村庄建设规划等乡村规划,实现土地利用规划、城乡规划等有机融合,编制"多规合一"的实用性村庄规划。村庄规划范围为村域全部国土空间,可以一个或几个行政村为单元编制。

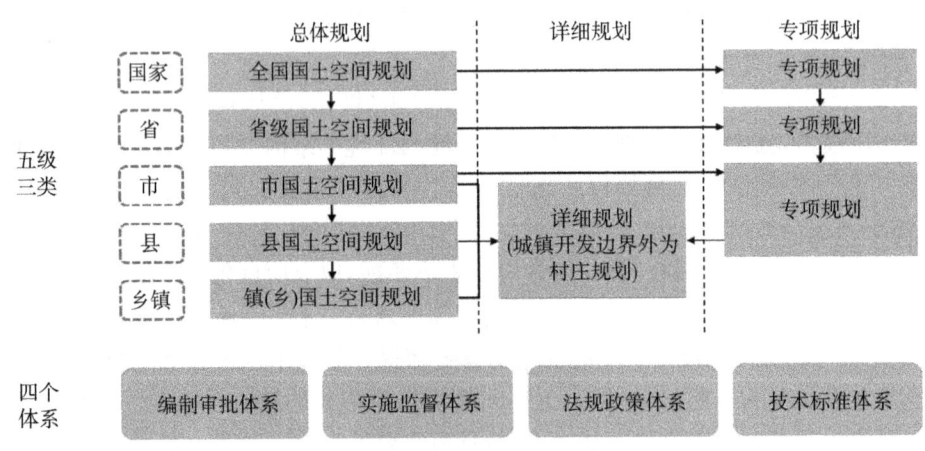

图 1.3 "五级三类"国土空间规划体系

2. 实用性村庄规划内涵

村庄规划作为国土空间规划体系的重要组成部分,是法定规划,是国土空间规划体系

---

① 周学红,聂康才. 空间规划背景下乡村振兴核心要素发展特征研究:以西昌市乡村振兴规划为例[J]. 小城镇建设,2020,38(5):57-62.

中乡村地区的详细规划,是开展国土空间开发保护活动、实施国土空间用途管制、核发乡村建设项目规划许可、进行各项建设等的法定依据[①]。

村庄规划是最具操作性和实施性的规划之一,是指导村庄发展和建设的基本依据,实用性是村庄规划的最核心要素。实用性村庄规划通常是指村庄规划的"有用、管用、好用",核心诉求集中在按需编制、弹性管控、协商规划、程序简化、成果简明、注重实施[②]。实用性村庄规划要求落实生态保护红线、永久基本农田保护线以及建设用地总量等指标,盘活全域土地资源,激活农村经济,实现一、二、三产业有机融合。重视村庄治理模式,落实规划实施措施。探索政府、村民、专业人员、专业机构等多元主体相结合的治理模式,通过项目式清单促进规划落地。

3. 原有村庄规划存在的问题

当前,同一乡村空间内往往存在多种规划并行的现象,这些规划在内容、深度、侧重点及作用等方面存在差异,不可避免地导致规划间出现不一致甚至矛盾。既有规划体系与方法在协同性、指导性和实施性方面均有不足。

(1) 协同性不足

不同规划的目标任务、工作重点不同,规划编制的工具以及数据管理平台不同。

前住建系统的规划重点是指导村庄建设与整治行为,改善人居环境,包括:指导村庄的农房建设、公共环境改善、公共服务设施布局、景观风貌提升等行为,适应新时期城乡居民对村庄环境品质的需求。规划内容以村庄建设为主,忽视村域土地利用。

前国土系统的规划重点是加强乡村空间管制和资源保护,包括:保护生态环境与农业生产空间,促进"三生"(即生产、生活、生态)空间融合,实现可持续发展。对现代农业发展要求考虑不足,缺少发展空间预留。

农业系统的规划重点则是引导集体经济发展:适应农业现代化、乡村旅游、乡村创新功能发展的现实需要,引导乡村产业的发展方向。

(2) 指导性不足

城规方面的村庄规划:内容庞杂。产业、用地、交通、景观等全套内容针对性不足。在全覆盖的要求下,批量推进,忽视村庄的根本问题。没有做到全域全要素规划,重视村庄忽视村域。

土规方面的村庄规划:强调耕地保护,忽视村庄建设,对现代农业发展需求的考虑不足。

(3) 实施性不足

村民实际参与不足;缺少意见征询;成果不易懂[③]。

1.3.2.2 实用性村庄规划的基本特征

实用性村庄规划的基本特征体现在编制上要落实和体现实用性。具体包括:

---

① 张京祥,张尚武,段德罡,等. 多规合一的实用性村庄规划[J]. 城市规划,2020,44(3):74-83.
② 贾铠阳,乔伟峰,王亚华,等. 乡村振兴背景下村域尺度国土空间规划:认知、职能与构建[J]. 中国土地科学,2019,33(8):16-23.
③ 李保华. 实用性村庄规划编制的困境与对策刍议[J]. 规划师,2020,36(8):83-86.

(1) 编制内容：守底线、抓重点、菜单式、适度弹性。

① 规划目标与定位切实可行：符合村庄发展实际，不要好高骛远。

② 全域全要素进行管控规划：乡村作为与自然紧密融合的人居形式，首先要厘清建设用地与农用地、生态用地的关系，全域全要素管控才能全面落实上位县、镇级国土空间规划的要求；农林用地要进一步细化为耕地、林地、园地等，补充细化村庄产业用地①。

③ 刚弹结合、有效管理的弹性规划：刚性内容包括上位规划传导，基本农田、建设用地总规模等；弹性内容包括留白区域，产业发展，采用指标预留、清单管理的方式，根据具体项目选择区位。

④ 村民参与的协商式规划：深入调查掌握基本规划资料，村民全过程参与，共同确定项目。

(2) 成果形式：避免走入内容求全、深度过大、成果过厚的误区。成果表达做到数字化、简明化、形象化。

(3) 工作推进：有序推进，防止一哄而上，片面追求村庄规划快速全覆盖；同时试点先行，总结出既满足国家和省级要求，又适应当地实际的村庄规划编制思路、内容及深度要求。

从国土空间规划的总体要求和现实村庄科学治理的需求出发，我们认为实用性村庄规划与传统村庄规划编制的区别具体体现在以下六个方面：编制理念上由传统的建设拓展性引导、发展为主向生态文明、底线管控转变；编制主体上更强调村民的主导作用；编制基础上由传统的地形图变为国土调查数据图；编制方法上强调刚性、弹性相结合，为村庄提供更加灵活的发展空间；编制内容上由传统的全覆盖式向按需编制转变，使规划更具针对性；编制成果上由单个图纸变为坐标统一的全域空间数据库，可以更好地与各类规划相匹配②。

---

① 尚洁，段元强. 融入"多规"的城市总体规划编制改革与创新[J]. 城市发展研究，2015，22 (10)：37-41.
② 华乐. 国土空间规划体系下实用性村庄规划策略探讨[J]. 城乡规划，2021(Z1)：69-81.

第二章

乡镇村国土空间规划相关理论及实践

2.1 相关理论研究

2.1.1 乡镇国土空间规划相关理论研究

1. 城乡一体化发展理论

城乡一体化是新型城镇化道路的一个必经的新阶段,其内涵是城镇和农村居民的生产方式、生活方式和消费方式跟随生产力的不断发展而不断变化的一个过程[①],是城乡人口、技术、资本、资源等要素的互通共融,逐步达到城乡之间在经济、社会、文化、生态上多维度协调发展的过程。镇域的城镇与乡村、城镇与环境、乡村与环境之间是一个完整的综合系统,在研究镇域的国土空间类型划分时,不仅需要把两类区域看作一个整体,还要把各自区域与外部环境之间作为一个整体,不可以将它们孤立开来分析,在这里主要包括国土空间类型和适宜性评价分析的一体化,无论是定性地研究划分国土空间类型,还是选取指标进行定量的适宜性评价都以全域为对象。

2. 可持续发展理论

可持续发展被定义为:"既满足当代人的需要,又不对后代人满足其需要的能力构成危害的发展。"可持续发展是综合考虑现在与未来,在经济发展、社会稳定与生态环境三者之间不断寻求动态平衡的过程[②]。随着人口的剧增、经济社会的发展、资源的锐减、生态环境的恶化,可持续发展理论逐渐被政府、学者所关注,它对促进国家、区域的和谐稳定以及发展有着重要的指导意义。在对国土空间进行管控时,不仅要统筹协调城与乡、各类空间之间的关系,确保它们互不产生负面影响,实现可持续发展,还要充分考虑各类空间内部的持续开发利用需求。通过合理布局各类国土空间,制定科学的管控举措,以实现区域的可持续发展。

---

① 黄晓曼. 可持续发展观与生态农宅[J]. 前沿, 2008(9): 163-165.
② 朱启贵. 科学发展观与国民经济核算创新[J]. 上海交通大学学报(哲学社会科学版), 2008(1): 5-14.

3. 地理空间论

地理空间论主要由地理空间相关性和地理空间异质性两部分组成。空间相关性表示相邻近的地理单元的属性表现为相近(正向或负向)的特征。空间异质性是指某一种生态学过程和格局在空间分布上表现出的不均匀性及复杂性的理论。空间异质性主要由空间斑块性和空间梯度来表征。空间异质性可以进一步划分为空间局域异质性和空间分层异质性(简称空间分异性)。空间局域异质性是指某点的属性值与周边不一样,空间分层异质性是指多个不同区域之间互有差异[1]。而空间分层异质性则常常以层内方差小于层间方差作为量化指标来表征层间的差异,反映观测过程中可能的决定因素,进而有助于进行推断预测。不同的空间类型、同一空间类型的内部都存在着一定的相似性和差异性,在进行国土空间类型划定、选取指标、指标分级时,需要综合考虑地理空间之间以及地理空间内部的相关性和异质性,方能提出合理而科学的空间类型分类体系、适宜性评价指标体系和各评价因子的分等定级。

4. 法约尔跳板原理

法约尔跳板原理是指在实行等级制度的过程中,为缩短信息交流时间并保持组织的统一指挥原则,允许两个部门通过一个特别设立的渠道直接沟通,这一渠道也称为法约尔天桥。法约尔的等级制度倾向于为所有员工设定明确的等级机构,但同时他也意识到上下级之间可能存在沟通问题,因而,他也提倡一定限度的横向联系[2]。横向联系是指在层级划分严格的机构(或组织)中,为了缩短时间以提高办事的效率,两个分属不同系统的部门遇到需要协商才能决策的问题时,可先自行商量和解决,只有协商不成时才报请上一级部门决策。在进行国土空间类型划定时,由于空间的复杂性、多态性、多功能性,根据适宜性评价分析的结果,往往存在着同一地理空间可以对应多种功能的情形,也就是对应多种空间类型,这时,管理学中的法约尔跳板原理为解决这一问题提供了参考。

5. 地域分异规律理论

地域分异规律理论是研究地域发展差异的理论之一。19世纪,德国的费迪南·冯·李希霍芬(Ferdinand von Richthofen)第一次提出了地域分异这一学术用语。地域分异可以分为非地带性分异和地带性分异。尺度的差异是造成地域分异的主要原因,地域分异规律理论是研究空间区划、类型划分的重要理论依据之一。国土空间类型的可划分性是由地理空间的地域分异性导致的,国土空间是由很多的一级、二级甚至三级国土空间类型组成,主要是因为随着经济社会的不断发展,人类对国土空间的利用方式和管理模式也发生了翻天覆地的变化,土地所有者以土地的不同形态来管控国土空间,从而形成了同一地理空间上的特定功能类型而构成的一个由上到下逐步细化的多层级功能束[3]。因而,虽对国土空间本身进行一个类型的划分存在难度,但是在国土空间类型的不同层次上的分离,却可以从一定意义上改变国土空间的某些社会属性,使得国土空间更易于开发和管理,提高国土空间开发管理的可行性,以此提升国土空间的利用管理效率。

---

[1] 李哈滨,王政权,王庆成. 空间异质性定量研究理论与方法[J]. 应用生态学报,1998(6):93-99.
[2] 张姗姗. 乡(镇)域土地利用总体规划与城市总体规划整合研究[D]. 南京:南京农业大学,2012.
[3] 范中桥. 地域分异规律初探[J]. 哈尔滨师范大学自然科学学报,2004(5):106-109.

6. 人地关系协调论

人地关系是人们对人类与地理环境之间关系的一种简称。对它的经典解释是人类社会及其活动与自然环境之间的关系[①]。人地关系协调理论包括生态、社会、环境等多种系统协同发展的状态,是人地关系优化的理想目标。人地关系协调理论强调顺应自然,重视保护生态环境,合理利用自然地理环境的同时优化调控不和谐的人地现象。国土空间类型的划分会涉及各类国土空间的开发利用者、所有权者、投资建设者和服务对象之间的利益和思想的变化,涉及县级和镇级国土空间规划的衔接与协调,涉及对现有的法制体制和机构部门的改革与整合,是一个涉及人和地理空间分配的系统工程。因此,要将国土空间类型的划分当作一个人地关系协调的系统以人地关系协调的理论进行深入的探究。从一定程度上来说,人地关系协调理论为国土空间类型的划分提供了新的研究思路,因而,从人地关系协调的方面出发可以更好地掌握国土空间类型划分的根本,处理好国土空间类型划分、划定以及管控三者之间的关系,实现国土空间资源的最优配置和高效管理[②]。

7. "反规划"理论

"反规划"(Anti-planning)一词最初出现在俞孔坚和李迪华于2002年发表的《论反规划与城市生态基础设施建设》一文中,它是城市规划与设计的一种新的工作方法,即城市规划和设计应该首先从规划和设计非建设用地入手,而非传统的建设用地规划[③]。

"反规划"(也称为"逆规划"或"负规划")本质上是优先对非建设区域进行控制,然后再进行建设用地的布局和优化。"反规划"思想要求规划师优先考虑生态基础设施的布局,然后再进行建设用地的布局。"反规划"既不是反对规划也不是不规划,在某种意义上它等同"控制"规划(与"发展"规划相对),也在某种意义上被看作生态规划路径。

"反规划"的内涵主要有:一是反思规划区域的现状;二是反思传统的规划布局方法;三是逆向思维的规划次序,即以国土的可持续利用和长远的公共利益为先导,而不能只盯着眼前的利益和短期的发展来进行空间类型的规划与布局;四是反规划的成果,即规划成果上体现的是"建设与环境"的"底与图"关系,而不是传统的"图与底"关系,以建设用地作底、环境作图,根据国土的环境要素规划国土。在进行国土空间类型划定时,首先勾画出国土空间的生态空间,其次划定农产品、林产品、畜牧等广义的农业空间,再次划定特殊的生产空间(如独立工矿等),最后以生活空间的优化为导向,以地域可承载的阈值为依据对城镇及工业的布局进行优化。总之,"反规划"理论对国土空间类型布局具有重要指导作用。

2.1.2 乡镇分类研究

中国各地域尺度农村类型划分工作由来已久,相关成果包括早期综合性经济区划在内的各类功能区划。依据农业地域分异规律进行农业区划是学界研究较多的主题,周立三先生在20世纪50年代已主持完成"中国农业区划的初步意见";80年代,中国几次进

[①] 卓玛措.人地关系协调理论与区域开发[J].青海师范大学学报(哲学社会科学版),2005(6):26-29.
[②] 陈薇羽.浠水县城镇—农业—生态空间识别及其格局研究[D].武汉:华中师范大学,2018.
[③] 彭德胜."反规划"理论在城市总体规划中的应用:以沅江市城市总体规划为例[J].城市发展研究,2005(1):31-36.

行农业区划探索,形成全国、省、县层次的农业区划体系。

诸多学者在不同空间尺度进行乡村地域类型识别研究,如在全国层面,周扬等人从资源、环境、人文、经济等维度构建了度量乡村综合发展水平的指标体系和计量模型,划分了乡村地域类型,将全国乡村地域类型划分为 11 个一级区和 45 个二级区[①]。

在区域层面,龙花楼等人基于乡村对社会具有的功能构建了乡村性指数,将中国东南沿海地区的乡村发展类型划分为农业主导、工业主导、商旅服务和均衡发展四个类型[②]。

也有学者以乡村地域功能态和功能增长势为指标,划分经济发展、粮食生产、生态保育等主导功能类型。[③] 在县域层面,李琳娜等人从基础设施建设、人口结构、社会经济、资源环境等子系统出发,构建城乡融合发展指标体系,识别出城乡融合体、乡村综合体、村镇有机体和居业协同体,以及结合规划导向判别城市化发展型、整治发展型、生态保育型等典型村镇[④];龙花楼等人利用"乡村性"指标评价"苏南—陕北"样带乡村转型发展,构建乡村转型发展评价指标体系[⑤];孟欢欢等人建立乡村性评价指标及乡村性指数评价模型,对安徽省乡村发展类型及乡村性空间分异进行研究[⑥]。在镇域尺度上,王岱霞等人筛选涉及乡村性的 10 个大类指标和 15 个指标因子,探索浙江省小城镇发展的分类评估和空间格局特征[⑦]。在村域尺度上,周新年等人利用乡村性评价里所包含的经济、用地、社会三大指标对广东省佛山市顺德区乡村地域类型进行划分,进而指导规划制定[⑧];李贵才等人选取乡村性中的人口、社会经济、土地利用等指标因子变量对比研究广州市乡村发展类型、空间特征及其动态演变规律,归纳其演变动力机制[⑨]。

1. 乡镇分类评价体系

分析文献中关于乡镇/乡村分类与规划的相关词源发现,有关乡镇评价、分类的指标体系集中在生态、经济、资源、设施和文化五方面。如罗雅丽等在对金湖县的乡镇地域多功能性评价与主导功能定位中认为乡镇地域在县域社会经济发展中承担着生产(农业生产、非农业生产)、生活(社会保障、文化传承)、生态三大基本功能[⑩]。赵梦龙从区位交通、自然条件、社会经济、历史文化价值、服务设施五个维度对乡村潜力进行评估并识别乡村

---

① 周扬,郭远智,刘彦随.中国乡村地域类型及分区发展途径[J].地理研究,2019,38(3):467-481.
② 龙花楼,刘彦随,邹健.中国东部沿海地区乡村发展类型及其乡村性评价[J].地理学报,2009,64(4):426-434.
③ 刘玉,刘彦随,郭丽英.基于 SOFM 的环渤海地区乡村地域功能分区[J].人文地理,2013,28(3):120-126.
④ 李琳娜,璩路路,刘彦随. 乡村地域多体系统识别方法及应用研究[J]. 地理研究,2019, 38 (3):563-577.
⑤ 龙花楼,邹健,李婷婷,等. 乡村转型发展特征评价及地域类型划分:以"苏南—陕北"样带为例[J]. 地理研究,2012, 31 (3):495-506.
⑥ 孟欢欢,李同昇,于正松,等.安徽省乡村发展类型及乡村性空间分异研究[J].经济地理,2013, 33 (4):144-148,185.
⑦ 王岱霞,施德浩,吴一洲,等. 区域小城镇发展的分类评估与空间格局特征研究:以浙江省为例[J]. 城市规划学刊,2018(2):89-97.
⑧ 周新年,王世福,赵渺希,等. 面向规划政策的乡村地域类型研究:以广东顺德为例[J]. 地域研究与开发,2017, 36 (5):29-34.
⑨ 李贵才,朱倩琼,刘櫻,等. 广州市乡村发展类型及演化模式[J]. 地域研究与开发,2018, 37 (4):156-161.
⑩ 罗雅丽,李同昇,张常新,等. 乡镇地域多功能性评价与主导功能定位:以金湖县为例[J].人文地理,2016, 31(3):94-101.

类型①。李裕瑞等人选取村庄特色、村民生存条件、发展建设、城村联系和村庄功能五方面指标进行村庄分类②。陈伟强等人从乡村主体、区位条件、资源禀赋、产业基础、生活网络选取指标对新郑市乡村振兴潜力进行评价③。杨兴艳等人从人口结构、产业结构、生产水平和收入水平四方面入手对乡村性进行评价④。张弋等人选取用地、人口、设施、经济和资源五方面指标对镇域村庄发展类型进行划分⑤。

2. 乡镇类型划分方法

乡镇评价类型：科学分类是实施乡镇管控的先决条件。现有的法规文件、相关文献主要从以下几个角度开展：(1) 单一角度：根据政策发展导向、发展动力源、城乡关系、人口密度、地理区位、发动主体和各类土地利用规模其中的某一方面进行划分。(2) 多角度：根据城市发展、自然环境、历史传统文化、产业发展影响因素、自然禀赋、区位条件、村庄规模等村庄基础等多个方面进行划分；根据乡村景观功能，针对优化开发、重点开发和限制开发主体功能区进行划分。(3) 组合型：乡镇类型往往呈现复合状态，经济、空间、社会环境共同使乡镇地域呈现不同特征，组合型可以是各个视角的交叉组合，也可以在多视角中选取某一突出视角划分⑥。除此之外，还有依据国家规划文件的类型划分，如《乡村振兴战略规划（2018—2022年）》根据发展现状、区位条件、资源禀赋等，规划将村庄划分为集聚提升类村庄、城郊融合类村庄、特色保护类村庄和搬迁撤并类村庄4种类型⑦。具体分类归纳见表2.1。

表2.1 乡村发展模式分类

划分依据	划分类型
产业结构	工商业主导型；农工业主导型；农业主导型；农工商均衡发展型
发达程度	发达型；中度发达型；相对发达型；轻度发达型；欠发达型
政策发展导向	城中村；被归并的农村；社会主义新农村
发展动力源	外援驱动型；内生发展型；内外综合驱动型
地理区位	都市型；城郊型；平原湖区型；山地丘陵型；少数民族地区型；库区型；矿区型
发展动力	政府主导型；城市带动型；村企互助型；支部带动型；能人引领型；科技园区带动型；主导产业带动型；高校农业引领型

---

① 赵梦龙. 基于潜力评估的乡村分类模式研究：以贵州省安顺市为例[J]. 城市建筑,2021,18(34):18-22.
② 李裕瑞,卜长利,曹智,等. 面向乡村振兴战略的村庄分类方法与实证研究[J]. 自然资源学报,2020,35(2):243-256.
③ 陈伟强,代亚强,耿艺伟,等. 基于POI数据和引力模型的村庄分类方法研究[J]. 农业机械学报,2020,51(10):195-204.
④ 杨兴艳,赵翠薇. 贵州省乡村发展类型及其乡村性评价[J]. 贵州师范大学学报(自然科学版),2022,40(1):43-51.
⑤ 张戈,周世萌,朱凤杰. 镇域村庄发展潜力评价及发展类型识别研究：以天津市蓟州区穿芳峪镇为例[J]. 现代农业科技,2022(12):189-192.
⑥ 段德罡,刘嘉伟. 中国乡村类型划分研究综述[J]. 西部人居环境学刊,2018,33(05):78-83.
⑦ 乡村振兴战略规划（2018—2022年）[EB/OL]. http://www.xinhuanet.com/politics/2018-09/26/c_1123487123.htm.

续表2.1

划分依据	划分类型
发展主体	政府(市县乡)发动型;企业和居民主导型;非政府组织引导型
城乡关系	城市导向性;城镇带动型;乡村主导型;城乡协调型
人口和土地利用	生态型;农耕型;混合型;居住建设型;工业型;外来人口聚集型
主体功能区	优化开发区:植入模式
主体功能区	重点开发区:极化模式
主体功能区	限制开发区:社区模式;整治模式;对偶模式;示范模式;疏解模式
地域模式	温州模式;成都模式;珠三角模式;汀塘模式;培田模式;福田模式;林柄模式
城市、环境、文化、产业影响	保护型;发展型;综合型;外迁型;整治型
组合型	平原传统农业村;山区传统农林村;养殖专业村;远山特色农业村;城郊非农产业村;平原非农产业村;现代农业导向型;三产融合发展型;城乡空间邻近型

注:资料来源于注释①~⑭。

乡镇类型划分方法:在确定了乡镇分类体系后,对乡镇具体类型进行划分时,最为常用的方法是自然间断法。例如,孟欢欢等⑮、郑祖艺等⑯、范少言等⑰根据 ArcGIS 自然断裂点法对乡村性指数进行分析,划分县域乡村经济发展类型。然后是聚类算法,如李裕瑞

---

① 刘晓霞. 乡村地域发展模式研究:以宝鸡地区为例[J]. 人文地理,1999(S1):52-55.
② 刘彦随,刘玉,陈玉福. 中国地域多功能性评价及其决策机制[J]. 地理学报,2011,66(10):1379-1389.
③ 刘玉,刘彦随,郭丽英. 乡村地域多功能的内涵及其政策启示[J]. 人文地理,2011,26(6):103-106,132.
④ 严亚磊,赖楚杨,郑永强. 河南省县域乡村类型及发展路径研究[C]//中国城市规划学会. 活力城乡 美好人居:2019 中国城市规划年会论文集(18 乡村规划). 北京:中国建筑工业出版社,2019.
⑤ 陈文盛,范水生,邱生荣,等. 福建省乡村发展水平及主导类型划定[J]. 地域研究与开发,2016,35(5):143-148.
⑥ 冯丹玥,金晓斌,梁鑫源,等. 基于"类型—等级—潜力"综合视角的村庄特征识别与整治对策[J]. 农业工程学报,2020,36(8):226-237,326.
⑦ 李贵才,朱倩琼,刘樱,等. 广州市乡村发展类型及演化模式[J]. 地域研究与开发,2018,37(4):156-161.
⑧ 陈玉飞,黄向勇. 宁波北仑山区村庄发展模式及动力机制探索[J]. 宁波经济(三江论坛),2015(3):20-23,8.
⑨ 洪亘伟,刘志强. 我国城镇密集地区新农村建设类型研究[J]. 城市发展研究,2009,16(12):70-74,94.
⑩ 史秋洁,刘涛,曹广忠. 面向规划建设的村庄分类指标体系研究[J]. 人文地理,2017,32(6):121-128.
⑪ 代绍奇,伍博炜,伍世代,等. 基于微观视角的沿海发达地区乡村发展类型研究:以福建省福清市为例[J]. 贵州师范大学学报(自然科学版),2015,33(6):1-7.
⑫ 刘自强,李静,鲁奇. 乡村空间地域系统的功能多元化与新农村发展模式[J]. 农业现代化研究,2008(5):532-536.
⑬ 罗守贵,曾尊固,王伟伦. 苏南地区可持续农业与农村发展模式探索[J]. 地理研究,2001(2):247-256.
⑭ 房艳刚,刘继生,程叶青. 农村区域经济发展理论和模式的回顾与反思[J]. 经济地理,2009,29(9):1530-1534.
⑮ 孟欢欢,李同昇,于正松,等. 安徽省乡村发展类型及乡村性空间分异研究[J]. 经济地理,2013,33(4):144-148,185.
⑯ 郑祖艺,廖和平,杨伟,等. 重庆市县域乡村类型划分及格局特征:基于乡村发展水平和转型评价[J]. 西南大学学报(自然科学版),2018,40(2):104-112.
⑰ 范少言,赵玉龙. 村域尺度乡村发展水平评价及特征:以甘肃环县为例[J]. 开发研究,2018(1):51-55.

等利用自组织特征映射人工神经网络聚类算法,以黄淮海地区为例,将乡村发展类型划分为八类[1]。王亚楠等借助灰色星座聚类模型和质性归纳法识别万年县乡村发展类型[2]。张戈等[3]以天津市蓟州区穿芳峪镇村庄为例,使用聚类分析之后再利用村庄分类模型(Village Classification Model)对聚类分析结果进行校核,将镇域村庄类型划分为五类。此外,还有部分学者还采用平均数和中位数[4]以及耦合并归类[5]等方法划分乡村发展类型。

2.2 编制要求分析

2.2.1 相关政策解读

1. 国家层面政策文件解读

(1)《中共中央 国务院关于建立国土空间规划体系并监督实施的若干意见》

2019年5月,《中共中央 国务院关于建立国土空间规划体系并监督实施的若干意见》正式对外公布。意见指出,国土空间规划是国家空间发展的指南、可持续发展的空间蓝图,是各类开发保护建设活动的基本依据。建立国土空间规划体系并监督实施,将主体功能区规划、土地利用规划、城乡规划等空间规划融合为统一的国土空间规划,实现"多规合一",强化国土空间规划对各专项规划的指导约束作用,是党中央、国务院做出的重大部署。

意见包括七大部分二十条具体意见,总体框架分为四部分:分级分类建立国土空间规划;明确各级国土空间总体规划编制重点;强化对专项规划的指导约束作用;在市县及以下编制详细规划。编制四大要求:体现战略性、提高科学性、加强协调性、注重操作性。国土空间规划的实施与监管必须做到:强化规划权威、改进规划审批、健全用途管制制度、监管规划实施、推进"放管服"改革。

(2)《乡村振兴战略规划(2018—2022年)》

2018年9月国务院印发了《乡村振兴战略规划(2018—2022年)》,在第二十章"持续改善农村人居环境"的第三节"建立健全整治长效机制"中说明了要全面完成县域乡村建设规划编制或修编,推进实用性村庄规划编制实施,加强乡村建设规划许可管理;推行环境治理依效付费制度,健全服务绩效评价考核机制;依法简化农村人居环境整治建设项目审批程序和招投标程序;完善农村人居环境标准体系等条例。

---

[1] 李裕瑞,刘彦随,龙花楼. 黄淮海地区乡村发展格局与类型[J]. 地理研究,2011,30(9):1637-1647.

[2] 王亚楠,王数,高阳. 基于GIS和灰色星座聚类模型的乡村发展类型识别及振兴策略:以江西省万年县为例[J]. 江苏农业科学,2021,49(17):19-27.

[3] 张戈,周世萌,朱凤杰. 镇域村庄发展潜力评价及发展类型识别研究:以天津市蓟州区穿芳峪镇为例[J]. 现代农业科技,2022(12):189-192.

[4] 李晓梦. 济南市乡镇新型城镇化水平综合评价研究[C]//中国城市规划学会. 共享与品质:2018中国城市规划年会论文集(16区域规划与城市经济). 北京:中国建筑工业出版社,2018.

[5] 金晓斌,张晓琳,范业婷,等. 乡村发展要素视域下乡村发展类型与全域土地综合整治模式探析[J]. 现代城市研究,2021(3):2-10.

(3)《中共中央 国务院关于全面推进乡村振兴加快农业农村现代化的意见》(2021年中央一号文件)

2021年1月4日,中共中央、国务院出台《中共中央 国务院关于全面推进乡村振兴加快农业农村现代化的意见》。该意见包含四大核心内容:守住不发生规模性返贫的底线;粮食安全要抓得很紧很紧;乡村风貌显著变化;重大改革走稳走实。

四项政策助衔接:① 设立衔接过渡期;② 持续巩固拓展脱贫攻坚成果;③ 持续推进脱贫地区乡村振兴;④ 加强农村低收入人口常态化帮扶。

七方面加快推进农业现代化:① 提升粮食和重要农产品供给保障能力;② 打好种业翻身仗;③ 坚决守住18亿亩耕地红线;④ 强化现代农业科技和物质装备支撑;⑤ 构建现代乡村产业体系;⑥ 推进农业绿色发展;⑦ 推进现代农业经营体系建设。

八大措施大力实施乡村建设行动:① 加快推进村庄规划工作;② 加强乡村公共基础设施建设;③ 实施农村人居环境整治提升五年行动;④ 提升农村基本公共服务水平;⑤ 全面促进农村消费;⑥ 加快县域内城乡融合发展;⑦ 强化农业农村优先发展投入保障;⑧ 深入推进农村改革。

(4)《中华人民共和国乡村振兴促进法》

2021年4月29日,《中华人民共和国乡村振兴促进法》由第十三届全国人大常委会第二十八次会议表决通过,自2021年6月1日起施行。

乡村振兴促进法出台的意义:实施乡村振兴战略,是新时代做好"三农"工作的总抓手。制定乡村振兴促进法,是贯彻落实党中央决策部署,保障乡村振兴战略全面实施的重要举措,是立足新发展阶段,推动实现"两个一百年"奋斗目标的重要支撑,是充分总结"三农"法治实践,完善和发展中国特色"三农"法律体系的重要成果。制定出台乡村振兴促进法,为全面实施乡村振兴战略提供有力法治保障,对于促进农业全面升级、农村全面进步、农民全面发展,全面建设社会主义现代化国家,实现中华民族伟大复兴中国梦,具有重要意义。

乡村振兴促进法的主要特点和亮点:坚持走中国特色社会主义乡村振兴道路,坚持乡村全面振兴,坚持农业农村优先发展,坚持城乡融合发展等。尤其是坚持农民主体地位,将维护农民主体地位、尊重农民意愿、保障农民合法权益摆在突出位置,贯穿法律始终,充分调动农民的积极性、主动性、创造性,真正使农民成为乡村振兴的参与者、支持者和受益者。

突破重点难点问题:① 严格规范村庄撤并,严禁违背农民意愿、违反法定程序撤并村庄。"村庄撤并关系到农民的切身利益,必须取得广大农民的同意,不能违背农民意愿。"② 明确了粮食安全、实行永久基本农田保护制度等内容。"乡村振兴促进法作为我国指导实施乡村振兴战略的法律规范,明确了以我为主,立足国内、确保产能、适度进口、科技支撑的粮食安全战略。"这是完善我国粮食安全法律制度体系、提升粮食安全治理能力、压实粮食安全主体责任、推动粮食安全政治责任落实落地的重要举措。③ 关注人才,健全乡村人才工作体制机制。人才是乡村振兴最基础、最根本的工作,没有人才,产业、生态等都是不可能实现的。解决乡村振兴的人才问题,乡村和城市一定要打通,要破除城市人才下乡的障碍。包括鼓励大学生到农村创业,支持农民工返乡创业等,保障人才在城乡充分流动,推动教育、医疗、管理等方面人才向农村倾斜。④ 开展乡村建设行动。乡村建设行动是全面推动乡村振兴的重大举措,乡村振兴促进法明确乡村建设行动的主体责任,构建乡村建设的相关制度安排和明确要求。如明确了乡村建设的各级政府主体责任,尤其是县级以上政府的职责,为乡村建设提供了长期的法律保障。同时,确立了农村人居环境治理政府、村级组织、企业和农民等共同参与的共建共管机制。再有就是明确了国家对农村住房质量管理的要求,提出建立农村住房建设质量安全管理制度和相关技术标准体系,为农村住房质量提升提供法律保障。

(5)《国家发展改革委关于印发"十四五"新型城镇化实施方案的通知》

2022年6月21日,《"十四五"新型城镇化实施方案》提出推进城乡一体规划设计。统筹县域城镇和村庄规划建设,通盘考虑土地利用、产业发展、居民点建设、人居环境整治、生态保护、防灾减灾和历史文化传承,实现县乡村功能衔接互补。全面完成县级国土空间规划编制,结合实际编制乡镇国土空间规划。科学编制县域村庄布局规划,鼓励有条件的地区编制实用性村庄规划。规范开展全域土地综合整治,合理推进农用地和建设用地整理,坚决遏制耕地"非农化"、严格管控"非粮化",严禁随意撤并村庄搞大社区、违背农民意愿大拆大建。

(6)党的二十大报告

2022年10月16日,党的二十大提出,要加快构建新发展格局,着力推动高质量发展。必须完整、准确、全面贯彻新发展理念,着力推进城乡融合和区域协调发展,推动经济实现质的有效提升和量的合理增长。全面推进乡村振兴,坚持农业农村优先发展,巩固拓展脱贫攻坚成果,加快建设农业强国,扎实推动乡村产业、人才、文化、生态、组织振兴,全方位夯实粮食安全根基,牢牢守住十八亿亩耕地红线,确保中国人的饭碗牢牢端在自己手中。促进区域协调发展,深入实施区域协调发展战略、区域重大战略、主体功能区战略、新型城镇化战略,优化重大生产力布局,构建优势互补、高质量发展的区域经济布局和国土空间体系。推动绿色发展,促进人与自然和谐共生。大自然是人类赖以生存发展的基本条件,尊重自然、顺应自然、保护自然,是全面建设社会主义现代化国家的内在要求。必须牢固树立和践行绿水青山就是金山银山的理念,站在人与自然和谐共生的高度谋划发展。要推进美丽中国建设,坚持山水林田湖草沙一体化保护和系统治理,统筹产业结构调整、污染治理、生态保护、应对气候变化,协同推进降碳、减污、扩绿、增长,推进生态优先、节约集约、绿色低碳发展。要加快发展方式绿色转型,实施全面节约战略,发展绿色低碳产业,倡导绿色消费,推动形成绿色低碳的生产方式和生活方式。深入推进环境污染防治,持续深入打好蓝天、碧水、净土保卫战,基本消除重污染天气,基本消除城市黑臭水体,加强土壤污染源头防控,提升环境基础设施建设水平,推进城乡人居环境整治。提升生态系统多样性、稳定性、持续性,加快实施重要生态系统保护和修复重大工程,实施生物多样性保护重大工程,推行草原森林河流湖泊湿地休养生息,实施好长江十年禁渔,健全耕地休耕轮作制度,防治外来物种侵害。积极稳妥推进碳达峰碳中和,立足我国能源资源禀赋,坚持先立后破,有计划分步骤实施碳达峰行动,深入推进能源革命,加强煤炭清洁高效利用,加快规划建设新型能源体系,积极参与应对气候变化全球治理。

(7)《自然资源部办公厅关于加强村庄规划促进乡村振兴的通知》(自然资办发〔2019〕35号)

2019年自然资源部办公厅下发《自然资源部办公厅关于加强村庄规划促进乡村振兴的通知》,为促进乡村振兴战略深入实施,通知主要从总体要求、主要任务、政策支持、编制要求和组织实施五方面进行详细论述。提出了先规划后建设,以防止"千村一面"的规划原则,力争到2020年结合国土空间规划编制县域层面的村庄规划任务。同时在规划内容方面强调生态、永久基本农田和村庄风貌的重要性,优化空间布局,探索规划"留白"机制。

合理利用当地的生产资源并优化配置,达到效果最优化。完善农村基础设施,针对当地实际问题调整规划目标,有效满足村庄规划发展要求。与此同时,应合力解决划管脱节的现象,提高实用性村庄规划的科学性和可持续发展性。

(8)《自然资源部办公厅关于进一步做好村庄规划工作的意见》(自然资办发〔2020〕57号)

为深入贯彻十九届五中全会精神,扎实推进乡村振兴战略实施,针对当前村庄规划工作中反映的一些问题,2020年12月15日,自然资源部办公厅在《自然资源部办公厅关于加强村庄规划促进乡村振兴的通知》(自然资办发〔2019〕35号)基础上,进一步提出有序推进村庄规划编制、全域全要素编制村庄规划的要求。村庄规划应彰显地方特色,保护永久基本农田;统筹城镇乡村规划,优化功能布局。同时,规划应充分尊重民意,加强规划实施监督和评估。

(9)《自然资源部 国家发展改革委 关于保障和规范农村一二三产业融合发展用地的通知》(自然资发〔2021〕16号)

2021年1月28日,自然资源部、国家发展改革委、农业农村部联合印发《自然资源部 国家发展改革委 农业农村部关于保障和规范农村一二三产业融合发展用地的通知》,主要内容有:① 明确农村一二三产业融合发展用地范围;② 引导农村产业在县域范围内统筹布局;③ 拓展集体建设用地使用途径;④ 大力盘活农村存量建设用地;⑤ 明确农村一二三产业融合发展用地范围;⑥ 优化用地审批和规划许可流程;⑦ 强化用地监管。

(10)《数字乡村发展战略纲要》

数字乡村是伴随网络化、信息化和数字化在农业农村经济社会发展中的应用,以及农民现代信息技能的提高而内生的农业农村现代化发展和转型进程,既是乡村振兴的战略方向,也是建设数字中国的重要内容。

2019年5月,中共中央办公厅、国务院办公厅印发《数字乡村发展战略纲要》。纲要要求,到2020年,数字乡村建设取得初步进展。全国行政村4G覆盖率超过98%,农村互联网普及率明显提升。到2025年,数字乡村建设取得重要进展。乡村4G深化普及、5G创新应用,城乡"数字鸿沟"明显缩小。到2035年,数字乡村建设取得长足进展,城乡"数字鸿沟"大幅缩小,农民数字化素养显著提升。到21世纪中叶,全面建成数字乡村,助力乡村全面振兴,全面实现农业强、农村美、农民富。

十大重点任务:① 加快乡村信息基础设施建设;② 发展农村数字经济;③ 强化农业农村科技创新供给;④ 建设智慧绿色乡村;⑤ 繁荣发展乡村网络文化;⑥ 推进乡村治理能力现代化;⑦ 深化信息惠民服务;⑧ 激发乡村振兴内生动力;⑨ 推动网络扶贫向纵深

发展;⑩ 统筹推动城乡信息化融合发展。

五大保障措施助力:① 加强组织领导;② 完善政策支持;③ 开展试点示范;④ 强化人才支撑;⑤ 营造良好氛围。

(11)《中共中央 国务院关于学习运用"千村示范、万村整治"工程经验有力有效推进乡村全面振兴的意见》

2024年1月1日,《中共中央 国务院关于学习运用"千村示范、万村整治"工程经验有力有效推进乡村全面振兴的意见》指出,推进中国式现代化,必须坚持不懈夯实农业基础,推进乡村全面振兴。习近平总书记在浙江工作时亲自谋划推动"千村示范、万村整治"工程(简称"千万工程"),从农村环境整治入手,由点及面、迭代升级,20年持续努力造就了万千美丽乡村,造福了万千农民群众,创造了推进乡村全面振兴的成功经验和实践范例。要学习运用"千万工程"蕴含的发展理念、工作方法和推进机制,把推进乡村全面振兴作为新时代新征程"三农"工作的总抓手,坚持以人民为中心的发展思想,完整、准确、全面贯彻新发展理念,因地制宜、分类施策,循序渐进、久久为功,集中力量抓好办成一批群众可感可及的实事,不断取得实质性进展、阶段性成果。

做好2024年及今后一个时期"三农"工作,要以习近平新时代中国特色社会主义思想为指导,全面贯彻落实党的二十大和二十届二中全会精神,深入贯彻落实习近平总书记关于"三农"工作的重要论述,坚持和加强党对"三农"工作的全面领导,锚定建设农业强国目标,以学习运用"千万工程"经验为引领,以确保国家粮食安全、确保不发生规模性返贫为底线,以提升乡村产业发展水平、提升乡村建设水平、提升乡村治理水平为重点,强化科技和改革双轮驱动,强化农民增收举措,打好乡村全面振兴漂亮仗,绘就宜居宜业和美乡村新画卷,以加快农业农村现代化更好推进中国式现代化建设。

从确保国家粮食安全、确保不发生规模性返贫、提升乡村产业发展水平、提升乡村建设水平、提升乡村治理水平、加强党对"三农"工作的全面领导六个方面提出了二十八条意见。

(12)《自然资源部办公厅关于印发〈全国国土空间规划实施监测网络建设工作方案(2023—2027年)〉的通知》(自然资办发〔2023〕36号)

按照《自然资源部办公厅关于印发〈全国国土空间规划实施监测网络建设工作方案(2023—2027年)〉的通知》(自然资办发〔2023〕36号)要求,在省级自然资源主管部门推荐基础上,部决定在1个区域、16个省份、29个城市、1个区(县)部署开展国土空间规划实施监测网络建设试点工作(试点期至2025年),探索、引领国土空间治理数字化转型,推动构建美丽中国数字化治理体系和建设绿色智慧的数字生态文明。有关工作要求通知如下:

① 坚持需求导向和问题导向,切实提高国土空间治理数字化水平。各试点单位要务实推进试点,按照自然资办发〔2023〕36号文件要求,结合试点申报方案,围绕国土空间发展和治理的迫切需求和突出问题,以可落地的应用场景为牵引,有序推进试点探索,实实在在强化对业务工作的支撑,提升试点工作的先行探路、示范带动效应。

② 加强政产学研协作,统筹推进理论创新、技术创新和制度创新。以建设服务数字生态文明的数字生态基础设施为使命,以生成式人工智能等先进技术在国土空间规划领域的应用研发为突破口,推进相关算法重构、模型重构、标准重构和感知系统重构,着力提

升国土空间规划实施监测网络"智慧"能力。加强"政产研学用"协同，凝聚整合创新资源，系统推进理论创新、技术创新和制度创新，以制度创新破解管理难题、提升创新能力。

③ 整合资源，协同推进试点工作。承担本试点、部省合作试点或"国土空间规划实施监测网络关键技术研发与应用"国家重点研发计划示范等多项任务的地方，要加强工作统筹，整合攻关资源，协同推进相关工作，防止多头部署、重复工作。

④ 加强保障，及时形成可推广成果。各试点单位要建立健全行政领导负责的试点组织推进机制，加强定期调度和沟通协调，保障科研资源和经费，及时评估、交流试点经验和成果。试点中遇到的突出问题和新情况，请及时报部。部将建立试点工作评估机制，及时跟踪指导、推广试点成果。

2. 省级层面政策文件解读

(1)《关于对标全面建成小康社会必须完成的硬任务扎实做好"三农"工作的若干意见》

2019年4月，湖北省委、省政府印发《关于对标全面建成小康社会必须完成的硬任务扎实做好"三农"工作的若干意见》。为坚持农业农村优先发展，深入实施乡村振兴战略，坚决完成脱贫攻坚任务，推进农业高质量发展，落实好"三农"领域必须完成的硬任务，夯实"一芯驱动、两带支撑、三区协同"区域和产业发展战略基础，提出聚力打赢脱贫攻坚战、调整优化农业结构和改善农村人居环境的任务。

在中央出台的政策基础上，湖北省级文件依照省内实际基本情况，进一步深入研究实用性村庄规划的编制，做到有条件的村庄应编尽编。并且在原有基础上加大村庄规划编制的弹性和韧性，以适应村庄的实际发展需求。

(2)《关于推进乡村振兴战略实施的意见》

为推进乡村振兴战略实施，根据《中共中央、国务院关于实施乡村振兴战略的意见》（中发〔2018〕1号）精神，结合我省实际，中共湖北省委、湖北省人民政府提出以"三农"思想为指引，坚持农业农村优先发展，统筹推进农村经济建设、政治建设、文化建设、社会建设、生态文明建设和党的建设，以工程化、项目化、清单化的方式，切实抓好农村的基本产业、基本公共服务、基础设施和基层组织建设，加快推进乡村治理体系和治理能力现代化。

在生态文明建设和乡村振兴背景下，村庄规划要求把众多相关的规划加以整合，重视村庄规划的多维目标的实现。同时结合村庄资源环境实际情况，研究村庄发展定位、确定村庄未来发展方向，村庄的发展定位需根据上位规划的分类引导，研究分析村庄的区位、社会、经济、资源环境等方面特征，各规划主体研讨确定村庄发展定位，明确村庄发展方向。还要落实村域层面的国土用途管控，落实上位规划传导的管控要素指标和位置，研究农村闲置宅基地的处理方式，确定用地开发强度和风貌管控。

(3)《湖北省乡村振兴战略规划（2018—2022年）》

2018年11月，湖北实施乡村振兴第一个五年规划，由湖北省委、湖北省人民政府印发实施。规划坚持目标导向，科学研判我省乡村发展的阶段性特点，紧扣我省乡村振兴面临的主要矛盾，按照产业兴旺、生态宜居、乡风文明、治理有效、生活富裕的总要求，围绕农业综合生产能力、生产环境、农村社会文明、治理方式、农村居民收入等内容设置了26项指标，其中约束性指标4项、预期性指标22项。

坚持乡村振兴和新型城镇化双轮驱动,加快形成城乡融合发展的空间格局,优化乡村生产、生活、生态空间,分区、分类推进乡村振兴战略实施。在"多规合一"的背景下进行"双评价"和"三区三线"的划定,引导"三生"空间协调发展。顺应村庄发展规律和演变趋势,根据不同村庄的发展现状和区位条件等,科学规划、分类推进"集聚发展、农耕传承、特色保护、搬迁撤并"这四类村庄的发展。

(4)《省人民政府办公厅关于印发全省国土空间规划编制与实施的若干措施的通知》(鄂政办函〔2020〕31号)

2020年11月21日,湖北省人民政府办公厅印发《全省国土空间规划编制与实施的若干措施》,在全国率先出台专门针对国土空间规划编制与实施全流程管理措施,旨在强化与其他规划的衔接,完善国土空间规划编制、审批、实施、监督等闭环管理。措施共六条,主要包括规划编制、规划审查报批、规划实施年度项目库、规划监督管理四个方面内容。

① 关于规划编制:充分发挥国土空间规划的基础作用,以国土空间规划统领各类空间利用,加强对相关专项规划的指导约束,切实实现一切开发保护建设活动以国土空间规划为基本依据。第一,全面编制各级国土空间规划,按法定程序审批后作为各类开发保护建设活动的基本依据。下级规划要服从上级规划,详细规划要依据总体规划编制。第二,加强与国民经济和社会发展规划衔接。每五年滚动编制国土空间近期规划,将国民经济和社会发展五年规划提出的重大任务、重大工程、重大项目落实到空间布局中。第三,涉及空间利用的各类相关专项规划,原则上由主管部门会同自然资源部门共同编制,按法定程序报批,做好与国土空间规划的衔接。跨行政区域、流域的"一主两翼"城市群、都市区、沿江带等国土空间规划,由自然资源部门会同地方政府和相关部门共同编制,报省政府审批。相比以往征求意见等常规形式的规划对接,由主管部门会同自然资源部门共同编制涉及空间利用的各类相关专项规划,有助于从规划编制初期就形成良好的衔接机制,真正做到空间布局协调一致性,能有效避免规划编制"两张皮"问题,有利于从源头解决项目实施中的冲突,从规划前端打造良好营商环境。

② 关于规划审查报批:按照统一底图、统一标准、统一规划、统一平台的原则,开展各级各类国土空间规划和相关专项规划审查报批。一是相关专项规划报批前要在国土空间规划"一张图"上核查是否符合生态保护红线、永久基本农田、城镇开发边界"三线"管控要求和有关约束性指标,未通过核查不得报批。二是相关专项规划批复后,要将矢量成果叠加到国土空间规划"一张图"上,真正做到"多规合一"。三是加强国土空间总体规划与相关专项规划的审查标准、技术体系对接,推进目标、指标、坐标、图标一致,从源头消除规划矛盾。下一步,自然资源部门将会同相关部门制定衔接核对的管理办法和技术规程,明确具体要求。借助国土空间规划"一张图"系统,通过矢量数据比对,可对相关专项规划提出的交通、水利、能源等重大工程项目是否压占生态保护红线、永久基本农田等空间管控底线进行精准判定,既有助于从源头消除规划矛盾,也有助于优化线性工程的选址走向方案。

③ 关于规划实施年度项目库:由自然资源部门分级建立并管理空间规划实施年度项目库,服务重大工程建设项目。依托"多规合一"国土空间基础信息平台,在项目谋划阶段

先行开展规划选址审查,重点比对项目是否符合生态保护红线、永久基本农田、城镇开发边界"三线"管控要求和有关约束性指标等。符合规划要求和用地政策的项目经批准后纳入年度项目库,方可进入报批流程。未入库项目不得报批。全省发展规划确定的重大项目,原则上全部纳入年度项目库。通过空间规划实施年度项目库制度,建立规划前端管理机制,有助于从源头上消除开发和保护的矛盾,避免重大项目因选址不符合规划要求造成项目无法落地,真正做到规划引领发展、服务发展。下一步,自然资源部门将制定重大项目库有关管理办法,建立重大项目信息化审查系统,进一步明确入库规则、审查程序等。

④ 关于规划监督管理:建立权威严肃的国土空间规划监管机制。依托国土空间基础信息平台,建立国土空间规划实施监督系统,利用大数据等手段及时发现违反规划管控要求的行为并及时预警。加强执法监管,建立完善巡查、违法查处长效机制。将国土空间规划编制和执行情况纳入自然资源督察及领导干部自然资源资产离任审计工作内容。强化责任追究,对各类违法编制、审批规划或者违法批准用地和建设等行为依法依规追究责任。

(5)《湖北省县级国土空间总体规划编制导则(试行)》

2021年9月,湖北省自然资源厅出台《湖北省县级国土空间总体规划编制导则(试行)》,主要内容包括:① 基础工作:现状调研、底图底数、评价和评估、总体城市设计、重大专题研究;② 目标战略:目标定位、空间战略、指标体系;③ 国土空间格局:区域协调、开发保护总体格局、底线管控;④ 规划分区与国土空间功能结构调整:规划分区、国土空间功能结构调整、建设用地规模与结构优化;⑤ 生态空间:生态功能结构、自然保护地体系、生态廊道、重要生态功能区;⑥ 农业空间:农业生产空间、村庄布局引导、村庄人居环境;⑦ 城镇空间:人口与城镇化水平、城镇体系、产业发展布局;⑧ 资源保护与利用:水资源、耕地资源、林草资源、矿产资源、历史文化资源;⑨ 国土综合整治与生态修复:国土综合整治、生态修复分区、山体环境整治与修复、水污染防治与修复、矿山环境整治与修复;⑩ 中心城区规划:范围划定、用地布局、绿地系统与开敞空间、居住与住房保障、城市更新、地下空间利用、城市"四线"划定与管控、城市设计指引;⑪ 支撑体系:公共服务设施、综合交通体系、市政基础设施、公共安全与综合防灾;⑫ 规划实施:乡镇国土空间总体规划传导、相关专项规划指引、详细规划指引、近期安排。

成果包括规划文本、规划图件、规划说明、规划数据库、专题研究报告和其他材料。

(6)《湖北省市级国土空间总体规划编制导则(试行)》

2021年9月,湖北省自然资源厅出台《湖北省市级国土空间总体规划编制导则(试行)》。

① 主要内容:包括基础工作;现状调研;底图底数;评价和评估;总体城市设计;重大专题研究。编制内容包括:目标战略;区域协调;国土空间格局;底线管控;规划分区与国土空间功能结构调整;资源保护与利用;国土综合整治与生态修复;中心城区规划;支撑体系;规划实施。

② 成果要求:规划文本;规划图件;规划说明;专题研究报告;数据库;其他材料;强制性内容。

(7)《关于加快编制村庄规划 促进乡村振兴的通知》(鄂自然资发〔2019〕9号)

2019年4月24日,省自然资源厅、省委农办、省农业农村厅、省发展改革委、省财政厅印发《关于加快编制村庄规划 促进乡村振兴的通知》,按照《中央农办 农业农村部 自然资源部 国家发展改革委 财政部关于统筹推进村庄规划编制工作的意见》(农规发〔2019〕1号)、《中共湖北省委 湖北省人民政府关于全面学习浙江"千万工程"经验扎实推进美丽乡村建设的决定》(鄂发〔2019〕5号)要求,为扎实开展全省村庄规划编制工作,促进乡村振兴,村庄规划应按照先规划后建设的原则,通盘考虑实际情况编制"多规合一"的实用性村庄规划。2019年,以县域为单位,完成全省集聚提升类、城郊融合类、特色保护类、搬迁撤并类等村庄布局工作。遵从保护优先、集约节约和农民主体等原则。按照"一芯两带三区"区域和产业发展战略总体部署,围绕鄂西绿色发展示范区、江汉平原振兴发展示范区、鄂东转型发展示范区区域战略定位,结合生态资源优势、农业资源优势和传统产业优势,合理确定村庄功能定位,进一步明确村庄规划发展目标、主要任务及编制原则。为市县级村庄规划的编制拟定大体方向。同时细化到规划编制审批、实施监督等层面。重视村庄发展方向,同时严守"三区三线",防止建设用地侵占永久基本农田。强调延续农村风貌和农民主体地位,构建信息化规划管理平台,做到一村一图的规划编制工作。

(8)《湖北省村庄规划编制基本技术指引(试行)》

2020年11月,按照《中央农办 农业农村部 自然资源部 国家发展改革委 财政部关于统筹推进村庄规划编制工作的意见》(农规发〔2019〕1号)和《中共湖北省委 湖北省人民政府关于全面学习浙江"千万工程"经验扎实推进美丽乡村建设的决定》(鄂发〔2019〕5号)要求,加快编制村庄规划,推进美丽乡村建设,促进乡村振兴。为规范村庄规划编制基本技术要求,制定本指引。技术指引的编制原则强调了保护优先、多规合一、因地制宜、节约集约和农民主体。要求村庄规划遵循市县一盘棋,推动各类规划在村域层面多规合一,同时完善规划编制管理制度,完善配套公服设施和公共设施,达到以人为本的村庄规划原则。按照实际情况编制村庄规划,防止千村一面。充分发挥农民的主体作用,做到规划为民所用、为民所编。

村庄规划的主要内容包括基础研究、发展定位与目标、规模控制与用地布局、建设空间、农业空间、生态空间、国土综合整治、实施保障等。

村庄规划国家级、省级相关政策文件如表2.2所示。

表2.2 相关政策汇总

层级	文件名称	发文机关	发文日期
国家	《乡村振兴战略规划(2018—2022年)》	国务院	2018-09-26
国家	《数字乡村发展战略纲要》	中共中央办公厅 国务院	2019-05-16
国家	《中共中央 国务院关于建立国土空间规划体系并监督实施的若干意见》(中发〔2019〕18号)	中共中央 国务院	2019-05-23
国家	《自然资源部关于全面开展国土空间规划工作的通知》(自然资发〔2019〕87号)	自然资源部	2019-05-28
国家	《自然资源部办公厅关于加强村庄规划促进乡村振兴的通知》(自然资办发〔2019〕35号)	自然资源部办公厅	2019-05-29

续表2.2

层级	文件名称	发文机关	发文日期
国家	《关于开展国土空间规划"一张图"建设和现状评估工作的通知》(自然资办发〔2019〕38号)	自然资源部办公厅	2019-07-18
国家	《关于在国土空间规划中统筹划定落实三条控制线的指导意见》	中共中央办公厅 国务院办公厅	2019-11-01
国家	《自然资源部关于开展全域土地综合整治试点工作的通知》(自然资发〔2019〕194号)	自然资源部	2019-12-10
国家	《农业农村部 自然资源部关于规范农村宅基地审批管理的通知》(农经发〔2019〕6号)	农业农村部 自然资源部	2019-12-12
国家	《自然资源部办公厅关于印发〈资源环境承载能力和国土空间开发适宜性评价指南(试行)〉的函》(自然资办函〔2020〕127号)	自然资源部办公厅	2020-01-19
国家	《自然资源部办公厅关于加强国土空间规划监督管理的通知》(自然资办发〔2020〕27号)	自然资源部办公厅	2020-05-22
国家	《自然资源部 农业农村部关于保障农村村民住宅建设合理用地的通知》(自然资发〔2020〕128号)	自然资源部 农业农村部	2020-07-29
国家	《国务院办公厅关于坚决制止耕地"非农化"行为的通知》(国办发明电〔2020〕24号)	国务院办公厅	2020-09-10
国家	《关于调整完善土地出让收入使用范围优先支持乡村振兴的意见》	中共中央办公厅 国务院办公厅	2020-09-23
国家	《国务院办公厅关于防止耕地"非粮化"稳定粮食生产的意见》(国办发〔2020〕44号)	国务院办公厅	2020-11-04
国家	《自然资源部办公厅关于进一步做好村庄规划工作的意见》(自然资办发〔2020〕57号)	自然资源部	2020-12-17
国家	《中共中央 国务院关于实现巩固拓展脱贫攻坚成果同乡村振兴有效衔接的意见》	国务院	2020-12-26
国家	《关于推动农村人居环境标准体系建设的指导意见》(国市监标技函〔2020〕207号)	市场监管总局 生态环境部 住房和城乡建设部 水利部 农业农村部 国家卫生健康委 林草局	2020-12-31
国家	《中共中央 国务院关于全面推进乡村振兴加快农业农村现代化的意见》	中共中央 国务院	2021-01-04
国家	《自然资源部 国家发展改革委 农业农村部关于保障和规范农村一二三产业融合发展用地的通知》(自然资发〔2021〕16号)	自然资源部 国家发展改革委 农业农村部	2021-01-28
国家	《国务院关于加快建立健全绿色低碳循环发展经济体系的指导意见》(国发〔2021〕4号)	国务院	2021-02-02
国家	《关于加快推进乡村人才振兴的意见》	中共中央办公厅 国务院办公厅	2021-02-23

续表2.2

层级	文件名称	发文机关	发文日期
国家	《关于在国土空间规划编制和实施中加强历史文化遗产保护管理的指导意见》(自然资发〔2021〕41号)	自然资源部 国家文物局	2021-03-08
国家	《关于印发〈2021年新型城镇化和城乡融合发展重点任务〉的通知》(发改规划〔2021〕493号)	国家发展改革委	2021-04-08
国家	《中华人民共和国乡村振兴促进法》	中华人民共和国 第十三届全国 人民代表大会 常务委员会	2021-04-29
国家	《关于加快农房和村庄建设现代化的指导意见》(建村〔2021〕47号)	住房和城乡建设部 农业农村部 国家乡村振兴局	2021-06-08
国家	《关于深化生态保护补偿制度改革的意见》	国务院	2021-09-12
国家	《国土空间规划技术标准体系建设三年行动计划(2021—2023年)》(自然资发〔2021〕135号)	自然资源部 国家标准化 管理委员会	2021-09-27
国家	《关于推动城乡建设绿色发展的意见》	国务院办公厅	2021-10-25
国家	《"十四五"推进农业农村现代化规划》(国发〔2021〕25号)	国务院	2021-11-12
国家	《农村人居环境整治提升五年行动方案(2021—2025年)》	国务院办公厅	2021-12-05
国家	《关于印发〈巩固拓展脱贫攻坚成果同乡村振兴有效衔接过渡期内城乡建设用地增减挂钩节余指标跨省域调剂管理办法〉的通知》	自然资源部 财政部 国家乡村振兴局	2021-12-21
国家	《关于做好2022年全面推进乡村振兴重点工作的意见》	国务院	2022-01-04
国家	《关于推动文化产业赋能乡村振兴的意见》(文旅产业发〔2022〕33号)	文化和旅游部 教育部 自然资源部 农业农村部 国家乡村振兴局 国家开发银行	2022-03-21
国家	《关于推进以县城为重要载体的城镇化建设的意见》	国务院办公厅	2022-05-06
国家	《关于进一步加强国土空间规划"一张图"系统建设的通知》(自然资办发〔2022〕19号)	自然资源部办公厅	2022-05-11
国家	《关于进一步加强农村生活垃圾收运处置体系建设管理的通知》(建村〔2022〕44号)	住房和城乡建设部 农业农村部 国家发展改革委 生态环境部 国家乡村振兴局 中华全国供销合作总社	2022-05-23
国家	《乡村建设行动实施方案》	中共中央办公厅 国务院办公厅	2022-05-23
国家	《"十四五"新型城镇化实施方案》	国家发展改革委	2022-06-21

续表2.2

层级	文件名称	发文机关	发文日期
国家	《关于印发城乡建设领域碳达峰实施方案的通知》(建标〔2022〕53号)	住房和城乡建设部 国家发展改革委	2022-06-30
国家	《关于积极做好用地用海要素保障的通知》(自然资发〔2022〕129号)	自然资源部	2022-08-02
国家	《关于加强生态保护红线管理的通知(试行)》(自然资发〔2022〕142号)	自然资源部 生态环境部 国家林业和草原局	2022-08-16
国家	《农业农村部办公厅关于印发〈农业现代化示范区数字化建设指南〉的通知》(农办市〔2022〕12号)	农业农村部	2022-08-21
国家	《关于加强生态保护红线管理的通知(试行)》	自然资源部 生态环境部 国家林业和草原局	2022-08-26
国家	《关于开展美丽宜居村庄创建示范工作的通知》(农办社〔2022〕11号)	农业农村部办公厅 住房和城乡建设部办公厅	2022-09-26
国家	党的二十大报告	中国共产党第二十次全国代表大会	2022-10-16
国家	《关于进一步加强国土空间规划编制和实施管理的通知》	自然资源部	2022-10-18
国家	《农村宅基地管理暂行办法(征求意见稿)》	农业农村部	2022-11-28
国家	《关于严守底线规范开展全域土地综合整治试点工作有关要求的通知》(自然资办发〔2023〕15号)	自然资源部	2023-04-23
国家	《关于深化规划用地"多审合一、多证合一"改革的通知》(自然资发〔2023〕69号)	自然资源部	2023-05-04
国家	《关于进一步做好用地用海要素保障的通知》(自然资发〔2023〕89号)	自然资源部	2023-06-13
国家	《关于做好城镇开发边界管理的通知(试行)》(自然资发〔2023〕193号)	自然资源部	2023-10-08
国家	《关于印发〈国土空间调查、规划、用途管制用地用海分类指南〉的通知》(自然资发〔2023〕234号)	自然资源部	2023-11-22
国家	《关于学习运用"千村示范、万村整治"工程经验有力有效推进乡村全面振兴的意见》	国务院	2024-01-01
国家	《关于严守底线规范开展全域土地综合整治试点工作有关要求的通知》(自然资办发〔2023〕15号)	自然资源部	2023-04-23
国家	《关于深化规划用地"多审合一、多证合一"改革的通知》(自然资发〔2023〕69号)	自然资源部	2023-05-04
湖北省	《关于推进乡村振兴战略实施的意见》	湖北省委、省政府	2018-02-20
湖北省	《关于对标全面建成小康社会必须完成的硬任务扎实做好"三农"工作的若干意见》	湖北省委、省政府	2019-04-26

续表2.2

层级	文件名称	发文机关	发文日期
湖北省	《湖北省乡村振兴战略规划(2018—2022年)》	湖北省委、省政府	2019-05-20
湖北省	《省人民政府关于印发湖北省推进国土空间规划体系建立并监督实施方案的通知》	湖北省人民政府	2019-11-20
湖北省	《关于印发湖北省推进国土空间规划体系建立并监督实施方案的通知》	湖北省人民政府	2019-12-11
湖北省	《省人民政府办公厅关于印发全省国土空间规划编制与实施的若干措施的通知》	湖北省人民政府办公厅	2020-11-21
湖北省	《关于全面推进乡村振兴和农业产业强省建设加快农业农村现代化的实施意见》	湖北省委、省政府	2021-04-10
湖北省	《湖北省国民经济和社会发展第十四个五年规划和二〇三五年远景目标纲要》	湖北省人大	2021-04-13
湖北省	《省自然资源厅关于印发国土空间规划有关技术文件的通知》	湖北省自然资源厅	2021-09-23
湖北省	《省人民政府关于印发湖北省新型城镇化规划(2021—2035年)和湖北省"十四五"推进新型城镇化建设实施方案的通知》	湖北省人民政府	2021-10-01
湖北省	《省人民政府关于印发湖北省县域经济发展"十四五"规划的通知》	湖北省人民政府	2021-12-31
湖北省	《湖北省国土空间生态修复规划(2021—2035年)》	湖北省自然资源厅	2022-01-13
湖北省	《中共湖北省自然资源厅党组印发〈关于开展全域国土综合整治助推美好环境与幸福生活共同缔造试点的实施方案〉的通知》	湖北省自然资源厅	2022-09-09

2.2.2 技术标准分析

2019年5月,《中共中央 国务院关于建立国土空间规划体系并监督实施的若干意见》发布,提出构建"五级三类"的国土空间规划体系,即国家级、省级、市级、县级、乡镇级五级,以及总体规划、详细规划、专项规划三类。为指导各级国土空间总体规划的编制和实施,自然资源部办公厅分别于2020年1月和9月颁布了《省级国土空间规划编制指南(试行)》与《市级国土空间总体规划编制指南(试行)》。但是,目前国家层面乡镇层级的国土空间总体规划编制指南尚没有出台,只有湖北、山东、北京、河北、河南、浙江、湖南、广西、四川、福建、天津等18个省(自治区、直辖市)发布了地方层面的乡镇国土空间总体规划编制指南。通过比较18份指南中的规划内容(表2.3)可以看出,除去现状综合分析、发展定位目标以及最后的规划实施保障,乡镇国土空间总体规划与传统的乡镇总体规划还是有很大区别的。乡镇国土空间总体规划更注重对"三区三线"等控制线的统筹落实,主要体现在国土空间总体格局的规划内容中;更注重用地管控的刚性与弹性结合,主要体现在国土空间土地用途管制的规划内容中;更注重土地整治修复和再利用,主要体现在全域土地整治与生态修复的规划内容中;更重视全域全要素的保护,主要体现在自然资源保护和合理利用的规划内容中。综合18份指南中的规划共性内容,可以得出乡镇国土空间总体规划编制一般的内容框架由基础分析、目标定位、全域管控和实施保障四个部分组成(表2.4)。

表2.3 各省(自治区、直辖市)乡镇国土空间总体规划编制技术文件发布情况表

序号	省 (自治区、直辖市)	发文日期	文件名称
1	山东省	2019年11月	《山东省乡镇国土空间总体规划编制导则(试行)》
2	北京市	2019年12月	《北京市乡镇国土空间规划编制导则》
3	河北省	2020年4月	《河北省乡镇国土空间总体规划编制导则(试行)》
4	浙江省	2020年6月	《浙江省乡镇级国土空间总体规划编制技术要点(征求意见稿)》
5	湖南省	2020年8月	《湖南省乡镇国土空间规划编制指南(试行)》
6	广西壮族 自治区	2020年11月	《广西壮族自治区乡镇级国土空间总体规划编制要点(征求意见稿)》
7	四川省	2021年3月	《四川省镇乡级国土空间总体规划编制指南(试行)》
8	福建省	2021年5月	《福建省乡镇国土空间总体规划编制导则(试行)》
9	天津市	2021年6月	《天津市乡镇国土空间总体规划编制指南(试行)》
10	吉林省	2021年6月	《吉林省乡(镇)国土空间总体规划编制技术指南(试行)》
11	黑龙江省	2021年7月	《黑龙江省乡镇级国土空间总体规划编制指南(试行)》
12	湖北省	2021年9月	《湖北省乡镇级国土空间总体规划编制导则(试行)》
13	贵州省	2021年12月	《贵州省乡镇级国土空间总体规划编制技术指南(试行)》
14	新疆维吾尔 自治区	2022年2月	《新疆维吾尔自治区乡镇国土空间总体规划编制技术指南(试行)》
15	内蒙古自治区	2022年4月	《内蒙古自治区苏木乡镇国土空间规划编制导则》
16	广东省	2022年5月	《广东省镇级国土空间总体规划编制技术指南(试行)》
17	安徽省	2022年11月	《安徽省乡镇国土空间总体规划编制规程(试行)》
18	河南省	2024年1月	《河南省乡镇国土空间总体规划编制导则(修订)》

第二章 乡镇村国土空间规划相关理论及实践

表 2.4 各省(自治区、直辖市)乡镇国土空间总体规划编制内容一览表

序号	文件名称	基础分析	目标定位	全域管控	实施保障
1	《山东省乡镇国土空间总体规划编制导则(试行)》	基础分析	总体定位、发展目标	乡镇国土空间总体格局,乡镇国土空间开发利用,自然资源保护和合理利用,全域土地整治和生态修复	完善规划体系,制定近期行动计划,完善政策工具
2	《北京市乡镇国土空间规划编制导则》	总述(概述、发展定位、刚性指标落实)	—	生态安全与生态要素,全域全要素空间管控体系,国土空间用途管制,城乡统筹发展,基础保障,历史文化与风貌特色,规划管控与引导	规划实施(开展全域国土空间综合整治,开展生态保护与修复,统筹乡镇国土空间城乡建设实施时序,明确减量任务,合理安排规划实施时序,保证规划可实施性,建立健全保障规划实施的机制体制,建立健全保障规划实施的机制体制)
3	《河北省乡镇规划编制导则(试行)》	现状分析(特征、问题、机遇挑战)	目标定位(职能定位、目标指标)	国土空间格局,自然资源保护与利用,居民点体系、产业体系与空间布局,乡镇政府驻地规划,基础保障体系,历史文化与景观风貌,生态修复与国土综合整治,规划环境影响评价	规划传导、实施(规划传导、实施保障、近期建设)
4	《浙江省乡镇国土空间总体规划编制技术要点(征求意见稿)》	基础工作	定位与目标(规划定位、规划目标指标落实)、发展策略	规划用途分区与控制线落实、国土空间管制分区规划、国土空间用地结构与布局优化、国土空间管制要求、基础设施保障、单元规划与强制性内容	规划实施与行动(规划实施、规划数据库建设)
5	《湖南省乡镇国土空间总体规划编制指南(试行)》	基础评估分析(现状评估、风险评估)	发展定位目标(发展定位目标、规划指标)	国土空间格局,国土空间开发、保护,乡镇风貌设计,国土空间综合整治开发边界内规划,国土空间管制	近期项目计划,规划实施保障(组织机制、政策支持、宣传引导、监督实施)
6	《广西壮族自治区乡镇级国土空间规划编制要点(征求意见稿)》	基础条件分析与风险识别(自身条件分析、外部条件分析、问题与风险识别)	规划目标(发展定位、目标指标)	总体格局,统筹落实生态修复、全域土地整治,要素支撑体系、空间布局,规划管控与引导	实施保障

031

续表2.4

序号	文件名称	基础分析	目标定位	全域管控	实施保障
7	《四川省乡镇国土空间总体规划编制指南（试行）》	分析评估	目的定位、发展思路	空间格局、布局优化、规划传导、镇区规划（分析评估、功能结构、用地布局、文化保护、市政设施、公服设施、防灾减灾、景观风貌）	近期建设规划、规划实施措施主要内容（组织保障、配套政策、监督机制）
8	《福建省乡镇国土空间总体规划编制导则（试行）》	现状调查与分析	国土空间发展目标（空间发展定位、发展战略与空间规划分区、国土空间发展目标指标体系）	区域协同与陆海统筹、国土空间开发保护利用、自然资源保护格局、村庄布局优化、历史文化与景观支撑、重大要素支撑、城镇集中建设区规划强制性内容、国土整治修复与生态修复、单元规划与国土空间用途管制	实施保障措施（近期实施计划、规划衔接引导、动态维护机制）
9	《天津市乡镇级国土空间总体规划编制指南（试行）》	—	规划定位与目标（发展定位与目标、规划指标、国土空间用途管制）	国土空间格局、规划优化规划分区、发展基础支撑体系、历史文化保护传承与风貌特色、国土综合整治和生态修复、镇区规划	近期建设、实施保障（组织保障、政策保障、宣传引导、严格实施、实施监督）
10	《吉林省乡镇国土空间总体规划编制基础技术指南（试行）》	现状基础（现状分析、"双评价"和风险评估应用、规划实施评估）	规划目标与指标落实	国土空间格局与结构、自然资源保护和利用、乡镇政府驻地布局与村庄布局、镇村体系、国土综合整治和生态修复、支撑保障体系、乡镇政府驻地风貌、规划管控与传导	规划实施保障（近期项目计划、公众参与、监督实施）
11	《黑龙江省乡镇级国土空间总体规划编制指南（试行）》	基础工作（资料收集、基数数据底图、基础分析）	目标与战略（发展目标、发展战略、规划指标）	国土空间布局优化、乡镇政府驻地方特色风貌、历史文化地方特色风貌、国土综合整治、生态修复、规划传导与实施	规划实施（分期建设、实施保障）
12	《河南省乡镇国土空间规划编制指南（试行）》	评价评估、现状评价（双评价、现状评价、规划评估）	发展定位与目标	国土空间开发保护格局、重要控制线划定、用地结构调整、自然资源保护与利用、分类与产业布局、历史文化与景观风貌、支撑保障体系、乡镇政府驻地规划、国土综合整治与生态修复、规划传导	规划实施保障（完善规划体系、制定近期实施计划、积极引导公众参与、规划实施政策保障、健全监督问责机制）

续表2.4

序号	文件名称	基础分析	目标定位	全域管控	实施保障
13	《湖北省乡镇级国土空间总体规划编制导则（试行）》	基础工作（调查研究、底图底数、评估分析）	目标定位（目标定位、指标体系）	国土空间格局、三线划定与管控、功能结构调整、资源保护与利用、乡村振兴与特色建设、国土综合整治与生态修复、规划（乡集镇）规划、支撑体系	规划实施（详细规划指引、近期行动计划）
14	《贵州省乡镇级国土空间总体规划编制技术指南（试行）》	基础分析	目标定位（发展定位、目标指标）	区域协同、国土空间开发保护与利用、国土空间规划分区、资源要素保护及国土综合整治、村庄规划指引、规划落实与传导	规划实施保障（实施保障、近期行动计划）
15	《新疆维吾尔自治区乡镇国土空间规划编制（试行）》	基础评估分析、乡镇分类导引	发展定位与指标（发展定位、规划指标）	国土空间格局、国土空间规划分区、国土空间发展、自然资源保护与利用、产业发展、基础保障体系、乡（镇）人民政府驻地规划、历史文化与特色风貌、国土综合整治与生态修复	规划传导与实施（规划传导、实施保障、近期建设）
16	《内蒙古自治区苏木乡镇国土空间规划编制导则（试行）》	基础分析（基数利底图、现状分析与风险识别）	定位与目标（总体定位与发展目标、规划指标）	国土空间格局结构、自然资源保护与利用、镇村统筹发展、镇区（乡集镇）规划、综合支撑体系、国土综合整治与修复	规划传导与实施（规划传导、规划实施）
17	《广东省国土空间规划编制技术指南》	—	目标定位	总体格局、自然资源保护与利用、国土空间支撑体系、生态修复、国土综合整治与生态修复	实施保障（实施保障、实施计划、评估）
18	《安徽省乡镇级国土空间总体规划编制规程（试行）》	—	发展定位与目标（发展定位、国土空间开发保护目标、国土空间发展策略）	国土空间总体格局、自然资源保护利用、国土空间支撑体系、村庄布局优化、国土综合整治、生态修复塑造、乡政府驻地规划、历史文化保护与特色风貌塑造、历史文化保护与特色风貌塑造、分区分类指引	规划传导、实施与保障（制定分期实施计划、实施保障、制定单元规划、制定环境影响说明、做好规划实施）

在18个省(自治区、直辖市)发布的地方层面的编制指南中,北京、河北、湖南、福建、新疆维吾尔自治区、内蒙古自治区6个省(自治区、直辖市)对乡镇进行了分类引导。乡镇层级的国土空间总体规划有着自身的价值和意义,是构建分级、分类、分层、分区域国土空间规划体系的重要内容,也是建立健全城乡一体的空间规划制度的重要环节。

通过对18份指南的横向比较分析可以看出,这些指南普遍对规划基础工作进行了整合统一;对规划编制内容进行了改革创新,包括对上要协调落实上位规划的底线管控要求,用全域土地综合整治的思维指导规划编制,对下要切实保障乡镇整体和农民个体利益;对编制和实施管理进行了规范化。基于此,乡镇国土空间总体规划的编制思路,即可以选择一个乡镇单独编制、几个乡镇合并编制、与上位的市县国土空间总体规划统筹编制、与下位的村庄(详细)规划联合编制等灵活多样的编制形式;规划编制一般的内容框架包括基础分析、目标定位、全域管控、实施保障四个部分;指标体系的构建、"三区三线"的落实、全域管控的推进是规划编制的三个重点(表2.5)。

表2.5 各省(自治区、直辖市)乡镇国土空间总体规划编制技术文件分类情况一览表

序号	文件名称	乡镇类型划分	分类指标
1	《北京市乡镇国土空间规划编制导则》	4类:疏解提升型、平原完善型、浅山整治型、山区涵养型	区位条件、资源禀赋特点
2	《河北省乡镇国土空间总体规划编制导则(试行)》	5类:城郊服务型、工贸带动型、特色保护型、资源生态型、现代农业型	区位条件、资源禀赋、产业发展、空间特征、生态保护
3	《湖南省乡镇国土空间规划编制指南(试行)》	7类:城郊服务型、产业发展型、商贸物流型、现代农业型、文旅融合型、生态保护型、其他特色型	区位条件、资源禀赋、产业基础、文化特色、生态保护
4	《福建省乡镇国土空间总体规划编制导则(试行)》	8类:城市边缘型、现代农林型、资源生态型、工贸带动型、旅游带动型、文化传承型、滨水港口型、其他一般型	地理、历史文化、社会人文、资源禀赋和经济发展山水林田湖草海等保护类要素以及人口、产业、交通等发展类要素
5	《新疆维吾尔自治区乡镇国土空间总体规划编制技术指南(试行)》	5类:生态保育类、特色发展类、城郊服务类、富民兴边类、其他类	地理、历史文化、社会人文、资源禀赋和经济发展、人口、产业、交通等发展类要素
6	《内蒙古自治区苏木乡镇国土空间编制导则(试行)》	6类:城镇带动型、绿色农牧型、工贸物流型、文旅特色型、口岸主导型、其他型	区位条件、自然生态、资源禀赋、农林牧资源、历史文化

通过整理各地出台的村庄规划技术文件我们可以看出,27个省(自治区、直辖市)已经出台了关于村庄规划编制的导则或编制指南用于指导村庄规划编制,各地导则在其主体结构和涉及的主要问题上大致相同,但其章节标题设置或部分表述仍略有差异。导则内容选择上,主要选择与中央文件总体要求相对应的方面,即国土空间规划对村庄规划总体要求的具体实施路径(表2.6、表2.7)。

表 2.6 27 个省(自治区、直辖市)出台村庄规划技术文件(导则、指南等)

序号	省(自治区、直辖市)	文件名称	出台时间
1	黑龙江省	《黑龙江省村庄规划编制导则》	2019 年 1 月
2	湖南省	《湖南省村庄规划编制工作指南(试行)》	2019 年 4 月
3	湖北省	《湖北省村庄规划编制基本工作指引》	2019 年 5 月
4	广东省	《广东省村庄规划编制基本技术指南(试行)》	2019 年 5 月
5	四川省	《四川省村规划编制技术导则(试行)》	2019 年 5 月
6	广西壮族自治区	《广西壮族自治区村庄规划编制技术导则》	2019 年 6 月
7	河南省	《河南省村庄规划导则(试行)》	2019 年 7 月
8	北京市	《北京市村庄规划导则(修订版)》	2019 年 9 月
9	福建省	《福建省村庄规划编制指南(试行)》	2019 年 9 月
10	山东省	《山东省村庄规划编制导则(试行)》	2019 年 9 月
11	河北省	《河北省村庄规划编制导则(试行)》	2019 年 11 月
12	西藏自治区	《西藏自治区村庄规划编制技术导则(试行)》	2020 年 4 月
13	新疆维吾尔自治区	《新疆维吾尔自治区村庄规划编制技术指南(试行)》	2020 年 5 月
14	海南省	《海南省村庄规划编制技术导则(试行)》	2020 年 6 月
15	青海省	《青海省村庄规划编制技术导则(试行)》	2020 年 7 月
16	江苏省	《江苏省村庄规划编制指南(试行)》	2020 年 8 月
17	云南省	《云南省"多规合一"实用性村庄规划编制指南(试行)》	2020 年 9 月
18	江西省	《江西省"多规合一"实用性村庄规划编制技术指南(试行)》	2021 年 2 月
19	甘肃省	《甘肃省村庄规划编制导则(试行)》	2021 年 3 月
20	内蒙古自治区	《内蒙古村庄规划编制规程》	2021 年 3 月
21	浙江省	《浙江省村庄规划编制技术要点(试行)》	2021 年 5 月
22	贵州省	《贵州省村庄规划编制技术指南(试行)》	2021 年 6 月
23	吉林省	《吉林省村庄规划编制技术指南(试行)》	2021 年 6 月
24	辽宁省	《辽宁省村庄规划编制导则(试行)》	2021 年 9 月
25	安徽省	《安徽省村庄规划编制指南(2022 版)》	2022 年 6 月
26	宁夏回族自治区	《宁夏回族自治区村庄规划编制指南(2023 年修订版)》	2023 年 3 月
27	天津市	《天津市村庄规划编制导则》	2023 年 9 月

表 2.7 27 个省级行政单位(自治区、直辖市)出台技术文件内容总结

分类			导则内容总结
规划基础工作	明确地位统一数据		详细规划,"多规合一"的实用性规划 统一采用"三调"数据、2000 国家大地坐标系和 1985 国家高程基准
	深入调研		驻村调研 列出调研内容和程序
	分类指导		多数分为"集聚提升类、城郊融合类、特色保护类、搬迁撤并类" 个别根据地方特色增加或名称略有不同 增加"其他"类为未来发展留出空间
规划编制内容	落实管控要求		落实"三区三线" 根据地方需要划定其他控制线 划定村域内各类控制线
	优化用地布局	用地规模	永久基本农田数量不减少,建设用地规模不增加 部分省份明确减量发展 探索"留白"
		居住用地	"一户一宅"、"空心房"整治,严控宅基地规模
		产业用地	一般不在农村地区安排新增工业用地 复合高效利用 北京提出对低效、低端产业用地梳理腾退
		公服设施	节约用地,按需布置,鼓励复合功能 部分省份不限定最小规模
	成果提交	技术文件	Shapefile 格式,统一要求,对接国土空间数据库
		实用成果	除技术成果外,需形成村庄实用成果
编制和实施管理			强化村民主体地位 动员社会力量,开门编规划,推广乡村规划师制度 北京、湖南提出体检评估机制

第三章

湖北省乡镇村基本概况

3.1 基本概况

3.1.1 湖北省行政区划概况

湖北省总面积18.59万 km^2，下辖12个地级市、1个自治州、3个直管市、1个林区。截至2023年6月，湖北省辖335个街道、761个镇、161个乡，以及10个民族乡，合计1 267个乡级区划(图3.1)。

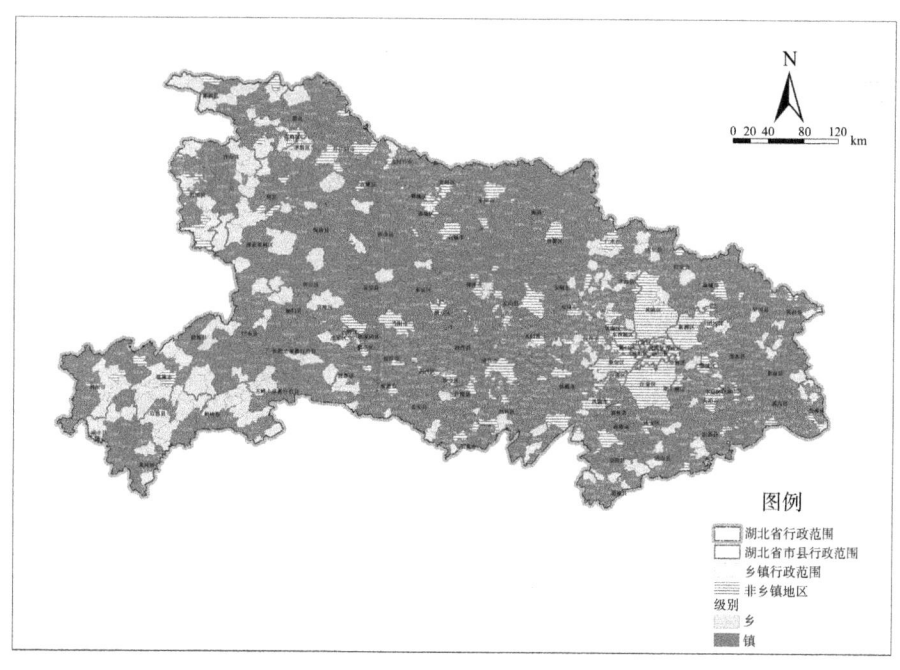

图 3.1 湖北省行政区划

3.1.2 湖北省总体格局

(1) 2021年,湖北省提出"一主引领、两翼驱动、全域协同"区域发展布局(图3.2)

"一主":支持武汉加快建设国家中心城市、长江经济带核心城市,以武汉为龙头,建设中部地区标杆性现代化武汉都市圈,打造武汉城市圈升级版和全省高质量发展主引擎。

"两翼":提升襄阳、宜昌城市发展能级,打造襄阳、宜昌都市圈,推动"襄十随神""宜荆荆恩"城市群成为支撑全省高质量发展的南北列阵。

图3.2 湖北省"一主两翼"城市群

(2) 围绕区域发展布局形成"一核两极五廊多组团"的国土空间开发格局(图3.3)

"一核":强化武汉核心引领。

"两极":培育襄阳、宜昌形成两大新增长极。

"五廊":形成汉宜、汉十、京广、襄宜城镇集聚发展廊道和十神恩绿色发展廊道。

"多组团":打造10个联动发展组团。

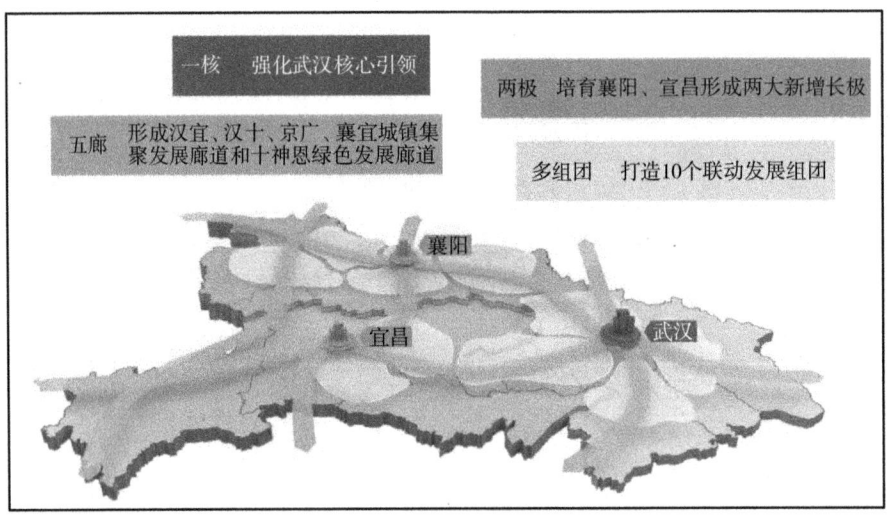

图3.3 "一核两极五廊多组团"的国土空间开发格局

(3) 围绕区域发展布局形成"三江四屏千湖一平原"的国土空间保护格局(图3.4)

"三江":以长江、汉江和清江为纽带,串联江汉湖群,打造三条生态廊道。

"四屏":依托鄂西北秦巴山、鄂西南武陵山、鄂东北大别山、鄂东南幕阜山,提升水源涵养、水土保持、生态服务与生物多样性维护功能,打造四大生态屏障。

"千湖":加强湖库湿地保护与修复,打造水生态网络节点。

"一平原":以维护农业生态安全为重点,提升农业生产能力,打造国家级绿色粮仓。

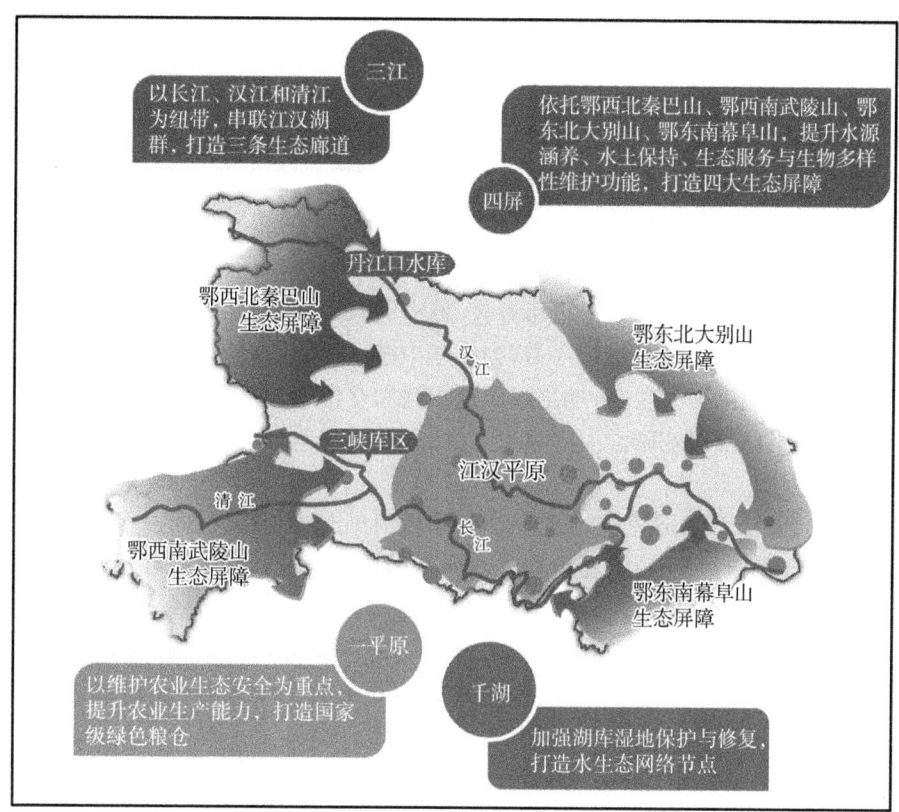

图 3.4 "三江四屏千湖一平原"国土空间保护格局

3.2 湖北省乡镇村现状情况

3.2.1 地形地貌分析

(1) 基本概况

湖北省地势大致为东、西、北三面环山,中间低平,略呈向南敞开的不完整盆地。在全省总面积中,山地占 56%、丘陵占 24%、平原湖区占 20%。

全省山地大致分为四大块。西北山地为秦岭东延部分和大巴山的东段。秦岭东延部分称武当山脉,呈北西—南东走向,群山叠嶂,岭脊海拔一般在 1 000 m 以上,最高处为武当山天柱峰,海拔 1 612.1 m。大巴山东段由神农架、荆山、巫山组成,森林茂密,河谷幽深。神农架最高峰为神农顶,海拔 3 106.2 m,素有"华中第一峰"之称。荆山呈北西—南东走向,其地势向南趋降为海拔 250~500 m 的丘陵地带。巫山地质复杂,水流侵蚀作用强烈,一般相对高度在700~1500 m,局部达2000 m以上。长江自西向东横贯其间,形成雄奇壮美的长江三峡,水利资源极其丰富。西南山地为云贵高原的东北延伸部分,主要有大娄山和武陵山,呈北东—南西走向,一般海拔高度为700~1000 m,最高处狮子垴海拔2152 m。东北山地为绵亘于豫、鄂、皖边境的桐柏—大别山脉,呈北西—南东走向。桐柏山主峰太白顶海拔1140 m,大别山主峰天堂寨海拔1729.13 m。东南山地为蜿蜒于湘、鄂、赣边境的幕阜山脉,略呈西南—东北走向,主峰老鸦尖海拔1656.7 m。

全省丘陵主要分布在两大区域:一为鄂中丘陵,一为鄂东北丘陵。鄂中丘陵包括荆山与大别山之间的江汉河谷丘陵,大洪山与桐柏山之间的溳水流域丘陵。鄂东北丘陵以低丘为主,地势起伏较小,丘间沟谷开阔,土层较厚,宜农宜林。

省内主要平原为江汉平原和鄂东沿江平原。江汉平原由长江及其支流汉江冲积而成,是比较典型的河积湖积平原,面积超4万 km^2,整个地势由西北微向东南倾斜,地面平坦,湖泊密布,河网交织。大部分地面海拔20~100 m。鄂东沿江平原也是江湖冲积平原,主要分布在嘉鱼至黄梅沿长江一带,为长江中游平原的组成部分。这一带注入长江的支流短小,河口三角洲面积狭窄,加之河间地带河湖交错,夹有残山低丘,因而平原面积收缩,远不及江汉平原平坦宽阔。

(2) 高程分析

利用GDEM V3(30 m)分辨率数字高程数据对湖北省高程、坡向进行分析,并利用平均高程数据对各乡镇进行分析,数据如图3.5至图3.7所示。从图中可看出,湖北省高程较大的乡镇主要分布在湖北省西部地区。根据海拔高度分级,湖北省平均海拔大于等于1500 m的乡镇共9个,分别为宜昌市牛庄乡、火烧坪乡,神农架林区宋洛乡、木鱼镇、松柏镇、红坪镇、下谷坪土家族乡,恩施土家族苗族自治州椿木营乡、板桥镇,属于高海拔地区。

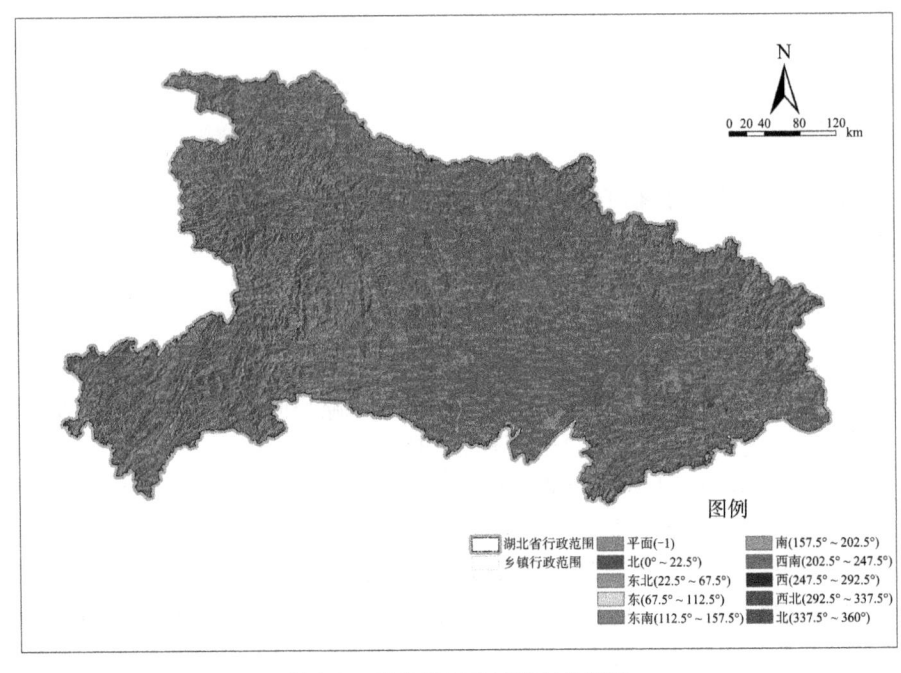

图3.5 湖北省各乡镇坡向分析图

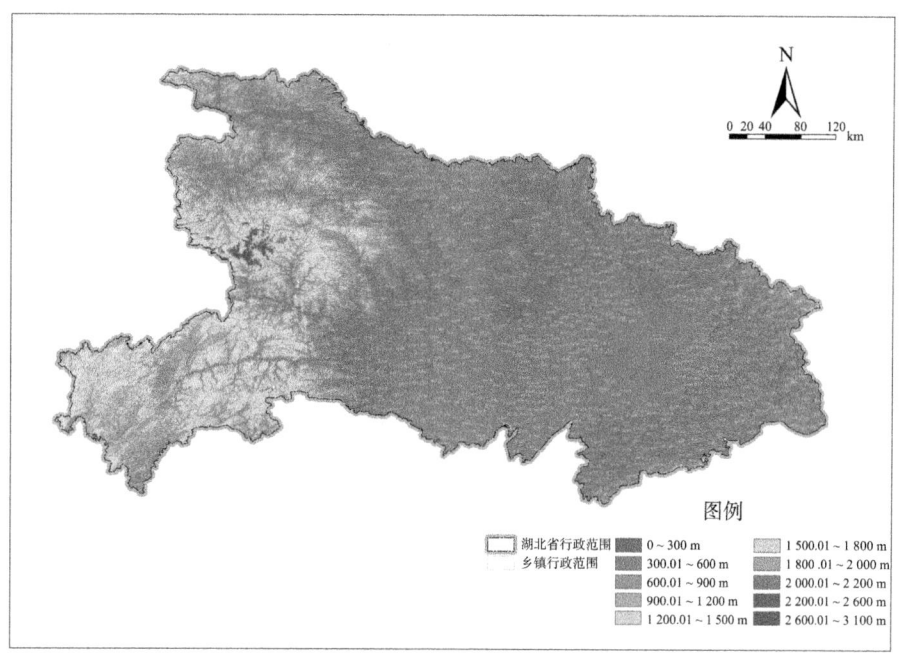

图 3.6　湖北省各乡镇高程分析图

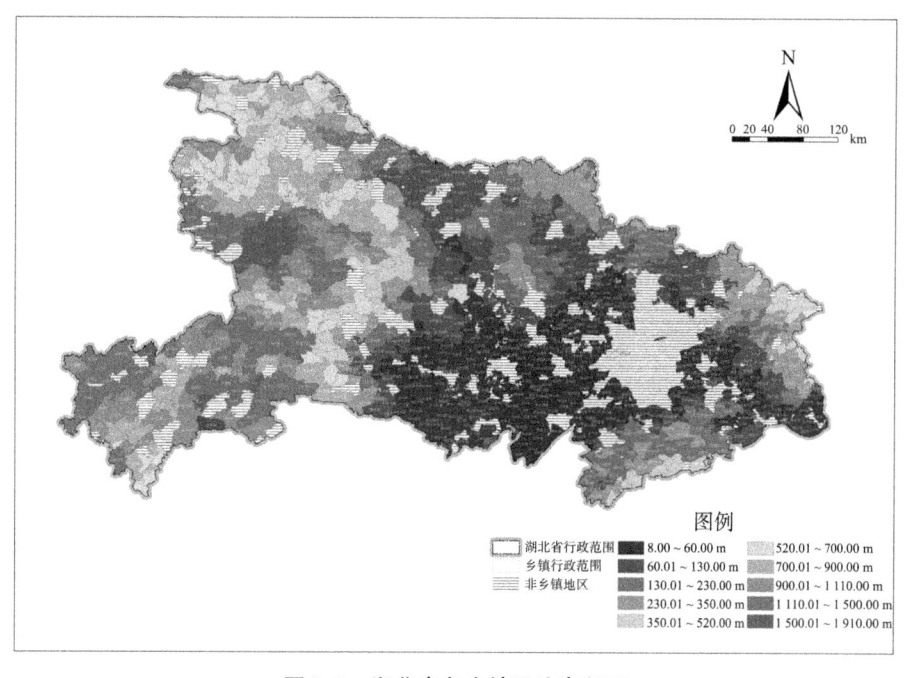

图 3.7　湖北省各乡镇平均高程图

(3) 坡度分析

利用 GDEM V3(30 m)分辨率数字高程数据对湖北省各地区的坡度进行分析,并根据平均坡度数据,对湖北省进行地形划分(图 3.8、图 3.9),其中平均坡度在 3°~5°的为平原、谷地、台地等地形，5°～15°的为山麓地带、丘陵地形，15°～45°的为山地。

平均坡度在3°～5°的乡镇共338个，主要位于湖北中南部地区；平均坡度在5°～15°的乡镇共312个，主要位于鄂州市、黄冈市、黄石市、咸宁市、荆门市等；平均坡度在15°～45°的乡镇共243个，主要位于湖北西部地区。

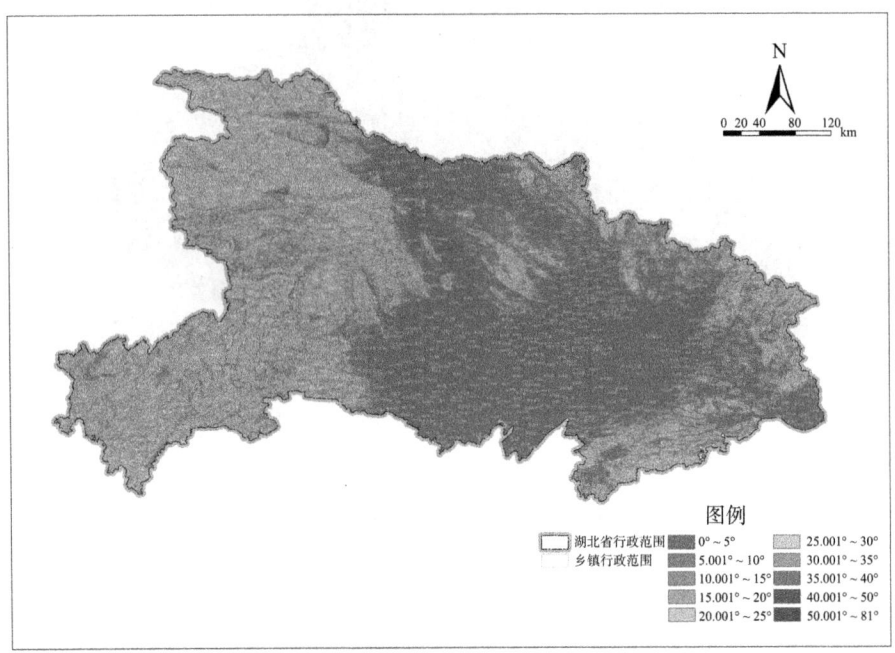

图3.8　湖北省各乡镇坡度分析图

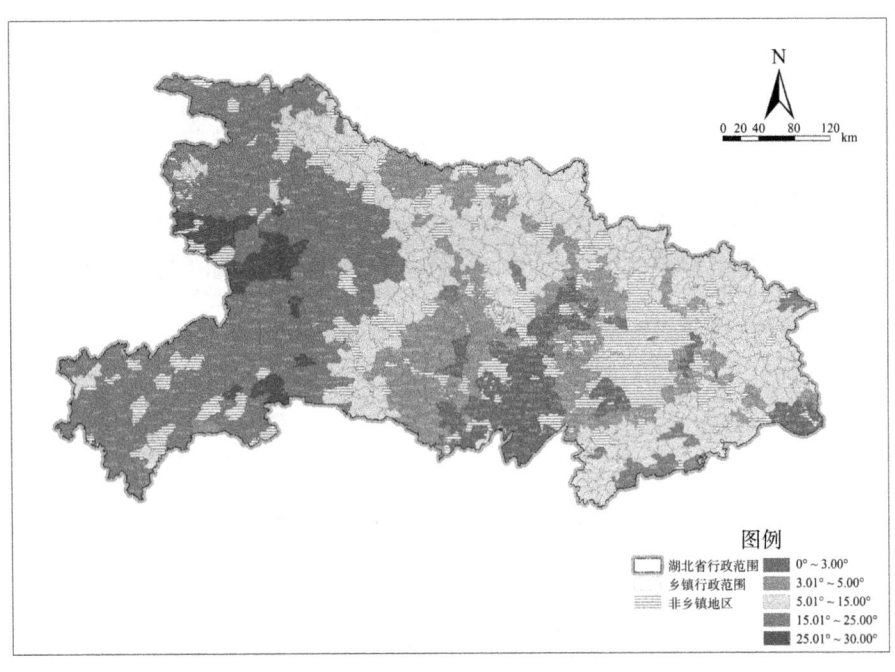

图3.9　湖北省各乡镇平均坡度图

3.2.2 人口分布情况

截至 2021 年,湖北省总人口为 5 830 万人。其中,城镇 3 736.45 万人,乡村 2 093.55 万人,城镇化率达到 64.09%。全年出生人口 40.40 万人,出生率为 6.98‰;死亡人口 45.49 万人,死亡率为 7.86‰;人口自然增长率为 −0.88‰。2021 年 5 月 11 日,第七次全国人口普查结果公布:截至 2020 年 11 月 1 日零时,湖北省常住人口约为 5 775.26 万人。

对湖北省乡镇人口进行分析,得出如图 3.10、图 3.11 所示的湖北省各乡镇现状常住

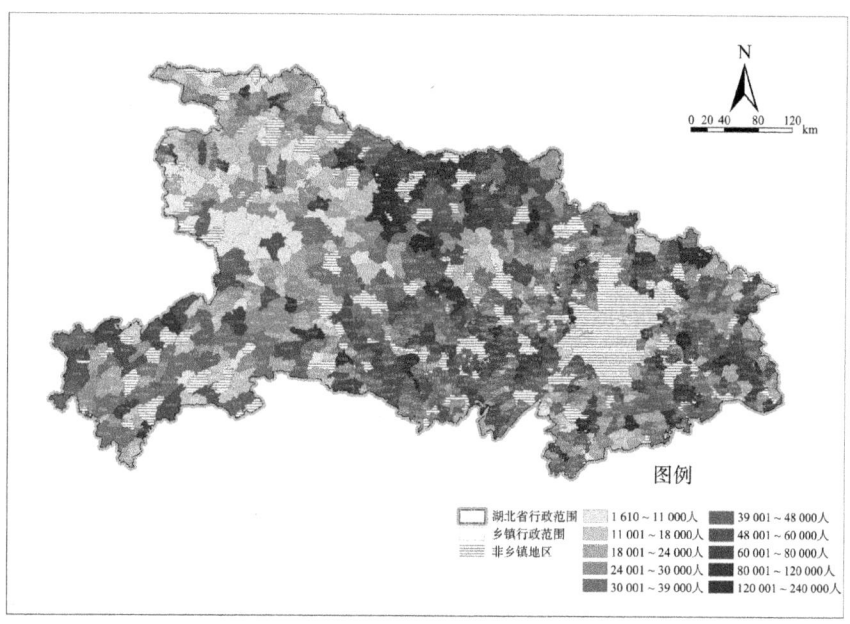

图 3.10 湖北省各乡镇现状常住人口分布图

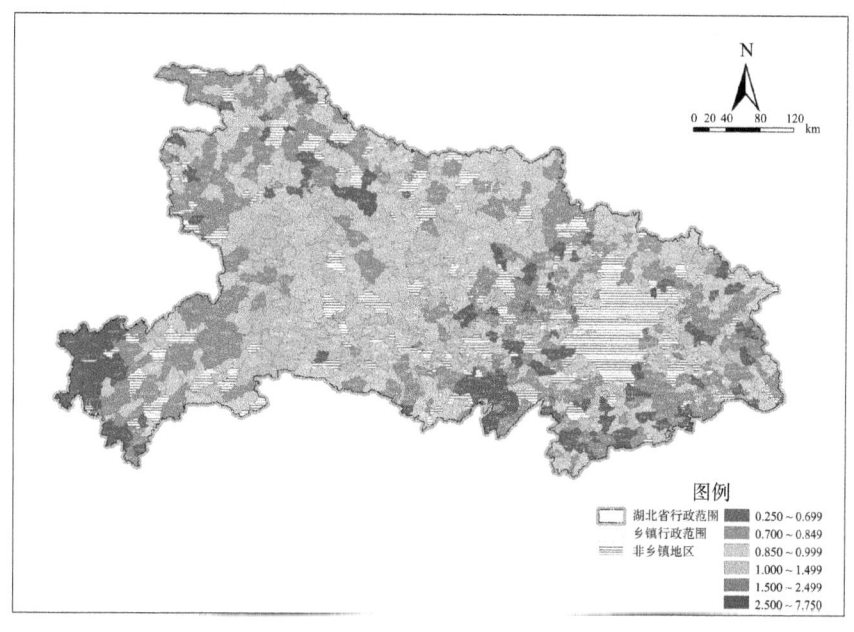

图 3.11 湖北省乡镇常住人口与户籍人口之比空间分布图

人口情况与湖北省乡镇常住人口与户籍人口之比。其中529个乡镇常住人口数超过30 000人,主要分布在鄂中部及鄂东部地区;364个乡镇常住人口数低于30 000人,主要分布在鄂西北地区。从常住人口与户籍人口之比的情况看,有82%的乡镇比值小于1,属于人口流失型城镇;18%的乡镇比值大于1,属于人口吸纳型城镇,主要分布在宜昌、襄阳、荆门等鄂中地区。武汉市新洲区凤凰镇的常住人口与户籍人口比值最大,为7.75。

3.2.3 经济发展情况

如图3.12至图3.14所示,湖北省乡镇地方生产总值、人均生产总值、工业生产总值的空间分布特征整体呈现出中部地区高,并趋于融合发展。中部地区地方生产总值较高的地区形成以"一主两翼"为核心的城镇集聚区,包括武汉都市圈、宜昌都市圈和襄阳都市圈,并且沿襄荆宜城镇发展轴、汉十城镇发展带、长江城镇发展带扩散,整个鄂中地区形成融合发展的特征。

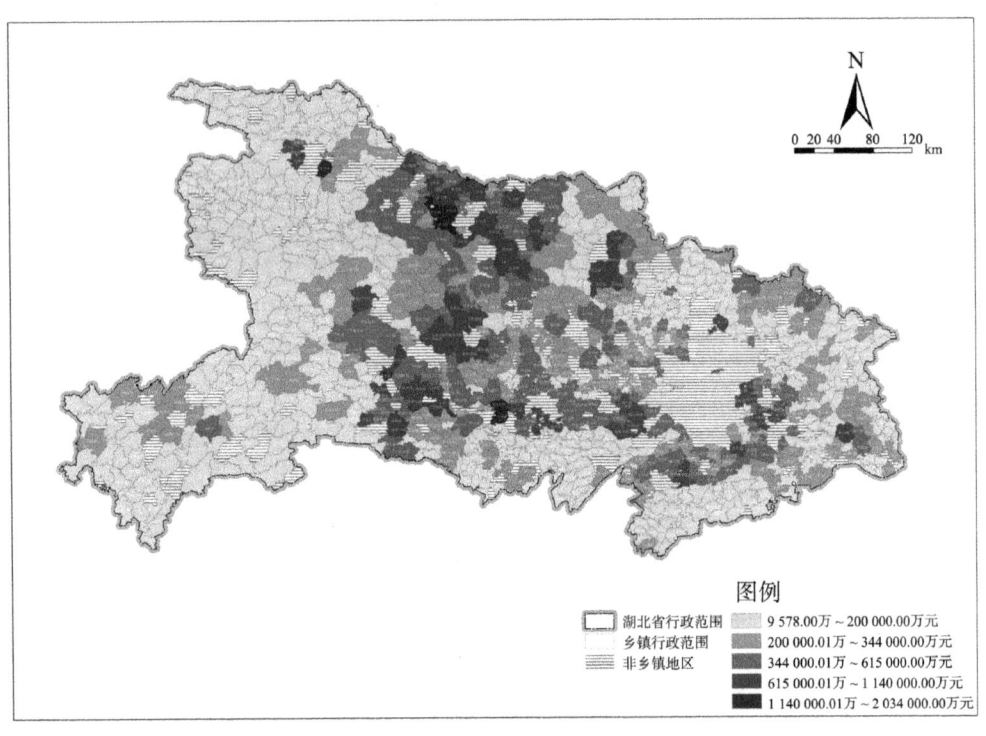

图3.12 湖北省乡镇地方生产总值空间分布特征

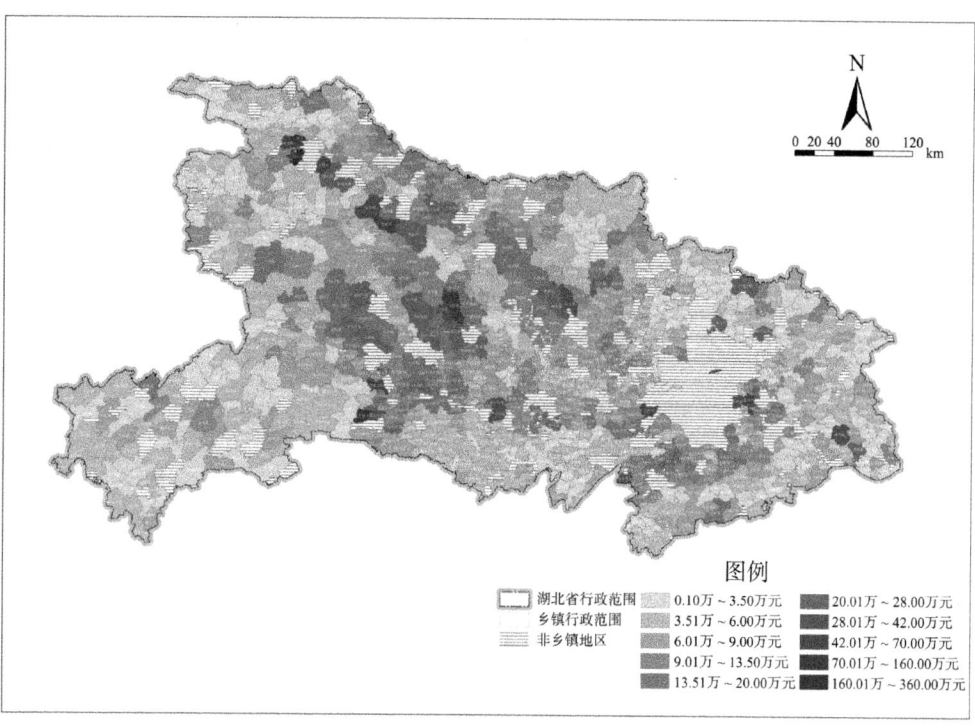

图 3.13　湖北省乡镇人均生产总值空间分布特征

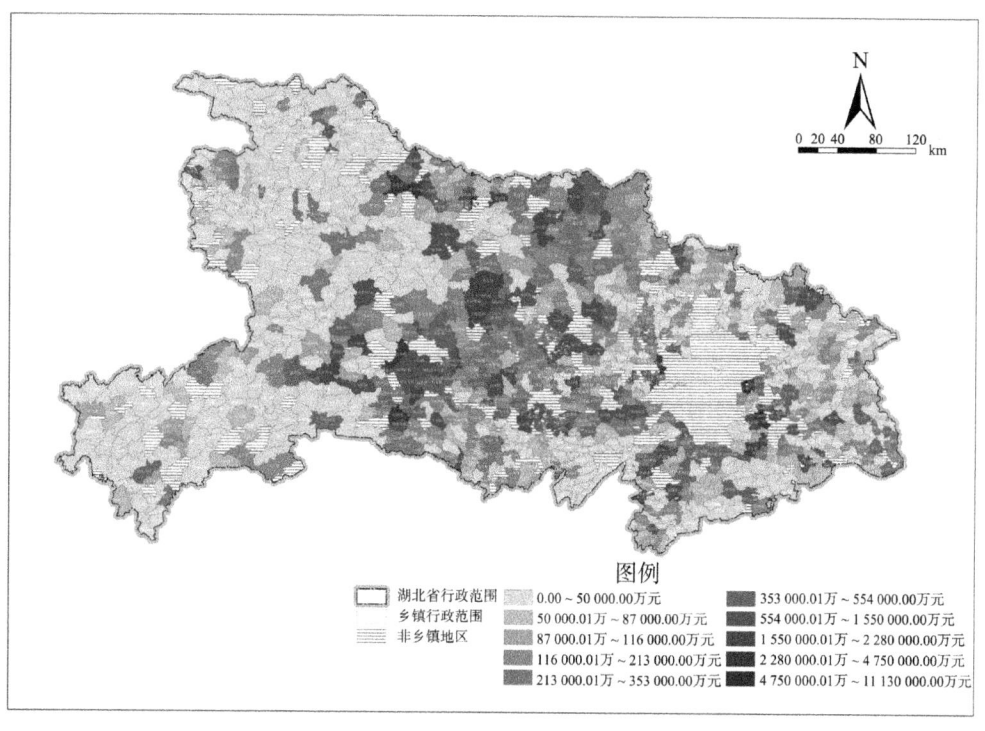

图 3.14　湖北省乡镇工业生产总值空间分布特征

3.2.4 道路交通情况

(1) 湖北省交通现状分析

湖北是长江黄金水道和南北交通大通道的中心枢纽,是连接全国"铁水公空"交通大动脉的中心节点。"三纵"(黑河至港澳运输通道、二连浩特至湛江运输通道、烟台至重庆运输通道)、"两横"(沿江运输通道、福州至银川运输通道)从湖北穿境而过,湖北成为东西南北物流运输的多重交叉区,是国内大循环的关键节点。

2021年年末,湖北省公路总里程达296 921.76 km,比2020年增长2.5%;高速公路里程达7 378.06 km,增长2.1%(图3.15)。

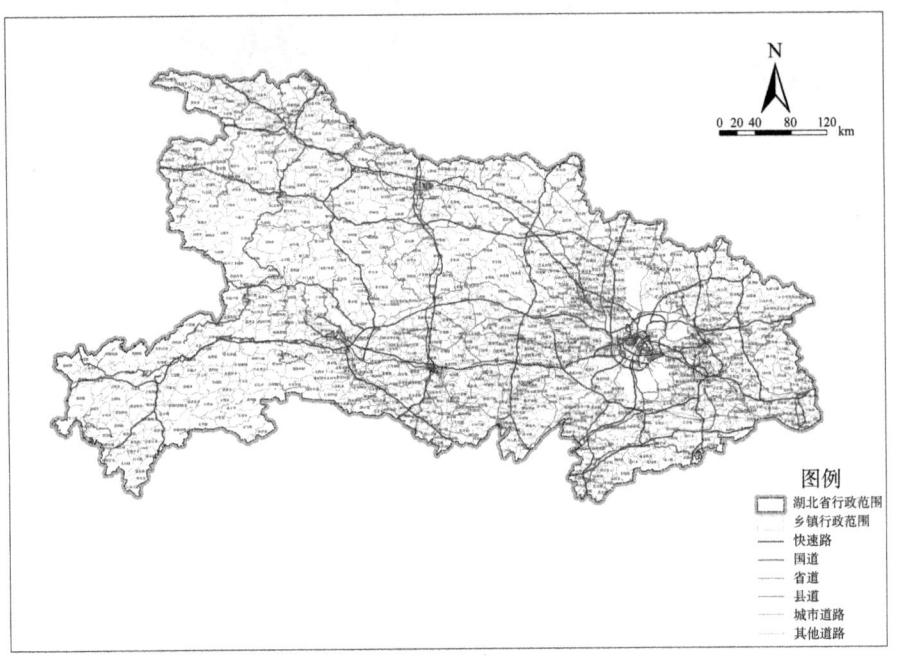

图3.15 湖北省道路交通系统图

(2) 湖北省乡镇路网密度分布图

利用全国地理信息资源目录服务系统获取湖北省道路网数据,计算乡镇道路网密度,如图3.16所示。路网密度呈由远郊乡镇到各市县城区递增的形态分布。路网密度大于2 km/km^{2}的乡镇共36个;路网密度大于4 km/km^{2}的乡镇共5个,分别为孝感市王店镇4.14 km/km^2,以及黄冈市梅川镇6.05 km/km^2、凤山镇5.01 km/km^2、路口镇4.38 km/km^2、柳林乡5.70 km/km^2。

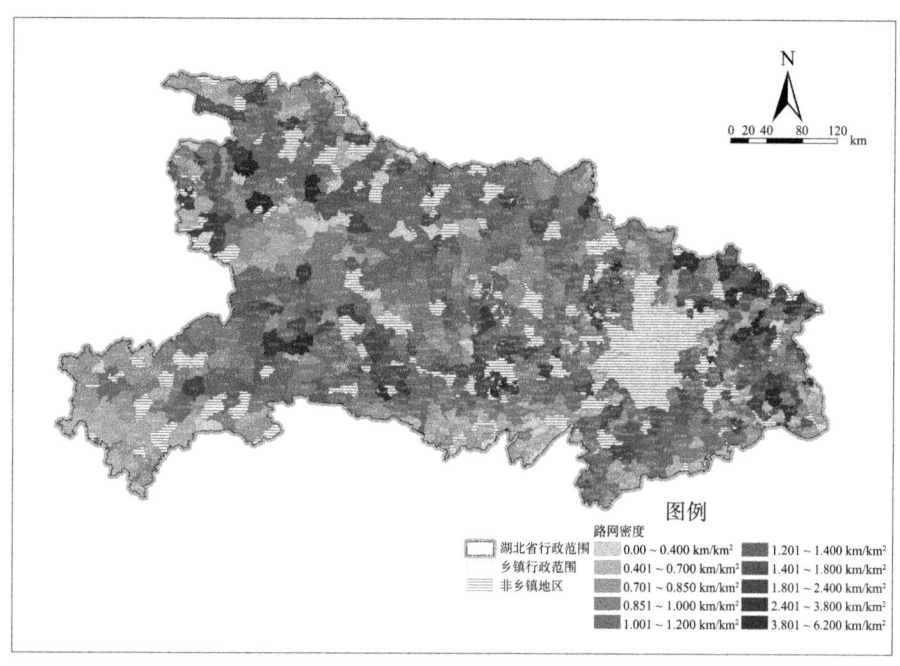

图 3.16 湖北省各乡镇路网密度

3.2.5 水系分布情况

(1) 湖北省现状水系分布情况(图 3.17)

湖北省境内除长江、汉江(又称汉水)干流外,省内各级河流河长 5 km 以上的有

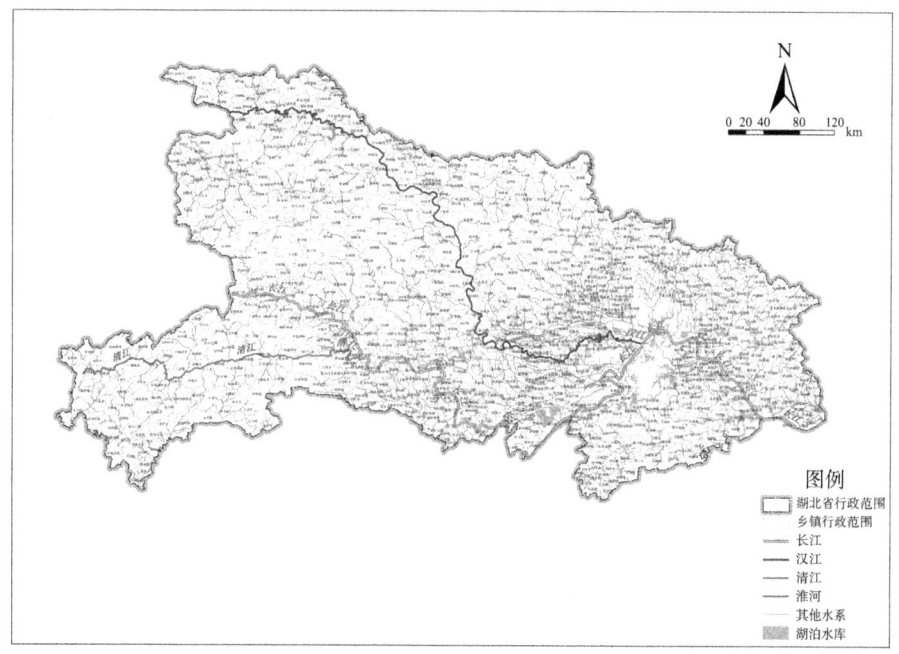

图 3.17 湖北省现状水系分布图

4 229条,河流总长6.1万km,其中流域面积50 km² 以上的河流1 232条,长约4万km。长江自西向东,流贯省内8个市(州)、41个县(市、区),西起巴东县鳊鱼溪河口入境,东至黄梅滨江出境,流程1 061 km。境内的长江支流有汉水、沮水、漳水、清江、东荆河、陆水、滠水、倒水、举水、巴水、浠水、富水等。其中,汉水为长江中游最大支流,在湖北省境内由西北趋东南,流经省内8个市、20个县(市、区),由陕西白河县将军河进入湖北省郧西县,至武汉汇入长江,流程858 km。

(2) 湖北省各乡镇水域占比分布情况(图3.18)

本次研究利用哨兵二号遥感影像,通过监督分类获得土地利用类型数据,提取出水域面积数据,计算出湖北省各乡镇水域占比,利用ArcGIS生成图3.18。湖北省各乡镇水域占比结构呈鄂中、鄂东部地区高,西部地区低的分布形式,高占比的乡镇主要分布在长江、汉江、清江水系周边,其中水域占比大于0.4的乡镇共有10个。

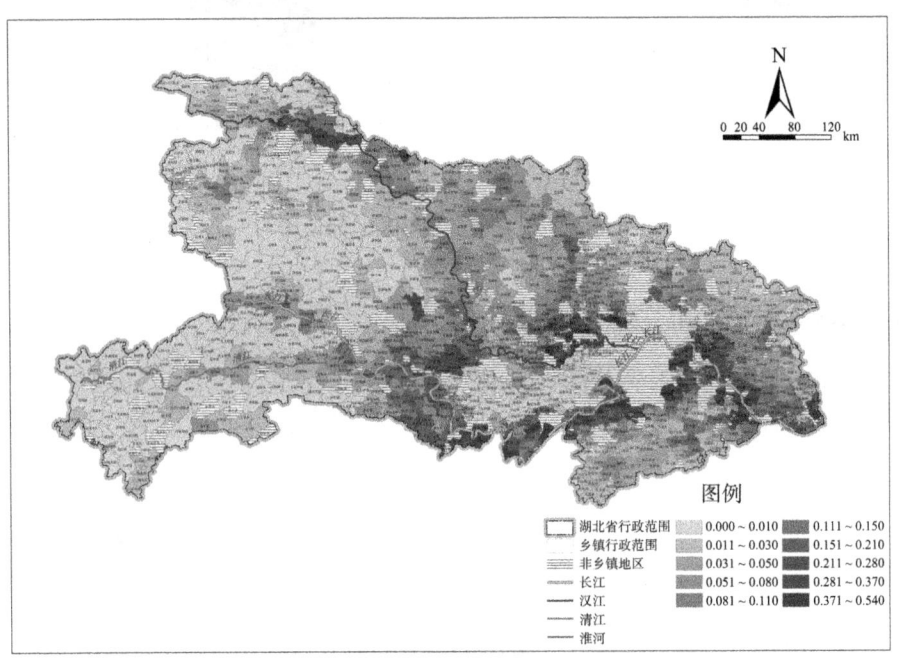

图3.18　湖北省各乡镇水域占比分布图

3.2.6　三区空间分布情况

湖北省以林地和耕地占主导地位,城乡建设用地和水域也有较大分布,呈现"五分林地三分田,一分城乡一分水"格局。湖北省第三次国土调查数据显示,全省耕地7 152.88万亩,主要分布在平原湖区和低丘岗地区,荆州市、襄阳市、荆门市、黄冈市和孝感市等地耕地面积较大。种植园用地730.50万亩,主要分布在宜昌市、黄冈市、恩施土家族苗族自治州等地。林地13 920.20万亩,主要分布在十堰市、恩施土家族苗族自治州、宜昌市、襄阳市和黄冈市等地。草地134.08万亩,主要分布在咸宁市、随州市、黄冈市、孝感市、襄阳市等地。湿地91.86万亩,主要分布在荆州市、武汉市、黄冈市、襄阳市等地。城镇村及工矿用地2 117.29万亩,其中面积较大的是武汉市、黄冈市、荆州市、襄阳市、宜昌市等地。交通运输用地494.90万亩,其中面积较大的是襄阳市、黄冈市、恩施土家族苗族自治州、宜昌市、荆州市等地。水域及水利设施用地2 975.54万亩,主要分布在荆州市、武汉市、黄冈市、孝感市、荆门市等地。

本次研究利用哨兵二号遥感影像,通过监督分类获得土地利用类型数据,分别计算各乡镇建设空间、农业空间、生态空间的占比,结果如图3.19至图3.21所示。

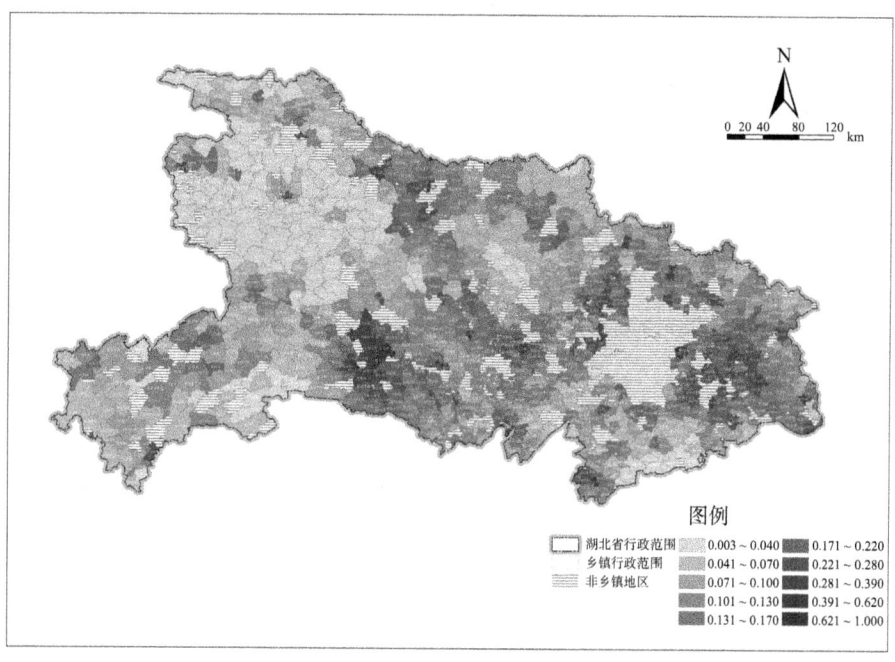

图3.19 湖北省各乡镇建设空间占比

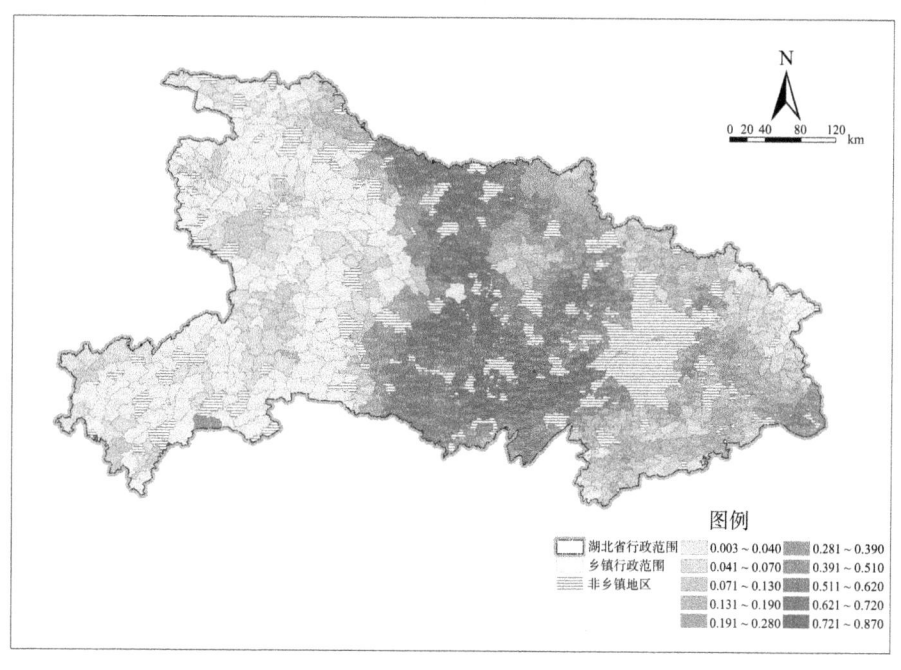

图3.20 湖北省各乡镇农业空间占比

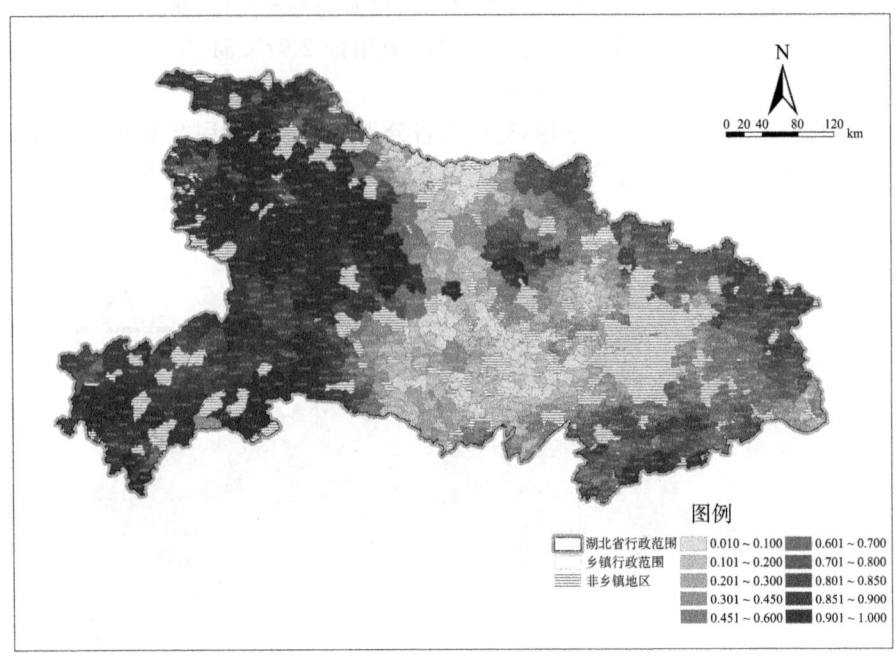

图 3.21 湖北省各乡镇生态空间占比

(1) 建设空间

从建设空间来看,占比较多的乡镇主要分布在鄂中部及东部地区,其中占比超过 0.5 的乡镇共 4 个,分别为孝感市云梦县城关镇、荆州市沙市区联合乡、鄂州市鄂城区新庙镇、襄阳市襄州区米庄镇。

(2) 农业空间

从农业空间来看,湖北省农业空间格局特点明显,呈中部比例高,东、西比例低的分布形态。农业主要集中在襄阳市、荆门市、荆州市、仙桃市、孝感市等地势平坦的中部地区。这些地区水资源丰富,拥有大面积的耕地,为湖北省的农业发展提供了良好的环境。

(3) 生态空间

从生态空间来看,湖北省生态空间比例呈东、西部比例高,中部比例低的分布形态,其中生态空间比例超过 90% 的共有 149 个乡镇。林地资源主要分布在神农架林区、恩施土家族苗族自治州、宜昌市西部、襄阳市西部。

3.2.7 碳排放分析

结合湖北省乡镇各类用地面积、经济发展情况、地方生产总值等数据,对各乡镇 2021 年的碳源、碳汇以及碳排放进行分析,结果如图 3.22 至图 3.24 所示。

(1) 碳源分析

对湖北省各乡镇碳源量进行分析,发现鄂中部与鄂东部碳源量相对较高,主要分布在襄阳市、荆州市、荆门市、黄冈市等,其中碳源量超过 3 万吨的有 4 个乡镇,分别为宜昌市鸦鹊岭镇 32 076.60 吨、荆门市胡集镇 31 169.60 吨、黄冈市清泉镇 30 196.60 吨、襄阳市九集镇 36 864.60 吨。

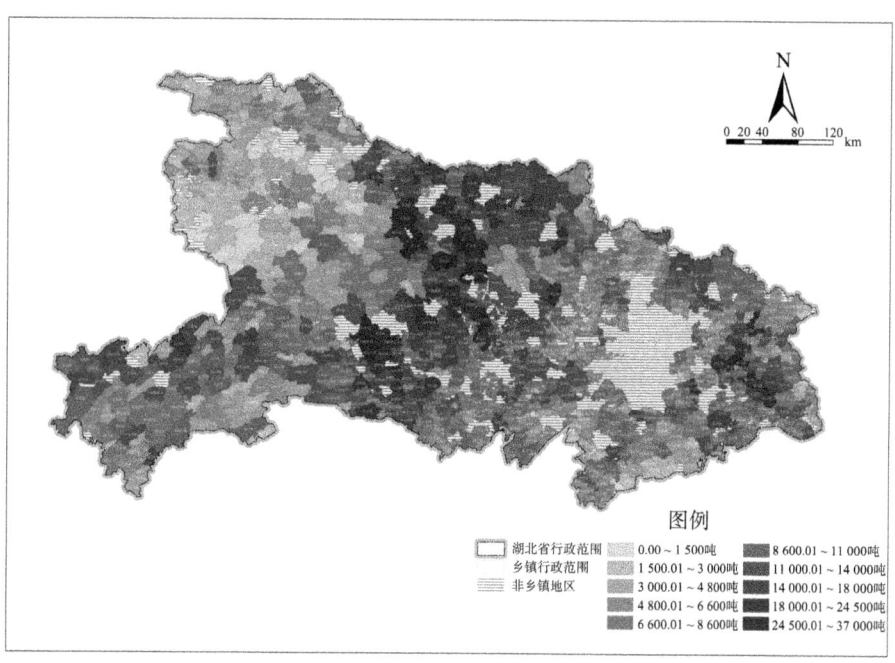

图 3.22 湖北省各乡镇碳源量结构图

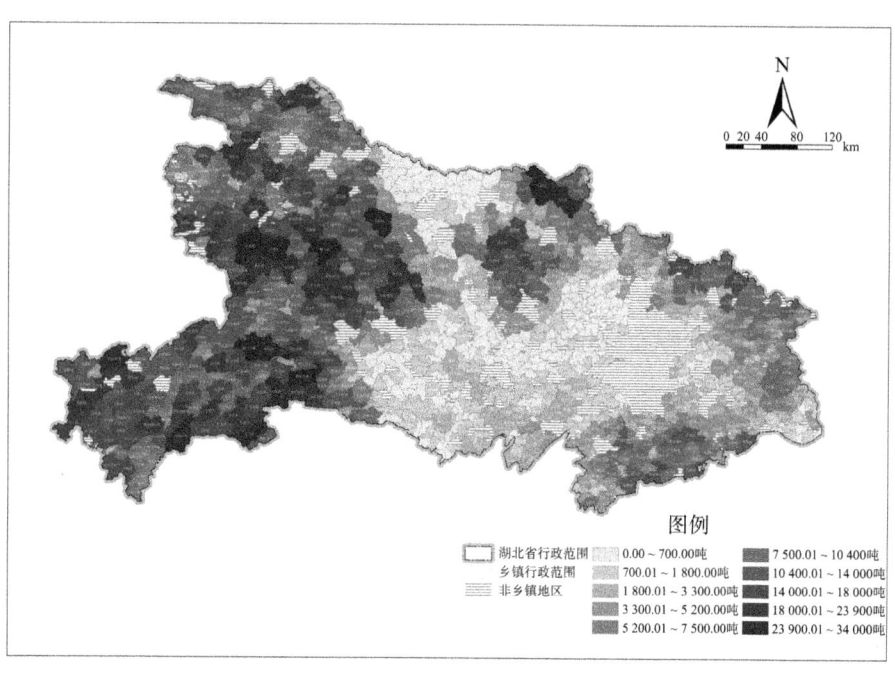

图 3.23 湖北省各乡镇碳汇量结构图

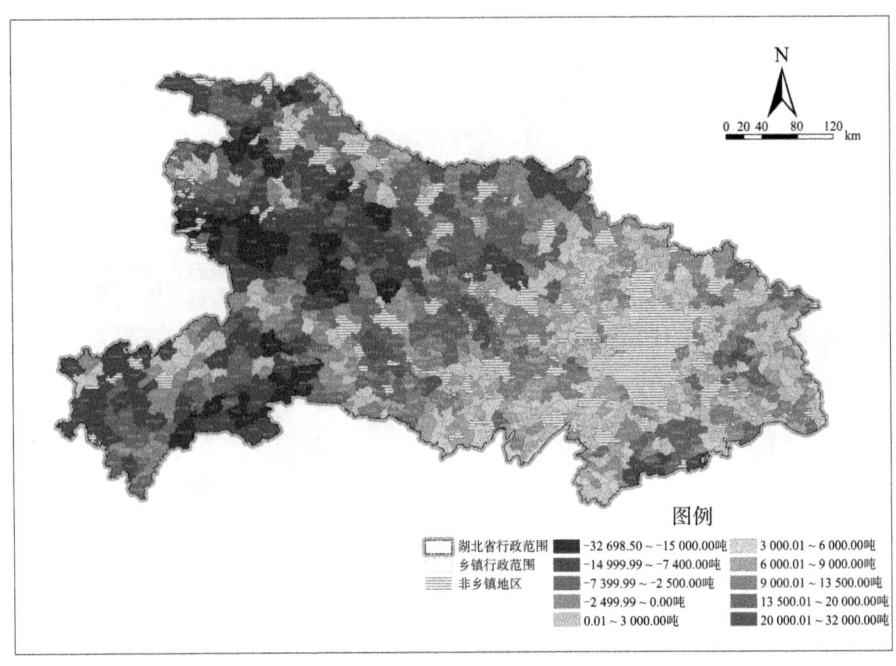

图 3.24　湖北省各乡镇碳排放量结构图

（2）碳汇分析

对湖北省各乡镇碳汇量进行分析，发现鄂西部碳汇量相对较高且集中，主要分布在十堰市、神农架林区、恩施土家族苗族自治州、襄阳市西部地区等，其中碳汇量超过3万吨的有3个乡镇，分别为襄阳市歇马镇30 147.20吨、神农架林区红坪镇33 980.40吨、恩施土家族苗族自治州沙道沟镇33 255.00吨。

（3）碳排放分析

利用各乡镇的碳源、碳汇计算其碳排放量，发现鄂中部及鄂东部碳排放量相对较高，最高的乡镇为襄阳市九集镇，碳排放量为31 581.20吨；鄂西部碳排放量相对较低，最低的乡镇为神农架林区红坪镇，碳排放量为－32 698.50吨。

3.3　湖北省乡镇村国土空间规划编制情况分析

截至2023年12月，湖北省共有19个市县区启动乡镇国土空间规划，涉及12个市州182个乡镇，其中武汉市3个、鄂州市5个、孝感市12个、仙桃市15个、襄阳市14个、黄石市10个、恩施土家族苗族自治州14个、咸宁市32个、荆州市36个、黄冈市26个、十堰市14个、荆门市1个（表3.1）。

表 3.1 湖北省乡镇国土空间规划编制情况一览表

序号	地级市/自治州	市辖区/县级市/县	乡镇
1	武汉市	蔡甸区	玉贤镇、索河镇、消泗乡
2	鄂州市	梁子湖区	东沟镇、梁子镇、涂家垴镇
		鄂城区	杨叶镇、沙窝乡
3	黄冈市	罗田县	骆驼坳镇、大河岸镇、九资河镇、胜利镇、河铺镇、三里畈镇、匡河镇、白庙河镇、平湖乡、大崎镇
		麻城市	中馆驿镇、宋埠镇、歧亭镇、白果镇、铁门岗乡、夫子河镇、盐田河镇、阎家河镇、龟山镇、三河口镇、张家畈镇、木子店镇、乘马岗镇、顺河镇、黄土岗镇、福田河镇
4	黄石市	大冶市	还地桥镇、保安镇、金山店镇、金牛镇、灵乡镇、陈贵镇、殷祖镇、刘仁八镇、大箕铺镇、茗山乡
5	孝感市	云梦县	城关镇、义堂镇、曾店镇、吴铺镇、伍洛镇、下辛店镇、道桥镇、隔蒲潭镇、胡金店镇、倒店乡、沙河乡、清明河乡
6	襄阳市	保康县	两峪乡、城关镇、店垭镇、歇马镇、龙坪镇、过渡湾镇、后坪镇、马良镇、寺坪镇、马桥镇、黄堡镇
		襄城区	欧庙镇、卧龙镇、尹集乡
7	咸宁市	赤壁市	赵李桥镇、赤壁镇、新店镇、余家桥乡、黄盖湖镇、官塘驿镇、神山镇、车埠镇、中伙铺镇、茶庵岭镇、柳山湖镇
		通山县	南林桥镇、大路乡、厦铺镇、杨芳林乡、九宫山镇、闯王镇、洪港镇、燕厦乡、黄沙铺镇、大畈镇、慈口乡
		通城县	石南镇、大坪乡、北港镇、五里镇、马港镇、沙堆镇、四庄乡、塘湖镇、关刀镇、麦市镇
8	荆州市	松滋市	万家乡、陈店镇、沙道观镇、卸甲坪乡、纸厂河镇、王家桥镇、斯家场镇、杨林市镇、街河市镇、八宝镇、老城镇、涴市镇、南海镇、刘家场镇、沲水镇
		江陵县	普济镇、马家寨乡、秦市乡
		监利市	朱河镇、棋盘乡、上车湾镇、桥市镇、新沟镇、三洲镇、尺八镇、白螺镇、柘木乡、福田寺镇、汴河镇、龚场镇、网市镇、黄歇口镇、周老嘴镇、分盐镇、程集镇、汪桥镇
9	恩施土家族苗族自治州	恩施市	沙地乡、新塘乡、红土乡、三岔镇、芭蕉侗族乡、白果乡、盛家坝镇、屯堡乡、板桥镇、沐抚镇、白杨坪镇、崔坝镇、太阳河乡、龙凤镇
10	—	仙桃市	长埫口镇、沙湖镇、陈场镇、剅河镇、郑场镇、毛嘴镇、三伏潭镇、胡场镇、西流河镇、杨林尾镇、彭场镇、张沟镇、郭河镇、沔城回族镇、通海口镇
11	十堰市	竹溪县	蒋家堰镇、中峰镇、龙坝镇、水坪镇、县河镇、泉溪镇、鄂坪乡、汇湾镇、新洲镇、兵营镇、天宝乡、丰溪镇、向坝乡、桃源乡
12	荆门市	东宝区	牌楼镇

截至 2023 年 12 月，湖北省共有 84 个市县区启动村庄规划，涉及 16 个市州 400 余个乡镇 3 000 余个村庄（表 3.2）。

表3.2 湖北省村庄规划编制情况一览表

序号	市/州	区/县/市	编制了村庄规划的村庄数量
1	宜昌市	宜都市	潘家湾土家族乡6个
		长阳土家族自治县	龙舟坪镇9个
		枝江市	安福寺镇22个、百里洲镇25个、七星台镇11个、问安镇11个、马家店街道3个、仙女镇8个、董市镇7个、顾家店镇6个
		秭归县	两河口镇3个、沙镇溪镇5个、磨坪乡4个、梅家河乡3个、郭家坝镇5个、水田坝乡5个、杨林桥镇8个、茅坪镇1个、九畹溪镇2个、归州镇2个、泄滩乡1个、屈原镇1个
		夷陵区	龙泉镇5个、三斗坪镇12个
		远安县	洋坪镇4个、荷花镇2个、花林寺镇7个、旧县镇1个、茅坪场镇2个、河口乡1个
		兴山县	峡口镇3个、古夫镇1个、水月寺镇1个、榛子乡2个、高桥乡1个、黄粮镇2个
		高新区	白洋镇5个
		当阳市	两河镇9个、玉泉街道8个、半月镇8个、王店镇12个
2	孝感市	安陆市	洑水镇8个、木梓乡12个
		孝昌县	小悟乡2个、观音湖区3个、熊畈村4个、陡山乡3个、小河镇2个、花园镇2个、季店乡3个、邹岗镇5个、丰山镇7个、卫店镇3个、花西乡2个、王店镇3个、白沙镇3个
		孝南区	陡岗镇1个、三汊镇1个、卧龙乡5个、肖港镇3个、朋兴乡1个
		应城市	城北办事处8个、郎君镇2个、黄滩镇1个、杨岭镇2个、义和镇1个、田店镇1个、杨河镇3个
3	荆门市	东宝区	牌楼镇9个
		沙市区	锣场镇3个、岑河镇2个
		沙洋县	纪山镇1个、后港镇1个、五里铺镇1个、曾集镇1个、高阳镇1个、官垱镇1个、李市镇1个、十里铺镇1个、毛李镇1个
		京山市	新市街道4个
		钟祥市	石牌镇3个、东桥镇1个
		掇刀区	麻城镇1个、团林铺镇3个
4	武汉市	新洲区	双柳街道3个
		江夏区	舒安街道3个

续表3.2

序号	市/州	区/县/市	编制了村庄规划的村庄数量
5	黄冈市	罗田县	匡河镇32个、白庙河镇20个、大崎镇19个、平湖乡22个、骆驼坳镇8个、胜利镇10个、大河岸镇14个、凤山镇11个、河铺镇16个、三里畈镇18个、九资河镇33个
		麻城市	顺河镇6个、中馆驿镇9个、铁门岗乡7个、歧亭镇8个、夫子河镇8个、五脑山林场1个、白果镇8个、盐田镇8个、阎家镇7个、黄土岗镇7个、福田河镇6个、乘马岗镇8个、龙池办事处2个、浮桥河湿地公园1个、三河口镇10个、宋埠镇10个、龟山镇8个、龟峰山风景区1个、木子店镇9个、张家畈镇8个、南湖办事处1个
		武穴市	余川镇15个、梅川镇37个、大金镇12个、四望镇18个、刊江街道2个、田镇街道2个、大法寺镇9个、龙坪镇4个
		红安县	七里坪镇7个、二程镇2个、杏花乡5个、华家河镇3个、八里镇5个、上新集镇3个、永佳河镇5个、太平镇3个、高桥镇5个、城关镇2个
		黄梅县	五祖镇2个、孔垄镇1个、刘佐乡1个、大河镇2个、柳林乡1个、苦竹乡2个、停前镇3个、杉木乡6个、濯港镇5个、独山镇2个、下新镇1个、黄梅镇2个、小池镇3个、新开镇1个、蔡山镇2个、分路镇2个
		黄州区	22个
		白莲河示范区	白莲河乡10个、白莲镇10个
6	仙桃市	—	胡场镇4个、郭河镇10个、彭场镇4个、通海口镇4个
7	天门市	—	多宝镇3个、拖市镇4个、张港镇3个、渔薪镇2个、黄潭镇4个、佛子山镇2个、蒋场镇2个、汪场镇3个、岳口镇1个、横林镇4个、彭市镇5个、麻洋镇4个、石家河镇3个、干驿镇2个、马湾镇3个、九真镇3个、工业园1个、卢市镇3个、胡市镇2个、小板镇1个、净潭镇2个、皂市镇2个、杨林街道2个
8	咸宁市	赤壁市	赤马港2个、陆水湖3个、赵李桥镇1个、新店镇4个、赤壁镇1个、中伙铺镇5个、官塘驿镇12个、神山镇12个、车埠镇8个、余家桥乡3个
		咸安区	高桥镇6个、大幕乡9个、双溪桥镇13个、汀泗桥镇9个、向阳湖镇1个、马桥镇7个、贺胜桥镇1个、桂花镇10个
		嘉鱼县	潘家湾镇8个、新街镇3个、簰洲湾镇7个、渡普镇3个
		通山县	南林桥镇6个、大路乡7个、厦铺镇12个、杨芳林乡4个、九宫山镇2个、闯王镇6个、洪港镇7个、燕厦乡11个、黄沙铺镇10个、大畈镇5个、慈口乡8个
		通城县	北港镇3个、麦市镇3个、塘湖镇5个、关刀镇4个、大坪乡4个、四庄乡4个、隽水镇3个、马港镇2个、五里镇2个、沙堆镇2个、石南镇2个
9	襄阳市	襄城区	欧庙镇19个
		南漳县	九集镇2个、城关镇7个、巡检镇2个、东巩镇3个、板桥镇3个、长坪镇2个、薛坪镇1个、肖堰镇4个、武安镇8个
		保康县	马桥镇19个

续表3.2

序号	市/州	区/县/市	编制了村庄规划的村庄数量
10	十堰市	丹江口市	均县镇5个、六里坪镇9个、官山镇6个、习家店镇8个、石鼓镇4个、蒿坪镇4个、大沟林区4个、龙山镇9个、牛河林区3个、三官殿办事处2个、丹赵路办事处2个、白杨坪林区3个、盐池河镇8个、土关垭镇6个、凉水河镇4个、浪河镇5个
		郧阳区	梅铺镇16个、青曲镇18个、胡家营镇18个、叶大乡8个、城关镇11个、杨溪铺镇13个、安阳镇23个、柳陂镇18个、谭家湾镇22个、鲍峡镇23个、红岩背林场2个、谭山镇4个、茶店镇2个、白桑关镇23个、五峰乡21个、青山镇11个、南化塘镇28个、刘洞镇14个、白浪镇9个、大柳乡15个、高新技术产业园区4个
		郧西县	景阳乡7个、夹河镇8个、羊尾镇3个、店子镇6个、关防乡5个、湖北口5个、上津镇9个、六郎乡7个、土门镇6个、河夹镇6个、城关镇3个、安家乡5个、香口乡6个、马安镇5个、三官洞林区4个、涧池乡6个、观音镇5个、槐树林特场4个
		竹山县	文峰乡3个、楼台乡4个
		张湾区	汉江路街道1个、花果街道1个
11	黄石市	阳新县	枫林镇13个
12	随州市	随县	均川镇1个、殷店镇1个、小林镇1个、吴山镇1个、草店镇1个、新街镇1个、尚市镇1个、洪山镇1个、唐县镇1个、澴潭镇1个、安居镇1个、万福店镇1个、高城镇1个、三里岗镇1个
		广水市	武胜关镇9个
13	鄂州市	梁子湖区	东沟镇1个、梁子镇1个、沼山镇2个、梁子镇1个、太和镇2个
		华容区	华容镇、段店镇、庙岭镇、临江乡、蒲团乡等5个乡镇共50个
14	恩施土家族苗族自治州	咸丰县	唐崖镇12个、小村乡4个、曲江镇6个、黄金洞乡6个、坪坝营镇5个、活龙坪乡4个、清坪镇7个
		来凤县	漫水乡3个、百福司镇3个、绿水镇3个、翔凤镇3个、旧司镇3个、大河镇3个、革勒车镇3个、三胡乡3个
		恩施市	沙地乡9个、新塘乡10个、红土乡12个、三岔镇12个、屯堡乡14个、板桥镇4个、小渡船街道办事处1个、舞阳坝街道1个、沐抚办事处5个、白杨坪镇12个、崔坝镇11个、太阳河乡12个、龙凤镇12个、芭蕉乡17个、白果乡11个、盛家坝镇10个
		巴东县	金果坪乡、水布垭镇、清太坪镇、野三关镇、绿葱坡镇、大支坪镇、茶店子镇、信陵镇、官渡口镇、东瀼口镇、溪丘湾乡、沿渡河镇等12个乡镇共441个

续表3.2

序号	市/州	区/县/市	编制了村庄规划的村庄数量
15	荆州市	松滋市	万家乡8个、乐乡街道13个、陈店镇8个、沙道观镇6个、八宝镇16个、老城镇17个、涴市镇17个、南海镇21个、斯家场镇13个、杨林市镇13个、街河市镇14个、卸甲坪乡8个、纸厂河镇12个、王家桥镇13个、刘家场镇21个、洈水镇25个、新江口街道10个
		石首市	小河口镇1个、调关镇1个、东升镇1个、横沟市镇1个、新厂镇1个、团山寺镇1个、高基庙镇1个、桃花山镇1个、大垸镇2个
		公安县	埠河镇8个
		江陵县	熊河镇12个、资市镇6个、秦市乡12个、沙岗镇17个、郝穴镇5个、普济镇13个、马家寨乡14个、白马寺镇14个
		沙市区	岑河镇4个、观音垱镇9个
		荆州经济技术开发区	鱼农桥街道办事处2个、滩桥镇5个
		荆州高新区	李埠镇3个、八岭山镇1个、城南高新园拍马片区4个
		荆州区	菱角湖管理区1个、李埠镇2个、马山镇7个、川店镇7个、弥市镇6个、八岭山镇7个
		监利市	朱河镇11个、桥市镇10个、上车湾镇6个、棋盘乡8个、红城乡4个、荒湖管理区5个、容城镇1个、新沟镇10个、网市镇9个、周老嘴镇9个、分盐镇9个、程集镇10个、龚场镇9个、白螺镇7个、柘木乡10个、尺八镇12个、福田寺镇8个、汴河镇8个、三洲镇7个、毛市镇3个、汪桥镇9个、黄歇口镇9个、大垸管理区5个
16	潜江市	—	园林办事处1个、周矶办事处15个、泽口街道办事处3个、白鹭湖管理区2个、后湖管理区2个、熊口管理区5个、运粮湖管理区3个、总口管理区7个、高石碑镇22个、高场办事处1个、泰丰办事处6个、杨市办事处14个、浩口镇24个、积玉口镇17个、老新镇23个、渔洋镇23个、张金镇18个、竹根滩镇21个、龙湾镇18个、王场镇12个、熊口镇17个

第四章

湖北省乡镇分类评估

4.1 数据来源与处理

乡镇地域功能分类涉及自然、社会、经济、文化等诸多方面，因此需要整合来自不同渠道和部门的数据。在本研究报告中，湖北省乡镇分类指标体系涉及区位条件、自然资源、社会经济、设施服务和特色文化等不同类型的数据。这些数据主要来源于以下两个方面：

4.1.1 统计年鉴类数据

本研究中，乡镇行政区面积、规模以上企业数量、户籍人口等数据来源于《中国县域统计年鉴（乡镇卷）2021》；规模以上企业从业人员、常住人口数据来源于《中国县域统计年鉴（乡镇卷）2018》；工业产值数据来源于《中国县域统计年鉴（乡镇卷）2016》。

地方特色类数据中，风景名胜区、特色景观旅游名镇名村、3A 级以上景区、自然保护地来源于湖北省文化和旅游厅官网、湖北省生态环境厅官网上公布的湖北省旅游名镇、名村、名街名录、湖北省 AAA 级以上景区名单（湖北省文化和旅游厅官网）、湖北省省级风景名胜区名录、国家级风景名胜区名录等。历史文化名镇名村、少数民族特色村寨、传统村落数据来源于湖北省住房和城乡建设厅、湖北省人民政府、住房和城乡建设部官网上公布的中国历史文化名镇名村名单、国家级文物保护单位名录、湖北省级文物保护单位名录、国家级非物质文化遗产名录、湖北省非物质文化遗产名录等。

4.1.2 地理空间类数据

4.1.2.1 遥感影像数据

（1）数据作用

遥感图像通过亮度值或像元值的高低差异（反映地物的光谱信息）及空间变化（反映地物的空间信息）表示不同地物的差异。遥感图像分类是利用计算机对遥感图像中各类地物的光谱信息和空间信息进行分析,选择特征,将图像中的每个像元按照某种规则或算法划分为不同类别,获得遥感图像与实际地物的对应信息,一般分为监督分类和非监督分类。本研究中,采用监督分类方法进行影像分类,用于获取湖北省乡镇的土地利用分类信息。

(2) 数据来源与时效

由哨兵二号遥感影像通过监督分类获得,数据时效为2021年。

(3) 数据处理

具体包含以下几个步骤:

① 土地利用分类系统的建立:土地利用分类系统是在2007年国家标准《土地利用现状分类》规定划分基础上,结合地区实际情况,将土地利用类型划分为耕地、林地、水体、建设用地、草地五大类。

② 建立解译标志:解译标志是地物在影像上的表现形式,是目视解译判读的基础,根据建立的解译标志,对图像上的各种特征进行分析、比较、推理和判断,可以提取所需的专题地图。通过对影像特征的分析,研究区实际地物的走访,结合Google Earth影像以及前人分类的先验经验,建立了本次研究土地利用分类的解译标志。

③ 执行监督分类:按照建立的解译标志每类选取一定数量的训练样本,并计算其样本分离度。具体操作如下:在ENVI5.3中,通过ROI Separability(样本可分离性)工具计算任意类别间的差异性程度,大于1.9说明样本之间的可分离性好,属于合格样本,小于1.8需要重新选择样本,小于1考虑将两类样本合并成一类。本项目的样本分离度均在1.9以上,样本分离度较好。本项目采用最大似然分类法进行影像分类。

④ 分类后处理:计算机分类始终无法避免漏分和误分现象,因此须进行人为后期修改。采用Majority/Minority分析法进行小图斑处理。聚类处理后,结合实地野外验证和Google Earth影像对错分像元进行修改,得到最终分类数据。

4.1.2.2 POI数据

(1) 数据作用

兴趣点(Point of Interest,POI)数据是一定地域范围内学校、医院、商场等各类地理实体的集合,包含地理实体的空间属性信息。相较于大尺度普查数据,POI数据可以更加精细化地表征人类复杂的社会经济活动特征,因此被广泛应用于城市及区域尺度的研究中。在本研究中,POI数据主要用于获取湖北省乡镇的区位条件和设施服务数量。

(2) 数据来源与时效

本研究报告使用的POI数据通过高德地图提供的API接口查询下载,数据时效为2022年5月。

(3) 数据处理

本研究中选取的表征乡镇区位条件的数据包括"与最近区县距离""与最近省道距离""与火车站距离""与高速公路出入口距离""与港口距离""与最近航空港距离"。在不同图层中加载相关的乡镇点、区县点、火车站、高速出入口点、港口点、航空港点,使用GIS分析中的邻域分析工具,设置搜索半径为5 000 m,搜索与乡镇点临近的要素,并计算其距离。

表征乡镇设施服务的数据有幼儿园/小学/初中数量、医疗机构数量、文化机构数量、商店超市数量、厕所数量。将所有 POI 数据依据高德地图类别和关键词等划分,结合人工筛选,去除重复及无效信息,筛选出符合研究需求的数据。

4.1.2.3 夜间灯光数据

(1) 数据作用

夜间灯光数据具有灯光信息,利用夜间灯光数据的灯光面积信息和灯光强度信息,能够将城市发展、人类活动、环境监测和能源消耗等信息在空间上显示出来,并对未来的趋势进行预测。夜间灯光数据所存储的灯光信息与社会经济因子表现出很强的正相关关系,利用这种关系可以进行社会经济因子的估算研究。本研究中,采用夜间灯光数据获取湖北省乡镇的 GDP 情况。

(2) 数据来源与时效

目前常用的夜间灯光数据有三种,分别是 DMSP/OLS 数据、NPP/VIIRS 数据和"珞珈一号"数据。本研究中采用 NPP/VIIRS 夜间灯光数据,分辨率为 500 m。数据时效为 2019 年。

(3) 数据处理

将处理好的 GDP 产品利用分区统计工具,得到各个乡镇的 GDP 值。

4.1.2.4 高程数据

高程数据采用 GDEM V2 数据,来源于地理空间数据云平台,数据分辨率为 30 m。

(1) 坡度

坡度是地表单元陡缓的程度,通常把坡面的垂直高度和水平距离的比值称为坡度。为了计算坡度,需将下载的高程数据(DEM 数据)加载到 ArcMap 内,然后在 ArcToolbox 内使用 Slope 工具进行计算。

(2) 地形起伏度

地形起伏度是指在一个特定的区域内,最高点海拔高度与最低点海拔高度的差值。它是描述一个区域地形特征的一个宏观性的指标。地形起伏度的计算是将下载的高程数据(DEM 数据)加载到 ArcMap 内,在 ArcToolbox 内使用邻域计算工具分别计算设定范围内的最大值和最小值,然后使用栅格计算器工具,用最大值减最小值得到地形起伏度。

4.1.2.5 道路网数据

道路网数据来源于全国地理信息资源目录服务系统。

4.2 乡镇分类指标体系构建

4.2.1 指标体系构建原则

各乡镇在区位条件、资源禀赋、社会经济、基础设施、地方特色等方面存在差异,因此,乡镇分类指标体系应结合乡镇发展实际情况，针对湖北省不同地区的特征建立一套符合实际情况的指标体系。本研究在制定指标体系时主要遵循以下原则：

（1）全面性原则。乡镇是一个复杂、综合的人地系统。评价指标的选取应是一个层次分明、结构清楚的有机整体，科学全面地反映出湖北省乡镇发展的现状和主要特征。因此，本研究从区位条件、自然资源、社会经济、设施配套、地方特色五个维度构建科学完善的评价指标体系，力图从各个维度全面而精确地判断乡镇类型。

（2）层次性原则。本研究将整个评价指标体系分为区位条件、自然资源、社会经济、设施配套、地方特色五个准则层，反映出乡镇在不同方面的发展现状。在各个指标指引下进一步构建多个二级指标体系，突显各级指标间的逻辑关联性，从而完善评价指标体系。

（3）可获取性原则。评价体系的指标选取应建立在数据的可获取性上，综合考虑各个指标的代表性、可获得性、计算难度等方面。本研究综合相关理论文献，采用统计年鉴、遥感影像、POI大数据等不同数据源，尽可能获取反映乡镇不同属性特征的指标，构建出覆盖面广且可行性高的指标体系。

4.2.2 指标体系构建

乡镇作为一个复杂的空间地域系统，受到多重因素的综合影响。在宏观层面，区位条件、自然资源、社会经济和地方特色等因素对乡镇选址和规模起着决定性作用，影响着乡镇发展的基本格局和演变方向。在微观层面，生产生活条件、交通区位、基础设施建设等因素对乡镇发展的作用日益凸显，很大程度上影响着乡镇综合发展水平。综合考虑指标的全面性、层次性和可获取性的原则，本研究从区位条件、自然资源、社会经济、设施配套和地方特色五个维度选取34项指标构建乡镇分类评价指标体系（表4.1）。

表4.1 湖北省乡镇分类评价指标体系

准则层	指标层	指标内涵
区位条件	与最近区/县中心距离	与最近区或县中心的距离
	与火车站距离	与最近火车站的距离
	与航空港距离	与最近机场的距离
	与港口距离	与最近港口的距离
	与高速公路出入口距离	与最近高速公路出入口的距离
	与交通干线距离	与最近主要道路的距离
自然资源	行政区面积	乡镇行政区面积
	水域占比	水域面积/乡镇面积
	耕地占比	耕地面积/乡镇面积
	草地占比	草地面积/乡镇面积
	林地占比	林地面积/乡镇面积
	平均高程	乡镇高程平均值
	平均坡度	乡镇坡度平均值
	自然保护地数量	乡镇内的自然保护地数量

续表4.1

准则层	指标层	指标内涵
社会经济	建设用地占比	建设用地面积/乡镇面积
	人均地方生产总值	地方生产总值/常住人口数
	工业生产总值	工业生产总值
	规模以上企业数量	乡镇内规模以上企业数量
	规模以上企业从业人员数量	乡镇内规模以上企业从业人员数量
	总人口	常住人口数
	空心化率	1－常住人口数/户籍人口数
	重点镇	是否为国家重点建设镇
设施配套	学校(幼儿园、小学、初中)数量	乡镇范围内幼儿园、小学、初中数量
	医疗机构数量	乡镇内医院、卫生院、诊所、药店、急救中心数量
	文化机构数量	乡镇内文化宫、博物馆、美术馆、纪念馆、纪念碑、科技馆、天文馆、图书馆及科教文化场所数量
	商超数量	乡镇内便利店、超市、商场等购物场所数量
	厕所数量	乡镇内公共厕所数量
地方特色	"文物保护单位"数量	国家级文物保护单位数量
	"历史文化名镇名村"数量	被收录进各级政府颁布的"历史文化名镇名村"名录的村庄数量
	"传统村落"数量	被收录进各级政府颁布的"传统村落"名录的村庄数量
	"少数民族特色村寨"数量	被收录进"中国少数民族特色村寨"名录的少数民族村寨数量
	"特色景观旅游名镇名村"数量	被收录进各级政府颁布的"特色景观旅游名镇名村"名录中的村庄数量
	"非物质文化遗产"数量	国家级非物质文化遗产数量
	"3A级以上景区和风景名胜区"数量	3A级以上景区和风景名胜区数量

(1) 区位条件状况：主要考虑选取与最近区/县中心距离、与火车站距离、与航空港距离、与港口距离、与高速公路出入口距离、与交通干线距离指标予以表征。与最近区/县中心距离指标表明乡镇交通区位条件，距区/县中心区越近越容易受到城镇化辐射作用影响；与火车站距离、与航空港距离、与港口距离、与高速公路出入口距离、与交通干线距离反映乡镇交通条件，距离越近，表明乡镇对外连通程度越高，交通条件越好。

(2) 自然资源状况：主要选取行政区面积、水域占比、耕地占比、草地占比、林地占比、平均高程、平均坡度、自然保护地数量指标予以表征。行政区面积指标反映了乡镇辖区整体范围面积大小，值越大表明可利用面积越大，土地等资源越丰富；水域占比、草地占比、林地占比、自然保护地数量指标反映了乡镇生态环境质量，值越大表明乡镇维持区域生态安全的能力越强，乡镇生态环境质量越高；耕地占比指标在一定程度上反映了乡镇在第一产业的发展情况，值越高表明乡镇第一产业发展情况越好；平均高程、平均坡度指标反映了地形条件对乡镇发展的限制，值越大越不利于乡镇发展建设。

(3) 社会经济状况：主要选取建设用地占比、人均地方生产总值、工业生产总值、规模以上企业数量、规模以上企业从业人员数量、总人口、空心化率、重点镇指标予以表征。建设用地占比指标反映了乡镇土地利用情况,值越大表明乡镇已开发土地越多,城市实体空间范围越大;人均地方生产总值指标反映了乡镇的经济发展水平;工业生产总值、规模以上企业数量、规模以上企业从业人员数量指标反映了乡镇工业的发展情况;总人口、空心化率指标反映了乡镇人口数量现状,其中总人口数越大说明乡镇人力资源越丰富,空心化率越大则说明乡镇对人口吸引力越差;重点镇指标反映了乡镇是不是国家重点建设乡镇,重点镇具有镇域规模较大、人口较多、经济较发达、配套设施较完善等特点,发展条件比普通乡镇更加优越。

(4)设施配套状况:主要选取乡镇范围内学校(幼儿园、小学、初中)数量、医疗机构数量、文化机构数量、商超数量、厕所数量指标予以表征。学校(幼儿园、小学、初中)数量、文化机构数量指标反映了乡镇教育基础设施建设情况;医疗机构数量指标反映了乡镇医疗条件情况;商超数量、厕所数量指标反映了乡镇生活条件情况。这些指标均是值越高表明乡镇相关配套设施建设越完善。

(5)地方特色状况:主要选取乡镇范围内"文物保护单位"数量、"历史文化名镇名村"数量、"传统村落"数量、"少数民族特色村寨"数量、"特色景观旅游名镇名村"数量、"非物质文化遗产"数量、"3A级以上景区和风景名胜区"数量指标予以表征。"文物保护单位"数量、"非物质文化遗产"数量、"历史文化名镇名村"数量指标反映了乡镇的历史文化底蕴;"传统村落"数量、"少数民族特色村寨"数量、"特色景观旅游名镇名村"数量、"3A级以上景区和风景名胜区"数量指标反映了乡镇的少数民族特色或旅游产业基础。这部分指标值越高表明乡镇文化生态资源越丰富,发展特色旅游业的潜力越大。

4.2.3 指标权重定量分析方法

针对多属性决策中指标权重的确定问题,权重的计算方法主要包括三大类:主观赋权法、客观赋权法和综合赋权法(表4.2)。

表4.2 指标权重计算主要方法类型

主观赋权法	客观赋权法	组合赋权法
层次分析法(AHP)	熵权法	乘法合成法
德尔菲法(Delphi Method)	主成分分析法	
环比赋权法	变异系数法	线性加权法
配对比较法	CRITIC法	

层次分析法:层次分析法的原理是将与决策有关的元素分解成目标、准则、方案等层次,通过构造两两比较判断矩阵确定权重。该方法优点是原理严谨、简便易行,可得到极为精确的数值,有较高的科学依据。但是工作量大,带有一定的主观性。

德尔菲法:德尔菲法的原理是通过问卷的形式咨询专家意见。优点是具有较高的说服力,但是成本高,且得到的结果不一定符合实际情况。

环比赋权法:环比赋权法的原理是请专家给出指标体系中相邻两个指标的重要性比率,再计算权重。该方法的缺点是客观性差、工作量大。

配对比较法:配对比较法的原理是将所有要进行评价的指标列在一起,两两配对比较,其价值较高者可得 1 分,最后将各指标所得分数相加,通过累计得分求出其权重。该方法同环比赋权法类似,缺点是客观性差、工作量大。

熵权法:熵权法的原理是将标准化后的数据进行熵值和差异系数计算,进一步得到权重。该方法适用范围广且客观精度高,但是该方法的权重确定依据是数据之间的差异大小,缺乏各指标之间的横向比较①。

主成分分析法:主成分分析法的原理是将原来变量重新组合成一组新的相互无关的几个综合变量,同时根据实际需要从中可以取出几个较少的综合变量尽可能多地反映原来变量的信息的统计方法。该方法在指标选择上相对容易,计算工作量小,但是对主成分含义的解释带有模糊性,影响准确度②。

变异系数法:变异系数法的原理是利用数据的变异系数进行权重赋值,变异系数越大,则权重越大。该方法适用于评价指标相对模糊的情况,但是对指标具体经济意义不够重视,存在一定误差。

CRITIC 法:CRITIC 法基于评价指标的对比强度和指标之间的冲突性来综合衡量指标的客观权重。CRITIC 法考虑到评价指标间的对比强度,更能考虑其冲突性,优于熵权法和变异系数法。

乘法合成法:乘法合成法通过将指标的客观权数主观权数相乘以求得指标的组合权数。这种组合方法由于存在使大者更大、小者更小的"倍增效应",故有时确定的权数是很不合理的,因此仅适用于指标权数分配较均匀的情况③。

线性加权法:将各种赋权方法得出的权数进行加权汇总得出组合权数。计算公式为: $\theta_j = \sum_{i=1}^{k} b_i \omega_{ij}$。其中 θ_j 为第 j 个指标的组合权数, b_i 为第 i 种方法的权系数, ω_{ij} 为第 i 种方法得出的第 j 个指标的权数,当 b_i 完全相等时成为简单算术平均法。线性加权法中组合权数的大小又取决于每种方法的权系数分配,所以又面临一个权系数分配的问题。在此问题上的研究成果也层出不穷,目前研究者们大都采用优化法来确定权系数的分配问题④。

4.2.4　指标权重确定

为了加强权重的科学合理性,本研究采用主观赋权和客观赋权相结合的赋权方法,其中,主观赋权法采用层次分析法,客观赋权法采用 CRITIC 法,最后利用线性加权法求出综合权重。

(1) 层次分析法

由于乡镇分类评价涉及的影响因子较多,本项目在运用层次分析法的过程中结合多学科交叉的方法对各指标权重进行赋值。在进行权重咨询的过程中,邀请了 7 名不同领域的专家学者对指标体系逐级进行重要性比较,按照 1—9 标度法比较指标之间的重要程

---

① 郭昱. 权重确定方法综述[J]. 农村经济与科技,2018,29(8):252-253.
② 彭秋萍,万莉莉,田勇,等. 基于指标体系法的环境承载力评估研究综述[J]. 航空计算技术,2020,50(4):130-134.
③ 王明涛. 多指标综合评价中权系数确定的一种综合分析方法[J]. 系统工程,1999(2):56-61.
④ 杨宇. 多指标综合评价中赋权方法评析[J]. 统计与决策,2006(13):17-19.

度,如表 4.3 所示。综合各专家学者的重要性比较结果,建立判断矩阵,经过计算检验之后,得出主观权重结果。

表 4.3 层次分析法标度划分

标度	含义
1	C_i 元素和 C_j 元素的影响相同
3	C_i 元素比 C_j 元素的影响稍强
5	C_i 元素比 C_j 元素的影响强
7	C_i 元素比 C_j 元素的影响明显的强
9	C_i 元素比 C_j 元素的影响绝对的强
2,4,6,8	C_i 元素与 C_j 元素的影响之比为上述相邻判断的中间值
$1,1/2,\cdots,1/9$	若 C_i 元素与 C_j 元素的影响之比为 a_{ij},那么 C_j 元素与 C_i 元素的影响之比为 $a_{ji}(a_{ji}=1/a_{ij})$

(2) CRITIC 法

目前客观赋权法较多采用熵值法,但该方法仅考虑评价指标间的差异情况,忽略了指标间的相关性。CRITIC 法在考虑指标变异性大小的同时兼顾指标之间的相关性,利用数据自身的客观属性进行科学评价,因此更加贴近研究区域的实际情况。CRITIC 法的计算过程如下:

① 每个指标的量纲与单位不同,无法直接比较和计算,因此在各指标权重计算前需将其标准化处理,公式如下:

当 X_{ij} 为正向指标时:

$$Y_{ij} = \frac{X_{ij} - X_{\min}}{X_{\max} - X_{\min}}$$

当 X_{ij} 为负向指标时:

$$Y_{ij} = \frac{X_{\max} - X_{ij}}{X_{\max} - X_{\min}}$$

② 计算指标变异性,以各指标的标准差(S_j)来表示:

$$S_j = \sqrt{\frac{\sum_{i=1}^{n}(Y_{ij} - \bar{Y}_j)^2}{n-1}}$$

式中,$\bar{Y}_j$ 为第 j 项指标的均值,n 为样本个数。

③ 计算指标冲突性(R_j),用皮尔逊相关系数表示:

$$R_j = \sum_{i=1}^{p}(1-r_{ij})$$

式中,r_{ij} 表示评价指标 i 和 j 之间的皮尔逊相关系数,p 为指标个数。

④ 计算指标信息量(C_j),该值越大,第 j 个评价指标在整个评价指标体系中的作用越大,就应该给其分配更多的权重:

$$C_j = S_j \times R_j$$

⑤ 计算客观权重(W_j):

$$W_j = \frac{C_j}{\sum_{j=1}^{p} C_j}$$

(3) 组合赋权法

利用分别求得的主观权值和客观权值按照设置的偏好系数进行组合,得到一个综合权值(γ_j):

$$\gamma_j = \rho \sigma_j + (1-\rho)\alpha_j$$

式中,σ_j 表示评价指标 j 的客观权重值,γ_j 表示评价指标 j 的主观权重值,ρ 为偏好系数,本次将 ρ 设置为 0.5,结果见表 4.4。

表 4.4 湖北省乡镇分类评价指标权重计算结果

准则层	综合权重	指标层	CRITIC法权重	层次分析法权重	综合权重
区位条件	0.201 6	与最近区/县中心距离	0.031 7	0.051 7	0.041 7
		与火车站距离	0.035 3	0.044 1	0.039 7
		与航空港距离	0.039 2	0.022 9	0.031 1
		与港口距离	0.038 4	0.021 6	0.030 0
		与高速公路出入口距离	0.026 9	0.026 6	0.026 8
		与交通干线距离	0.037 4	0.027 3	0.032 4
自然资源	0.271 1	行政区面积	0.014 2	0.035 8	0.025 0
		水域占比	0.030 1	0.029 8	0.029 9
		耕地占比	0.064 8	0.038 6	0.051 7
		草地占比	0.008 8	0.017 0	0.012 9
		林地占比	0.081 5	0.024 9	0.053 2
		平均高程	0.040 1	0.014 2	0.027 1
		平均坡度	0.050 9	0.027 4	0.039 1
		自然保护地数量	0.029 0	0.035 3	0.032 2

续表4.4

准则层	综合权重	指标层	CRITIC法权重	层次分析法权重	综合权重
社会经济	0.200 1	建设用地占比	0.017 2	0.034 5	0.025 8
		人均地方生产总值	0.010 8	0.038 2	0.024 5
		工业生产总值	0.010 7	0.025 6	0.018 2
		规模以上企业数量	0.014 0	0.024 2	0.019 1
		规模以上企业从业人员数量	0.019 7	0.023 7	0.021 7
		总人口	0.021 5	0.035 2	0.028 4
		空心化率	0.008 2	0.026 7	0.017 5
		重点镇	0.067 8	0.022 1	0.044 9
设施配套	0.146 9	学校(幼儿园、小学、初中)数量	0.020 7	0.052 7	0.036 7
		医疗机构数量	0.018 4	0.043 7	0.031 0
		文化机构数量	0.025 2	0.022 8	0.024 0
		商超数量	0.020 7	0.045 1	0.032 9
		厕所数量	0.024 4	0.020 1	0.022 3
地方特色	0.180 3	"文物保护单位"数量	0.019 9	0.013 7	0.016 8
		"历史文化名镇名村"数量	0.020 9	0.036 3	0.028 6
		"传统村落"数量	0.022 0	0.023 9	0.023 0
		"少数民族特色村寨"数量	0.022 1	0.016 1	0.019 1
		"特色景观旅游名镇名村"数量	0.032 4	0.023 3	0.027 9
		"非物质文化遗产"数量	0.043 8	0.021 5	0.032 6
		"3A级以上景区和风景名胜区"数量	0.031 4	0.033 4	0.032 4

4.3 乡镇分类评估方法

4.3.1 乡镇分类方法

本研究参考《乡村振兴战略规划(2018—2022年)》《湖北省主体功能区划方案》《湖北省国土空间规划(2021—2035年)》以及相关上位规划,并借鉴相关学者提出的乡镇分类方法,从"主要功能和产业类型"以及"综合发展定位"两个角度对乡镇进行分类,分类方法如图4.1所示。

(1) 根据"主要功能定位和产业类型"分类

该分类方法主要从乡镇发展特色的角度出发,对各乡镇的生态资源、经济结构和主导产业特征进行对比分析,将乡镇分为"生态资源型""旅游带动型""现代农业型""工业主导型""均衡发展型"五种类型,具体如下:

首先,综合判断乡镇的生态资源条件,若生态资源条件较好,将其划分为"生态资源型"乡镇。其次,评价余下乡镇的文化旅游特色,若乡镇拥有"历史文化名镇名村"和"特色

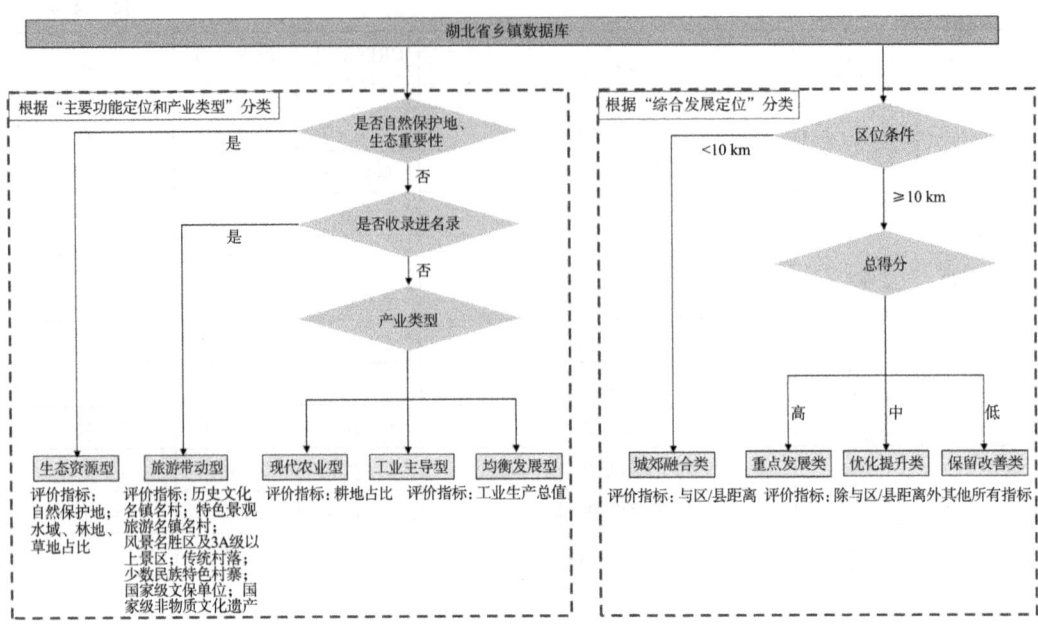

图 4.1 湖北省乡镇分类方法

景观旅游名镇名村"或者优越的旅游文化资源,则将其判定为"旅游带动型"乡镇。最后,对剩余乡镇按照产业发展情况进一步划分,若第一产业发展条件优越则划分为"现代农业型"乡镇,第二产业发展较好则划分为"工业主导型"乡镇,一、二产业发展相对均衡则划分为"均衡发展型"乡镇。

(2) 根据"综合发展定位"分类

该分类方法综合考察乡镇的资源状况、区位条件、经济发展水平、基础设施建设等各方面指标,对湖北省各乡镇的发展现状和发展潜力进行综合评价,在此基础上将乡镇分为"城郊融合类""重点发展类""优化提升类""保留改善类"四种类型,具体如下:

首先,判断乡镇与区/县中心距离指标,若与区/县中心距离较近,则将其划分为"城郊融合类"乡镇。其次,对余下乡镇按照除与区/县中心距离外的其他指标的总得分进行划分,得分较高的划分为"重点发展类"乡镇,中间层划分为"优化提升类"乡镇,得分较低的划分为"保留改善类"乡镇。

4.3.2 分类流程

在对具体乡镇归属类别进行划分时,本研究主要采用 ArcGIS 软件提供的自然间断点分级法,将乡镇按照各项指标得分进行排序,找出其中的转折点和断点,以此为科学依据判断乡镇的类别归属。具体过程为:

(1) 根据"主要功能定位和产业类型"分类

① 选取指标体系中的"自然保护地数量""水域占比""草地占比""林地占比"四个反映乡镇自然生态资源条件的指标,将乡镇在这个四个指标上的得分进行加总,然后使用自然间断点分级法将其分为五类,其中最优一类归为"生态资源型"乡镇。

② 对于不属于"生态资源型"乡镇的剩余乡镇,选取指标体系中的"历史文化名镇名村"数量、"特色景观旅游名镇名村"数量、"传统村落"数量、"少数民族特色村寨"数量、"文化保护单位"数量、"非物质文化遗产"数量、"3A级以上景区和风景名胜区"数量七个反映乡镇旅游资源的指标。将有"历史文化名镇名村"和"特色景观旅游名镇名村"的乡镇直接划分为"旅游带动型"乡镇,再将剩余的乡镇按照另外五项指标得分的总值使用自然间断点分级法划分为五类,其中最优的两类同样划归为"旅游带动型"乡镇,并将两部分乡镇进行合并。

③ 将剩余乡镇按照"工业生产总值"和"耕地占比"两项指标进行产业类型的划分。"工业生产总值"指标代表乡镇的工业水平,由于该指标存在两个较高的异常值,剔除异常值后对其余乡镇得分使用自然间断点分级法划分为五类,其中最优两类连同异常值乡镇划定为"工业主导型"乡镇。"耕地占比"指标反映乡镇的农业发展条件和水平。将剩余乡镇按照该指标使用自然间断点分级法划分为五类,其中最优两类划定为"现代农业型"乡镇。其他乡镇划分为"均衡发展型"乡镇。

(2) 根据"综合发展定位"分类

① 选取指标体系中反映乡镇区位条件的"与最近区/县中心距离"指标,对乡镇在该指标得分使用自然间断点分级法划分为五级,其中最优一类划分为"城郊融合类"乡镇,该类乡镇与区/县中心距离均在10 km以内。

② 将剩余乡镇按照综合发展水平进行划分,选取指标体系中除"与最近区/县中心距离"之外的33个指标,对其总得分使用自然间断点分级法划分为三类,其中得分最高一类划分为"重点发展类"乡镇,得分中等类划分为"优化提升类"乡镇,得分最低一类划分为"保留改善类"乡镇。

4.3.3 乡镇类型含义

(1) 根据"主要功能和产业类型"分类

"生态资源型乡镇":此类乡镇自然资源条件优越,拥有自然保护地或水资源,林地资源以及草地资源丰富。与其他类型乡镇相比,其生态重要性较高,环境承载能力强,生态环境优势明显。此类乡镇在今后的发展中要依靠生态资源走新常态的发展道路,将传统发展方式转换成低碳发展和生态发展模式,提升绿色低碳发展水平、空间格局优化和资源利用水平、环境风险防控水平、环境治理体系和治理能力现代化水平。

"旅游带动型乡镇":此类乡镇自然环境资源和历史文化特色资源丰富,拥有"历史文化名镇名村"或"特色景观旅游名镇名村"或在"传统村落"数量、"少数民族特色村寨"数量等方面有突出优势。与其他类型乡镇相比,其文旅产业有较好的发展前景,而且旅游发展已具有一定基础,旅游服务设施相对完善。

"现代农业型乡镇":此类乡镇耕地面积占比较高,农业生产面积大,农业发展条件好。与其他类型乡镇相比,其主导产业为农业,以农业生产为主要经济活动,是湖北省内重要的农业生产区。

"工业主导型乡镇":此类乡镇工业产值较高,工业发展水平处于省内领先,工业化程度高,具有优越的工业发展条件。与其他类型乡镇相比,其主导产业为工业,以工业生产为主要经济活动。

"均衡发展型乡镇"：此类乡镇产业结构均衡，农业和工业发展水平相近，并且缺乏具有代表性的旅游资源发展旅游业。与其他类型乡镇相比，产业特色不够明显，乡镇内不同产业发展较为均衡。

(2) 根据"综合发展定位"分类

"城郊融合类乡镇"：此类乡镇与最近区/县中心距离在 10 km 以内，位于城市近郊区或县城城关镇所在地周边。与其他类型乡镇相比，交通便利，受城镇化辐射带动作用影响大，城乡发展要素流动密切，具备较好的城镇化发展条件。城郊融合类划入市县中心城区城镇开发边界内的乡镇可不再单独编制乡镇级国土空间总体规划，纳入市县规划统筹编制。

"重点发展类乡镇"：此类乡镇与区/县中心存在一定距离，但是具备优良的区位与经济水平、基础设施完善、地方特色与自然资源丰富、综合实力强、发展潜力良好等特征，是未来乡镇发展的重点。

"优化提升类乡镇"：此类乡镇与区/县中心存在一定距离，区位与经济条件弱于"优化提升类"乡镇，具有一定经济规模，基础设施配套相对齐全，存在工业化和城镇化的开发潜力，是乡镇发展的重要后备力量。

"保留改善类乡镇"：此类乡镇与区/县中心存在一定距离，并且经济发展水平与其他类型乡镇相比差距较大，自然资源较为匮乏，人口规模相对较小，配套设施需进一步完善，综合发展潜力较弱，因此不适宜大规模开发，应以改善优化乡镇基本发展环境为主。

4.4 湖北省乡镇分类评估结果及分析

4.4.1 乡镇分类结果

根据上文采用的乡镇分类评价方法对湖北省乡镇开展分类评估，分别计算得到湖北省乡镇"综合"发展分类结果和"特色"发展分类结果（表 4.5）。

表 4.5 湖北省乡镇分类结果

乡镇类型	分类依据	乡镇类型	数量/个
"综合"发展类	综合发展定位	重点发展类	207
		优化提升类	366
		保留改善类	187
		城郊融合类	162
"特色"发展类	主要功能和产业类型	生态资源型	205
		旅游带动型	150
		现代农业型	96
		工业主导型	142
		均衡发展型	329

4.4.2 "综合"发展分类结果及分布特征分析

该分类方法综合考察乡镇的资源状况、区位条件、经济发展水平、基础设施建设等各方面指标,对湖北省各乡镇的发展现状和发展潜力进行综合评价,在此基础上将乡镇分为"城郊融合类""重点发展类""优化提升类""保留改善类"四种类型(图 4.2)。

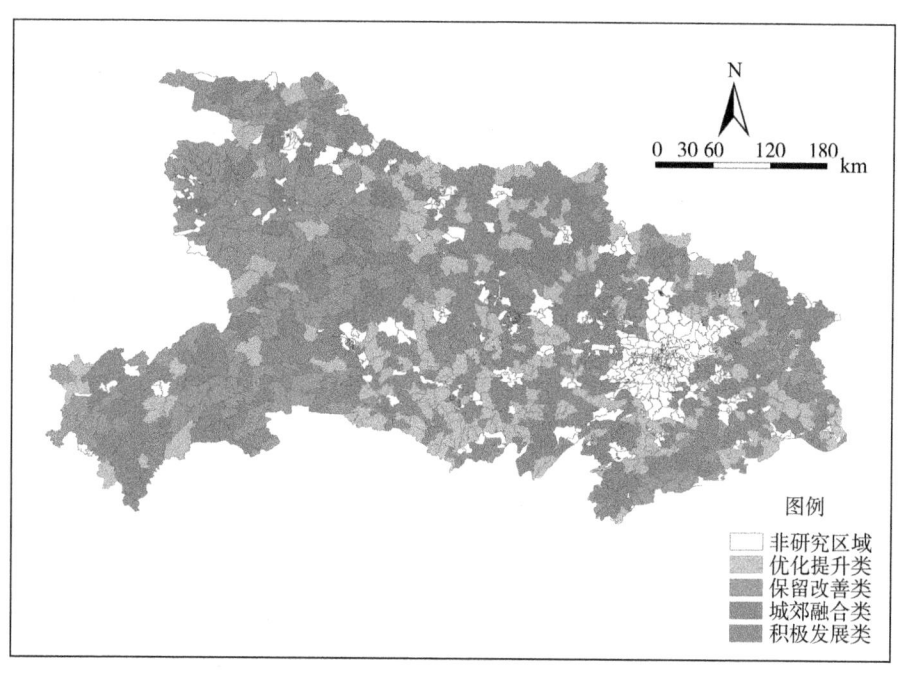

图 4.2　湖北省"综合"分类乡镇空间分布图

(1) 重点发展类乡镇

湖北省重点发展类乡镇数量为 207 个,占乡镇总数的 22.45%,分布于"武鄂黄黄都市圈""襄阳都市圈""宜荆荆都市圈"三大都市圈周边,大体呈现点状分布,但在局部地段如"宜荆荆都市圈"也呈现出块状集中分布的特点。此类乡镇经济发展水平较高,第二、三产业发展突出,基础设施完善,各项指标均保持在全省前列,已经达到了较高的发展水平,如钟祥市胡集镇、宜昌市龙泉镇、监利县新沟镇等全国重点镇。

(2) 优化提升类乡镇

湖北省优化提升类乡镇数量为 366 个,占乡镇总数的 39.70%,该类乡镇数量最多,空间分布较为分散,大体分布在湖北省中部和东部地区,相对集中分布在襄阳市、枣阳市、宜城市、随县、钟祥市及其周边地区。此类乡镇具有一定经济基础,资源环境承载能力较强,发展潜力较大,是未来城乡结构体系的重要后备力量,其各方面建设发展仍存在较大提升空间。

(3) 保留改善类乡镇

湖北省保留改善类乡镇数量为 187 个,占乡镇总数的 20.28%,该类乡镇主要集中于湖北省西部,包括十堰市、神农架林区和恩施土家族苗族自治州部分地区。其所处区域地形以山地为主,地势起伏大,交通条件较差,缺乏优势产业,自然地理环境在某种程度上制约了乡镇经济发展。对于该类乡镇,自身资源条件是其发展的重要保障。

(4) 城郊融合类乡镇

湖北省城郊融合类乡镇数量为162个,占乡镇总数的17.57%,该类乡镇主要分布于城市近郊区或县城城关镇所在地的周边。如鄂州市近郊的沙窝乡、碧石渡镇、花湖镇、汀祖镇,其所在的鄂城区是鄂州市的政治、经济、文化中心。这些乡镇与区/县中心的距离较近,交通便利,受城镇化辐射带动作用影响大,城乡发展要素流动密切,能够享受到中心城市功能和服务外溢的红利。此外,划入市县中心城区城镇开发边界内的城郊融合类乡镇可不再单独编制乡镇级国土空间总体规划,纳入市县规划统筹编制。

4.4.3 "特色"发展分类结果及分布特征分析

该分类方法从乡镇发展特色的角度出发,对各乡镇的生态资源、经济结构和主导产业特征进行对比分析,将乡镇分为"生态资源型""旅游带动型""现代农业型""工业主导型""均衡发展型"五种类型(图4.3)。

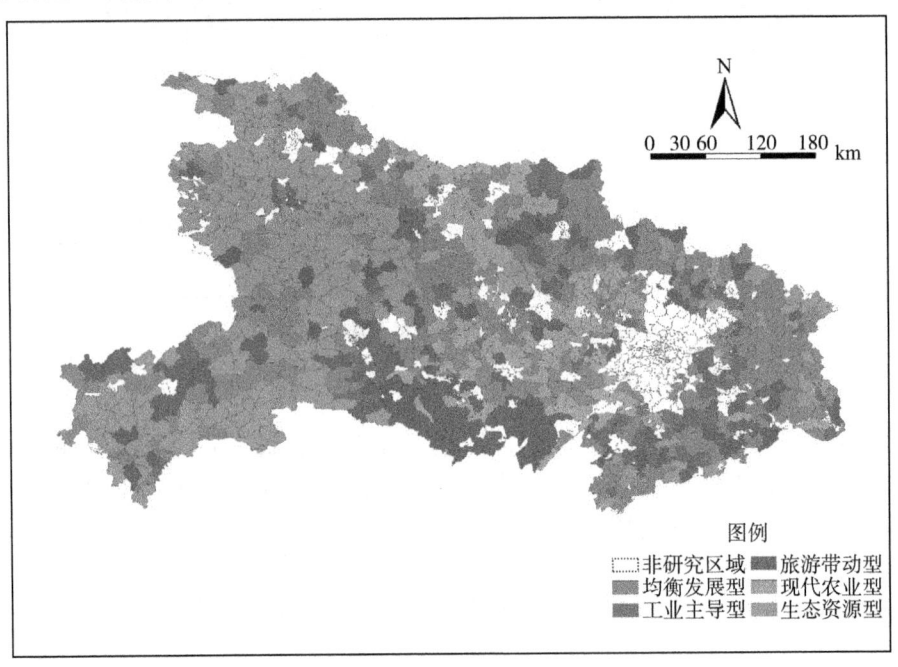

图4.3 湖北省"特色"分类乡镇空间分布图

(1) 生态资源型乡镇

湖北省生态资源型乡镇数量为205个,占乡镇总数的22.23%,主要分布在湖北省西部十堰、恩施、神农架等生态资源丰富的地区,形成集中连片分布区域,如恩施板桥镇、神农架木鱼镇。此类乡镇生态环境优越,拥有自然保护地或水资源、林地资源等丰富的自然资源,其生态重要性较高,环境承载能力强,生态环境优势明显。此外,还有湖北省东部省界交会处如黄冈市红安县、麻城市以及咸宁市通城县、通山县依托大别山、幕阜山等形成的生态资源型乡镇。

（2）旅游带动型乡镇

湖北省旅游带动型乡镇数量为 150 个，占乡镇总数的 16.27%，主要在湖北省南部地区呈块状集中分布，同时在恩施市及巴东县也呈现块状集中分布。此类乡镇拥有风景名胜区等景观资源或历史文化名镇名村、传统村落等历史文化资源，旅游业基础较好，旅游服务设施相对完善。如宜昌市秭归县野三关镇拥有较为丰富的自然及人文资源，荆州市监利县程集镇、周老嘴镇是国家历史文化名镇，恩施市的芭蕉侗族乡拥有丰富的少数民族特色文化。

（3）现代农业型乡镇

湖北省现代农业型乡镇数量为 96 个，占乡镇总数的 10.41%，主要分布在江汉平原、鄂北岗地粮仓附近。此类乡镇受地形因素影响较大，土地肥沃，是重要农产品生产基地，具有较强的农业发展潜力。

（4）工业主导型乡镇

湖北省工业主导型乡镇数量为 142 个，占乡镇总数的 15.40%，主要分布在"一主两翼"三大都市圈周边。其中以黄石市的大冶市、鄂州市的鄂城区、孝感市的汉川市及其周边地区"工业主导型"乡镇分布最密集，如大冶市陈贵镇、鄂州市燕矶镇、汉川市新河镇、仙桃市彭场镇。此外，在宜昌市的宜都市和枝江市也分布有"工业主导型"小型组团，如宜都市枝城镇、枝江市董市镇。此类乡镇工业产值较高，工业发展水平处于省内领先，工业化程度高，具有优越的工业发展条件。

（5）均衡发展型乡镇

湖北省工业主导型乡镇数量为 329 个，占乡镇总数的 35.68%，此类乡镇数量较多，在省域内各区域均有一定分布，并在黄冈市集中分布。此类乡镇产业结构均衡，农业和工业发展水平相近，但可能存在产业特色不够明显的问题。而位于恩施巴东县、宣恩县、建始县等地的"均衡发展型"乡镇则呈现出低水平均衡的特点，产业发展总体情况较差。

4.4.4　各类乡镇规划策略

在"综合"发展类的乡镇中，重点发展类、优化提升类以及保留改善类反映了乡镇的综合水平和发展程度，但对于乡镇精准的发展定位和方向，还需要通过特色发展类来进行判别。同样，城郊融合类的乡镇也需要结合乡镇的功能及产业特点来进一步识别其发展策略。因此，本研究重点阐述特色发展类乡镇的规划策略，再结合综合发展类判定的乡镇发展程度及区位优势情况，共同指引乡镇高质量发展（表 4.6）。

（1）生态资源型乡镇

生态资源型乡镇拥有突出的生态环境和自然资源禀赋，适宜依托丰富的自然资源进行保护性发展。生态资源型乡镇普遍离县市较远，区位边缘化，城郊融合类生态资源型乡镇较少，而保留改善类生态资源型乡镇及优化提升类生态资源型乡镇数量较多。这两类乡镇发展较为落后，农业人口较多，基础设施配套较差，易受到自然地质灾害影响。乡镇发展一方面要保持山体、河湖水系等自然形态的完整性，严格保护生态空间，做好自然资源和生态环境保护修复，另一方面应围绕低碳发展、生态发展模式，发展生态适宜性绿色产业，完善乡镇基础设施建设。

表 4.6 各类型乡镇规划策略指引

乡镇类型	生态资源型	现代农业型	工业主导型	旅游带动型	均衡发展型
城郊融合类	—	在城市周边构建多样农业观光等脉,因地制宜发展绿色产业,满足城市休闲消费需求	拥有良好的区位优势、交通便利,通过充裕、低廉的土地资源吸引工业入驻。重点考虑城乡产业联系紧密,服务周边县城区为主,主动承接城市外溢功能融合	优化乡镇空间布局,保留一定的生态空间,在城市周边构建多样生态景观,形成城镇周边的绿色屏障,为城市发展预留弹性发展空间。因地制宜发展近郊休闲旅游等产业	—
重点发展类	—	突出农业产业优势及特色,巩固高标准农田建设,改造现有中低产田建设,产业发展功能上拓展生产功能,推动与流通、文化旅游、信息产业融合发展	突出在区域经济中的地位作用,巩固现有优势产业,拓展上下游产业,打造特色产业集群,打造高效便捷的交通运输及配套服务设施。适当提高工业和商贸用地比例,推动产城融合	深入挖掘自然、人文等重要价值特色资源,进一步提升文化旅游、商贸服务、特色加工等功能,突出特色资源保护与开发利用,形成旅游综合带动的乡镇发展模式	—
优化提升类	突出乡镇自然生态和资源禀赋特征,保持山水、河湖水系等自然形态的完整性,保护生态空间,发展生态适宜性绿色产业,完善乡镇基础设施建设	突出农业产业优势,强化用地的生态涵养保护,保障重大农牧业基础设施现代农业发展用地	在巩固传统产业的基础上,引导转型升级,完善配套设施,加强道路交通网络的联系	在保护历史风貌、山水环境、传统建设格局等要素的基础上,发展特色文化旅游,处理好特色保护与发展要素的关系。根据人口与产业等情况,合理增加特色产业、旅游服务配套设施用地	凝练村庄发展优势,加强产业发展规划,完善配置各类基础设施和公共服务设施,提升生活品质
保留改善类	严格保护生态空间,做好自然资源和生态环境保护修复,完善乡镇生态环境基础设施建设	—	—	—	完善产业发展规划和公共服务配置基础设施和公共服务设施,优化人居环境

（2）旅游带动型乡镇

旅游带动型乡镇拥有较丰富的历史文化特色资源，未来乡镇发展可以继续依托旅游带动形成乡镇发展模式。旅游带动型乡镇发展状况普遍较好，保留改善类旅游带动型乡镇几乎不存在，对于重点发展类旅游带动型乡镇和优化提升类旅游带动型乡镇，应在保护历史风貌、山水环境、传统建设格局等要素的基础上，正确处理好特色保护与发展要素的关系，提升文化旅游、商贸服务、特色加工等功能。根据特色资源保护与利用、人口与产业等情况，合理增加特色产业、旅游服务配套设施用地。

（3）现代农业型乡镇

现代农业型乡镇耕地资源较为丰富，是重要的农业生产区，适宜走现代农业的发展道路，通过打造特色农业带动乡镇发展。该类乡镇经济发展水平一般，以优化提升类现代农业型乡镇为主，乡镇发展应突出农业产业优势，强化用地的生态涵养保护，保障重大农牧业基础设施和现代农业发展用地。

（4）工业主导型乡镇

工业主导型乡镇工业发展水平较为突出，适合以工业作为主导产业，引领乡镇经济发展。该类型乡镇发展水平较高，其中城郊融合类工业主导型乡镇拥有良好的区位优势，交通便利，通过充裕、低廉的土地资源吸引工业入驻，城乡联系紧密。重点发展类工业主导型乡镇和优化提升类工业主导型乡镇应突出在区域经济和产业体系中的地位作用，产业发展应巩固传统基础，引导转型升级，打造特色产业集群，打造高效便捷的交通、物流通道，建设与产业发展相适应的配套服务设施。

（5）均衡发展型乡镇

均衡发展型乡镇产业特色不强，资源利用率低。在均衡发展型乡镇中，农业和工业发展水平均较低的乡镇，即优化提升类和保留改善类乡镇数量较多，该类乡镇第一产业发展不突出，工业产业升级转型困难较大，经济发展潜力较弱。均衡发展型乡镇应进一步凝练村庄发展优势，加强产业发展规划，合理配置各类基础设施和公共服务设施，提升生活品质。

第五章

基于分类的湖北省乡镇国土空间规划编制要点

5.1 乡镇国土空间总体规划的编制逻辑

5.1.1 乡镇国土空间总体规划原则

（1）生态优先

编制国土空间规划，是贯彻落实中央生态文明建设的根本要求和实现空间治理现代化的现实需要。坚持生态优先、绿色发展，在"双评价"的基础上，科学统筹国土空间，将成为规划编制的核心思想[①]。

在规划编制过程中，应始终坚持生态优先的原则，将生态保护作为规划的核心目标。充分考虑生态环境的承受能力和可持续性。划定生态红线，明确乡镇内需要严格保护的生态区域，构建乡镇的生态空间格局，积极推动生态系统的保护与修复工作。

（2）全域统筹

随着国务院机构改革的完成，我国已迈向山、水、林、田、湖、草等全域全要素统一管理的新阶段。构建全域全要素分类体系是国土空间规划编制和自然资源统一管理的基础。在规划编制过程中，应注重区域之间的协调发展推动城乡融合发展，缩小城乡差距，实现城乡一体化发展，科学布局生产空间、生活空间、生态空间。要确保各类空间的功能明确、布局合理、相互协调，实现国土空间的优化配置和高效利用。

（3）精明发展

习近平总记在中央城市工作会议上提出"要坚持集约发展，树立'精明增长''紧凑城市'理念，科学划定城市开发边界，推动城市发展由外延扩张式向内涵提升式转变"。规

---

① 王志玲,董彦,张琳,等. 乡镇国土空间总体规划编制重点及对策：以广西融水县香粉乡国土空间总体规划为例[J]. 规划师, 2020, 36 (11): 40-48.

划应摒弃过去外延扩张式的发展模式,转而追求内涵提升式的发展。通过优化空间布局、提高土地利用效率、增强城市功能,实现乡镇国土空间的精明增长。关注空间的高效利用和集约发展,实现质的提升和量的有效增长[①]。

5.1.2 乡镇国土空间规划编制基本要求

（1）适用范围

2019年5月,中共中央、国务院正式印发《关于建立国土空间规划体系并监督实施的若干意见》,其中提到"各地可因地制宜,将市县与乡镇国土空间规划合并编制,也可以几个乡镇为单元编制乡镇级国土空间规划",明确乡镇作为最基础的层级,不强制要求单独编制国土空间总体规划[②]。

具体来说,划入市县中心城区城镇开发边界内的乡镇可不再单独编制乡镇级国土空间总体规划,纳入市县规划统筹编制。位于市县规划城镇开发边界范围外的乡镇,结合市县及乡镇现状特征和管理需求,可单独编制;可因地制宜将相邻多个乡镇联合编制乡镇国土空间规划;可将全部或部分乡镇的国土空间总体规划与市县国土空间总体规划联合编制;也可将全部或部分村庄规划与乡镇国土空间总体规划联合编制。

（2）规划层次

乡镇规划范围为乡镇行政辖区,包括镇(乡)域和镇区(乡集镇)两个层次。

（3）编制主体

乡镇级国土空间总体规划由县人民政府组织编制,县级自然资源主管部门会同乡镇人民政府及相关部门开展规划编制工作。

5.2 湖北省乡镇国土空间规划编制要点

通过对国土空间规划体系建设背景的学习与研究,结合当下已发布的18个乡镇层级编制导则的内容以及湖北省的实际情况,对《湖北省乡镇级国土空间规划编制导则(试行)》(简称《导则》)的编制内容部分进行梳理,提出"目标—格局—要素—单元—地块"的五级编制框架,其中"要素"分为"资源要素"和"设施要素",具体如图5.1所示。

基于上述思路,结合乡镇层级国土空间规划编制框架,从基础工作到编制内容以及实施保障进行梳理,如表5.1所示。

---

① 杨保军,陈鹏,董珂,等. 生态文明背景下的国土空间规划体系构建[J]. 城市规划学刊,2019(4):16-23.
② 谭纵波,龚子路. 任务导向的国土空间规划思考:关于实现生态文明的理论与路径辨析[J]. 城市规划,2019,43(9):61-68.

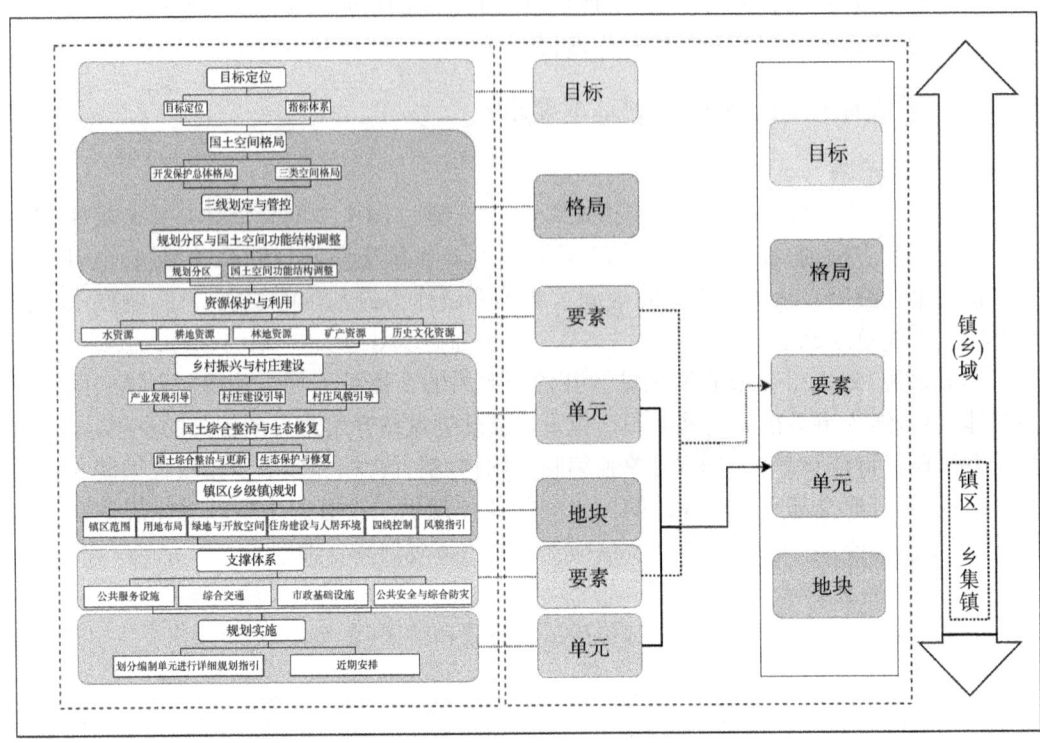

图 5.1　《导则》梳理分析过程

表 5.1　"目标—格局—要素—单元—地块"的五级编制框架内容对应关系表

基础工作	调查研究、底图底数、评估分析 　　开展自身条件分析、外部条件分析、问题与风险识别，在城郊融合、积极发展、优化提升、保留改善四类基础上，开展乡镇层面土地利用总体规划、城乡总体规划等空间类规划研究，梳理乡镇在空间格局、经济提升、城乡建设、生态保护等方面面临的机遇与挑战，把握乡镇发展趋势与格局。生态资源型重点分析乡镇山、水、林、田、湖、草自然生态本底；旅游带动型重点对旅游资源、旅游服务设施、旅游发展的现状开展调研与分析研究；工业主导型重点对工业、商贸业等二产行业的现状进行调查与分析研究；现代农业型重点调查粮食生产功能区、重要农产品生产保护区等相关内容；均衡发展型应重点开展各类基础设施和公共服务设施体系现状、历史文化基础、国民经济和社会发展、空间开发保护的现状与存在问题等的研究，分析发展优势及特色挖掘，对产业结构进行研究。 　　同时，考虑双碳目标的实现，结合国土空间规划因素对碳排放的影响关系，国土空间规划应结合地区碳排特征和发展趋势，研究提出分期减碳目标和相关空间约束指标，在规划中予以明确，作为统筹安排国土空间的重要依据。基于自上而下的结构性减排潜力分析，从而建立自上而下碳减排目标差异化分解方法，因此需要在前期基础工作阶段开展乡镇碳排放核算工作，与省、市、县"30·60"双碳目标的逐级分解规划开展自下而上的检验与配合。可实现碳减排量目标对空间规划各方面的影响机制与约束方法，从而实现碳减排目标与国土空间规划目标的关联耦合

续表5.1

编制内容	目标	目标定位(目标定位、指标体系)
	格局	国土空间格局(开发保护总体格局、三类空间格局)
		三线划定与管控
		规划分区与国土空间功能结构调整(规划分区、国土空间功能结构调整)
	要素	资源保护与利用(水资源、耕地资源、林草资源、矿产资源、历史文化资源)
		支撑体系(公共服务设施、综合交通、市政基础设施、公共安全与综合防灾)
		乡村振兴与村庄建设(产业发展引导)
	单元	乡村振兴与村庄建设(村庄建设引导、村庄风貌引导)
		国土综合整治与生态修复(国土综合整治与更新/生态保护与修复)
		实施规划(划分编制单元进行详细规划指引、近期安排)
	地块	镇区(乡级镇)规划(镇区范围、用地布局、绿地与开放空间、住房建设与人居环境、"四线"控制、风貌指引)
实施保障		近期实施计划、规划衔接传导、动态维护机制、政策支持、宣传引导、监督实施,建立健全保障规划实施的机制体制

前述研究已得出湖北省乡镇的分类结果(城郊融合、积极发展、优化提升、保留改善)及发展指引(生态资源、旅游带动、工业主导、现代农业、均衡发展),本章节将主要围绕目标、格局、要素、单元、地块五个层级针对不同类型乡镇开展进一步探讨。

5.2.1 目标

乡镇层级国土空间总体规划的目标主要分为目标定位和指标体系两大部分内容。目标定位主要是落实国家、省、市、县的重大战略部署,按照上级国土空间规划的相关要求,结合本地发展阶段和特点,确定乡镇发展目标和定位,提出国土空间开发保护策略。指标体系主要是落实上级国土空间规划下达的约束性指标要求,从空间底线、空间结构与效率、空间品质三大方面构建指标体系,确定国土空间开发保护的指标体系,并制定下辖各行政村的约束性指标分解方案。各地可因地制宜增加地方特色指标(表5.2)。

表5.2 《导则》中表C.1 乡镇级国土空间规划指标体系一览表

序号	指标项	基期年	近期目标年	规划目标年	指标属性	指标层级
一、空间底线						
1	生态保护红线面积(公顷)				约束性	镇(乡)域
2	永久基本农田面积(公顷)				约束性	镇(乡)域
3	耕地保有量(公顷)				约束性	镇(乡)域
4	建设用地总规模(公顷)				约束性	镇(乡)域
5	城乡建设用地规模(公顷)				约束性	镇(乡)域
6	林地保有量(公顷)				约束性	镇(乡)域

续表5.2

序号	指标项	基期年	近期目标年	规划目标年	指标属性	指标层级
7	湿地面积(公顷)				约束性	镇(乡)域
8	新增生态修复面积(公顷)				建议性	镇(乡)域
9	高标准农田面积(%)				建议性	镇(乡)域
二、空间结构与效率						
10	常住人口规模(万人)				预期性	镇(乡)域 镇区(乡级镇)
11	常住人口城镇化率(%)				预期性	镇(乡)域
12	人均城镇建设用地面积(平方米)				约束性	镇(乡)域 镇区(乡级镇)
13	人均村庄建设用地面积(平方米)				预期性	镇(乡)域
14	人均应急避难场所面积(平方米)				建议性	镇区(乡级镇)
三、空间品质						
15	城镇人均住房面积(平方米)				预期性	镇区(乡级镇)
16	人均公共服务设施面积(平方米)				预期性	镇区(乡级镇)
17	等级医院交通30分钟村庄覆盖率(%)				建议性	镇(乡)域
18	城镇人均体育用地面积(平方米)				建议性	镇区(乡级镇)
19	人均公园绿地面积(平方米)				预期性	镇区(乡级镇)
20	医疗卫生机构千人床位数(张)				预期性	镇(乡)域
21	农村生活垃圾处理率(%)				建议性	镇(乡)域
22	农村自来水普及率(%)				预期性	镇(乡)域
23	行政村等级公路通达率(%)				预期性	镇(乡)域

注1:约束性指标是为实现规划目标,在规划期内不得突破或必须实现的指标;预期性指标是指按照经济社会发展预期,规划期内努力实现或不突破的指标;建议性指标是指可根据地方实际选取的规划指标,各地可因地制宜、创造特色增减相应指标。

注2:指标含义参照自然资源部发布的《市级国土空间总体规划编制指南(试行)》及《国土空间规划城市体检评估规程》。

党的二十大提出,要加快构建新发展格局,着力推动高质量发展。推动绿色发展,促进人与自然和谐共生。中国共产党湖北省第十二次代表大会要求贯彻创新、协调、绿色、开放、共享的新发展理念,围绕生态空间、粮食安全、水安全、碳达峰碳中和、社区生活圈等方面开展建设与规划。其中,双碳目标是我国构建人类命运共同体的责任担当和实现可持续发展内在要求做出的重大战略决策,也是贯彻新发展理念、推动经济社会转型与可持续发展的迫切要求。国土空间是实现双碳目标的重要场所和资源,国土空间规划影响着空间生产过程,更影响着空间资产价值的实现过程,其布局的合理性是实现低碳发展的重要途径。相关研究已表明,从空间分布来看,碳排放主要集中在城镇区域。因此,乡镇村区域除了实现自身碳减排目标外,同时还承担着碳增汇的重要任务①。鉴于此,在乡镇国土空间总体规划编制中,双碳目标是不可或缺的内容。如在乡镇国土空间总体规划编制过程中,可根据森林保有量、湿地面积等指标,以"三调"和森林资源二类调查为基础,结合不同类型植被的碳汇能力,明确碳汇的目标。在此过程中,对生态空间碳汇极限值进行探索,提升生态功能区的碳汇能力,规划期末碳排放量评估可采用 KAYA 公式,利用往年碳排放强度、人均 GDP 及人口总量进行推算,最终确定规划碳减排任务。

在既往低碳规划指标体系的构建中,由于学科偏向与评价阶段不同,导致现行低碳指标体系评估导向不统一,同时与国土空间规划的编制体系衔接不利。如《市县国土空间开发保护现状评估技术指南(试行)》中提出,"各市县在以评估基本指标为核心的基础上,可另行增设与时空紧密关联,体现质量、效率和结构的指标,按安全、创新、协调、绿色、开放和共享维度,建立符合地方实际的指标体系,开展评估",并设置了"底线管控"11 项基本指标、"结构效率"6 项基本指标、"生活品质"11 项基本指标,以及涵盖"安全、创新、协调、绿色、开放、共享"六大方面共 60 项推荐指标;在《省级国土空间规划编制指南(试行)》中,从"生态保护类、农业发展类、区域建设类"三大类设置了共 15 项指标,同时要求将主体功能区定位作为重要依据,针对不同主体功能区类型,实施国土空间资源的差别化配置;在《市级国土空间总体规划编制指南(试行)》中,设置了"空间底线"14 项指标、"空间结构与效率"9 项指标、"空间品质"12 项指标,分为约束性指标、预期性指标和建议性指标;在《国土空间规划城市体检评估规程》中,在国土空间现状开发保护评估的基础上,调整了部分指标,提出开展国土空间城市体检评估工作:A 类基本指标 33 项,B 类推荐指标 89 项,涵盖安全、创新、协调、绿色、开放和共享六大维度,安全包括水安全、粮食安全、生态安全、文化安全、城市韧性和规划管控六个方面(27 项指标),创新包括投入产出、发展模式、智慧城市三个方面(16 项指标),协调包括集聚集约、城乡融合、陆海统筹、地上地下统筹四个方面(21 项指标),绿色包括生态保护、绿色低碳生产、绿色低碳生活三个方面(17 项指标),开放包括网络联络、对外交往、对外贸易三个方面(12 项指标),共享包括宜业、宜居、宜乐、宜游四个方面(29 项指标);在《住房和城乡建设部关于开展 2022 年城市体检工作的通知》《住房和城乡建设部关于开展 2021 年城市体检工作的通知》中给出了相关指标体系,包括生态宜居、健康舒适、安全韧性、交通便捷、风貌特色、整洁有序、多元包容、创新活力八个方面。基于相关分析与研究,为保证与《导则》的一致性,结合湖北省乡镇实际,提出基于《导则》表 C.1 指标之外的选用建议指标,指标参考《市级国土空间总体规划编制指南(试行)》《国土空间规划城市体检评估规程》《社区生活圈规划技术指南》,具体如表 5.3 所示②。

根据指标特性,分为共性指标和特性指标,共性指标对每一类乡镇均可适用,特性指标乡镇根据其不同的特点因地制宜进行选用。

---

① 崔金丽,朱德宝."双碳"目标下的国土空间规划施策:逻辑关系与实现路径[J].规划师,2022,38(1):5-11.
② 詹美旭,席广亮.面向全域全要素统一空间管制的市级国土空间规划编制探索[J].规划师,2021,37(10):34-40.

表 5.3 《导则》中表 C.1 指标之外的选用建议指标

空间底线	指标特点	指标层级
用水总量(亿立方米)	共性指标	镇(乡)域
人均年用水量(立方米)	共性指标	镇(乡)域、镇区(乡级镇)
重要河湖自然岸线保有率(%)	特性指标	镇(乡)域
自然和文化遗产(处)	特性指标	镇(乡)域
自然保护地面积(公顷)	特性指标	镇(乡)域
分布式清洁能源设施覆盖面积(平方米)	特性指标	镇(乡)域
历史文化保护线面积(平方米)	特性指标	镇(乡)域
空间结构与效率	**指标特点**	**指标层级**
农用地整治面积(公顷)	共性指标	镇(乡)域、镇区(乡级镇)
建设用地整治面积(公顷)	共性指标	镇(乡)域、镇区(乡级镇)
低效建设用地再利用面积(公顷)	共性指标	镇区(乡级镇)
每万元 GDP 水耗(立方米)	特性指标	镇(乡)域
每万元 GDP 地耗(平方米)	特性指标	镇(乡)域
存量土地供应比例(%)	特性指标	镇(乡)域
道路网密度(千米/平方千米)	特性指标	镇(乡)域
国土开发强度(%)	特性指标	镇(乡)域、镇区(乡级镇)
社会劳动生产率(万元/人)	特性指标	镇(乡)域
工业用地占城镇建设用地的比例(%)	特性指标	镇(乡)域
居住用地占城镇建设用地的比例(%)	特性指标	镇(乡)域
镇区常住人口密度(万人/平方千米)	特性指标	镇区(乡级镇)
镇村居民人均可支配收入比(%)	特性指标	镇(乡)域
每万元 GDP 能耗(TCE)	特性指标	镇(乡)域
单位 GDP 二氧化碳排放降低比例(%)	特性指标	镇(乡)域
工业用地地均增加值(万元/平方千米)	特性指标	镇(乡)域
入境年旅游人数(人次/年)	特性指标	镇(乡)域
空间品质	**指标特点**	**指标层级**
村级商业网点覆盖率(%)	特性指标	镇(乡)域
社区 15 分钟生活圈覆盖率(%)	共性指标	镇(乡)域
幼儿园每千人班数(班)	特性指标	镇(乡)域
小学学校千人学位数(座)	特性指标	镇(乡)域
每千名老年人养老床位数(张)	共性指标	镇(乡)域

续表 5.3

空间品质	指标特点	指标层级
社区文化活动设施步行 15 分钟覆盖率(%)	特性指标	镇(乡)域
菜市场(生鲜超市)步行 10 分钟覆盖率(%)	特项指标	镇(乡)域
村镇人均住房面积(平方米)	特性指标	镇(乡)域
体育公园步行 15 分钟覆盖率(%)	特性指标	镇(乡)域
人均公园绿地面积(平方米)	共性指标	镇(乡)域
城镇污水处理率(%)	共性指标	镇区(乡级镇)
城镇生活垃圾回收利用率(%)	共性指标	镇区(乡级镇)
农村无害化卫生厕所普及率(%)	共性指标	镇(乡)域
农村生活垃圾处理率(%)	共性指标	镇(乡)域

5.2.2 格局

格局主要是指国土空间格局(开发保护总体格局、三类空间格局)、三线划定与管控、规划分区与国土空间功能结构调整(规划分区、国土空间功能结构调整)三部分,面向镇(乡)域范围。在乡镇规划编制过程中,需要严格落实上位规划中的生态保护红线,原则上不做调整;落实市县下达的永久基本农田任务要求,划定永久基本农田图斑;依据市县提出的规划方案,落实城镇开发边界。

5.2.2.1 国土空间格局

(1) 开发保护总体格局

以镇(乡)域内自然资源本底为基础,结合市、县"双评价"成果,落实上级国土空间规划要求,统筹山水林田湖草等保护类要素以及镇村、产业、交通等发展类要素布局,合理优化国土空间开发保护总体格局。

根据存在的主要问题和国土空间总体格局,以自然地理格局为基础,统筹协调生态、农业、城乡空间,因地制宜形成乡镇开放式、网络化、集约型、生态化的国土空间保护与开发利用总体格局,彰显地方特色。明确优化调整国土空间布局的重点、方向,优化生态廊道、镇村体系、交通网络等空间结构,确定开发保护区域、轴带及重要节点,形成科学高效、适度有序的国土空间开发保护格局:以生态安全格局为基底,优化生态要素空间布局,保障生态空间系统性和完整性,促进自然生态系统稳定向好、生态质量和服务功能稳步提升,形成自然有机、蓝绿交融的生态空间。以保障粮食安全为目标,落实永久基本农田和粮食主产功能区,引导种植结构调整,实现粮食和重要农产品的有效供给。大力推进现代农业,引导农业结构调整和布局优化,构建大美田园景观。以新型城镇化为核心,引导资源要素聚集,以城带乡、以工促农,优化镇村体系,调整农村产业布局,全面推进城乡融合、产城融合和农村一二三产业融合发展,增强农村发展活力,助推农业农村现代化。

结合全域国土空间总体布局发展要求,确定各类空间的规模、位置、范围和增减情况,制定国土空间布局优化调整的具体方案,提出建设用地指标来源,编制镇(乡)域国土空间功能结构调整表。涉及调整永久基本农田的,应按照面积不减少、质量有提高、生态有改善的原则提出补划方案。针对镇村空间布局、镇村等级结构与规模存在的问题,研究确定镇村发展调控策略,根据预测规划期末农村人口规模,结合农业产业发展布局,按照产城融合、产村相融的要求,确定镇村职能结构和规模等级,构建城乡融合发展的镇村体系规划路径。根据人口规模、区位条件和发展趋势,细化完善县级村庄分类、布局优化和发展的指导要求。落实上级规划下达的城乡建设用地规模,统筹安排村庄建设用地指标。

基于碳达峰碳中和的目标,国土空间开发保护总体格局的优化和调控,可以以调控人地关系为手段,以空间规模、功能、结构、布局、效率调控为核心。空间规模调控是通过约束城镇空间、维持生态空间总体规模,并通过优化手段促进高质量发展;空间功能调控是在识别用地的碳源/碳汇功能基础上,评价用地向碳汇功能转化或碳源/碳汇功能降低/提升的合理性、可能性、可行性的基础上调节用地功能,如生态修复、土地复垦、植树造林;空间结构调控是以促进就近碳吸收为目的,通过控制碳源/碳汇功能用地比例来实现,如增加居住用地中附属绿地的比例;空间布局调控是以促进碳减排、碳增汇为目标的位置、形态控制,如通过工业用地与清洁能源用地的邻近分布提高清洁能源利用率,通过居住用地与公共设施用地的邻近分布减少时空距离摩擦,通过绿地中环、廊、楔的形态布置提升碳汇能力;空间效率调控是在空间规划中加强新技术、新能源、新手段的运用及多功能混合用地模式,以提高用地效率。

(2)三类空间格局

生态保护空间:基于生态安全和生物多样性的维护,顺应自然地理特征,增强河湖水系、耕地、森林等生态要素的衔接连通,构建由重要生态功能区、自然保护地和生态廊道等组成的生态空间格局,形成健康、完整、连续的绿色网络。

农业生产空间:综合分析地形地貌、水土光热特征和农田水利设施条件,结合本地粮食生产功能区和重要农产品生产保护区等农业空间的特点,因地制宜规划农业生产空间。

镇村发展空间:落实上级国土空间规划、县级村庄布局规划等成果,合理预测人口规模及城镇化水平,明确乡镇重点发展区域,合理确定镇村体系。

根据上位规划要求,结合自然地理格局、片区发展和国土空间适宜性分析,明确重点开发建设的区域、轴带及节点,构建结构明晰、目标明确、重点突出的国土空间总体格局。细化落实生态保护红线,划定永久基本农田保护线和城镇开发边界,确定"三区三线"结构关系。落实上位规划指标,以盘活存量为重点,结合增减挂钩、集体经营性建设用地入市等政策,明确用途结构优化方向,确定镇区(乡集镇)的定位和主要功能,制定镇(乡)域规划指标分解表。

在规划编制过程中需要注意,统筹好生产、生活、生态空间,注重"三生"空间的结构均衡、优化,加快形成节约资源和经济发展的空间格局;优化城镇存量空间,统筹城乡空间结构,确保城乡高质量发展,即统筹好城乡空间的结构供给,科学研判城乡人口的流动和产业发展的趋势,保障新城镇化和乡村振兴的一体化推进;多发挥国土综合整治的效能,处理好耕地保护与林地的关系,从长远战略高度保证粮食安全、巩固和提升生态系统的碳汇能力。

5.2.2.2 三线划定与管控

严格落实上级下达的生态保护红线、永久基本农田和城镇开发边界划定要求,并提出相应的管控措施与要求。

生态保护红线:严格落实市县规划下达的生态保护红线传导指标和要求,将生态保护红线落实到具体地块,并将指标分解至村庄,确保生态保护;红线面积不减少、落地准确、边界清晰。落实国家公园、自然保护区、自然公园等自然保护地规模、边界和管控要求。

永久基本农田保护红线:严格落实市县规划下达的永久基本农田传导指标和要求,将永久基本农田落实到具体地块,并将指标分解至村庄,确保布局稳定、边界清晰。

城镇开发边界:包括镇区(乡集镇)等集中建设区域,已建成较完善镇村基础设施或有城镇建设重大项目需求的乡政府驻地可划入城镇开发边界,明确布局、规模和管控要求。

可根据资源特征和管控需要,划定其他控制线。如:划定河湖水域岸线、历史文化资源保护、林业保护、地质灾害避让、矿业开发、耕地后备资源开发、市政廊道、交通廊道等控制线,明确具体管控措施及要求。

5.2.2.3 规划分区与国土空间功能结构调整

(1) 规划分区:落实上级国土空间确定的规划分区和管控要求。规划期末镇区(乡集镇)常住人口规模在3万人以上的乡镇可将城镇集中建设区进一步细分至居住生活区、商业商务区、综合服务区、工业发展区、物流仓储区、绿地休闲区、交通枢纽区和战略预留区等规划分区。

(2) 国土空间功能结构调整:落实上级国土空间规划控制指标,制定国土空间功能结构调整方案,明确国土空间功能结构调整和优化的重点、方向及时序安排,制定乡镇国土空间功能结构调整表。

规划分区应落实上级国土空间规划要求,对本行政区域国土空间保护开发作出综合部署和总体安排,应充分考虑生态环境保护、经济布局、人口分布、土地利用等因素。

对所有分区分类实施用途管制,城镇开发边界、村庄建设边界内的建设活动,实行"详细规划+规划许可"的管制方式。在城镇开发边界外尚未编制村庄规划区域,建设活动应按照"约束指标+分区准入"的管制方式进行管理。规划应明确各分区的具体管控措施。城镇开发边界内:应根据城镇社区生活圈服务半径以及干道、河流等自然地理界线,结合管理边界以及开发时序,合理划定详细规划编制单元,明确单元公共服务设施配置要求、开发强度和高度等风貌管控要求;城镇开发边界外:乡镇可因地制宜,结合县域村庄分类布局成果,制定乡镇内实用性村庄规划编制单元,提出规划传导要求,将规划目标、规划分区、重要控制线、要素配置、风貌管控等规划内容传导到村庄,并结合乡村社区生活圈构建提出公共服务设施、道路交通设施、公用设施和农业产业服务设施共建共享的相关要求。不编制规划的村庄应在乡镇国土空间规划中制定国土空间用途管制规则、建设管控和人居环境整治要求,保证乡村建设有规可依。

对空间布局的供给优化可以促进传统生活方式向绿色、低碳、安全、舒适的生活方式转变,其在空间规划中的具体行动落实表现为镇(乡)域、镇区(乡集镇)用地布局和镇村体系的构建。对应国土空间规划阶段任务,空间布局的优化应在增量时代和存量时代同时存在,以推动形成多中心、组团式、网络化、集约型的镇村空间格局,优化镇区(乡集镇)空间增长模式,防止无序蔓延;提升功能区的综合服务能力,缩短交通通勤距离;优化生命线工程设施布局,形成适度小型化、分散式与相对集中的模式,增强镇(乡)域的安全韧性,在节约集约和安全韧性中找到平衡;优化蓝绿空间和公共空间的布局,修复镇(乡)域生态系统,增加碳汇,提升宜居度;优化建筑空间组合,利用自然山水环境形成独特的城市风貌;顺应自然,优化局地小气候,形成通风廊道,减少城市热岛效应,构建屏障阻挡寒流,提高被动降低能耗需求的能力。在优化空间布局的基础上,全域覆盖划定分区,明确各分区的范围边界和面积。根据现行法律法规和相关政策规定,制定刚性与弹性相结合的分区管制规则,明确各分区的发展方向、主导功能、空间结构、管控方式和禁止性规定,建立正负面管控清单。

5.2.3 要素

"要素"中的规划编制内容包括"资源保护与利用""支撑体系"以及"乡村振兴与村庄建设"中的"产业发展指引",按照其特点,"资源保护与利用""产业发展指引"要素可归为"资源要素","支撑体系"要素可归为"设施要素",两类要素对应到乡镇国土空间规划的镇(乡)域层次。其中,资源保护与利用规划内容包括水资源、耕地资源、林草资源、矿产资源及历史文化资源;支撑体系规划内容包括公共服务设施、综合交通、市政基础设施、公共安全与综合防灾。各类乡镇在"要素"中的规划编制内容具有不同的特点。

5.2.3.1 资源保护与利用

按照山水林田湖草系统保护要求,分类梳理自然资源利用特点和问题,按照市县规划确定的保护目标,深化细化各类自然资源要素的管控边界、保护范围,提出管控措施。

(1) 水资源:落实上级国土空间规划和相关专项规划确定的饮用水水源保护区、地下水源涵养区、河湖水域及其岸线、水土流失重点防治区等水生态保护区,明确保护范围和要求。明确省级以上湿地公园保护范围,提出保护与管控要求。合理安排农业灌溉水渠、输水渠道落实蓄滞洪区、行洪通道位置、规模特征等要求。

(2) 耕地资源:落实上级国土空间规划的要求和耕地保护任务,优化耕地布局,重点保护集中连片的优质耕地,明确具备整治潜力的区域以及耕地补充的区域,提出耕地后备资源开发利用时序,落实划定永久基本农田储备区,制定永久基本农田保护、耕地占补平衡的实施措施。合理安排农业结构调整,尽量避免减少耕地的农业结构调整。

(3) 林草资源:落实上级国土空间规划和相关专项规划的要求,明确森林覆盖率、林地保有量、草地保有量等指标。落实划定上级国土空间规划确定的天然林、公益林等林地保护区以及草地集中保护区,提出保护要求。

(4) 矿产资源:落实上级国土空间规划和相关专项规划的要求,落实重要矿产资源保护和开发的重点区块,并细化相应的保护和控制措施。合理控制主要矿产资源开发总量,统筹优化开发利用空间布局,避让生态环境敏感区域,加强与三条控制线的衔接,划定开采项目位置。落实矿山企业改造升级、绿色矿山建设、地质环境生态修复治理的目标与要求,促进矿产合理开发利用和减少对生态环境的负面影响。

（5）历史文化资源:依据上级国土空间规划和相关专项规划梳理的历史文化资源保护名录,落实历史文化名镇、历史文化名村、传统村落的保护控制范围和保护要求,严格落实划定历史文化保护线,提出历史文化保护线管控要求。对特色村镇和历史街巷、传统民居等,明确保护利用措施,提出历史文化资源功能复兴、活化利用的基本策略和目标要求。

5.2.3.2　支撑体系

（1）公共服务设施

乡镇域层面,梳理分析现状公共服务设施建设情况,落实上级国土空间规划确定的区域公共服务设施,根据常住人口和服务人口的总量和结构特征,结合镇村体系布局,确定全域公共服务体系,合理确定文化、教育、体育、医疗卫生、社会福利等公共服务设施的配置标准、数量和布局原则。

镇区（乡集镇）层面,确定公共服务设施用地总量和比例,明确各级公共服务设施的配置标准和布局,提出重要文化、教育、体育、医疗卫生、社会福利等设施的选址和用地控制要求。

确定乡村公共服务设施配置原则,结合实际情况提出配置村委会、小学、幼儿园、文化站、老年活动中心、村级体育活动站（室）、健身场地、村医疗卫生机构、村养老设施等满足村民日常生活需求的服务设施配置标准和要求。

工业主导型、旅游带动型的乡镇,可根据实际发展需求,结合县级公共服务设施配置标准适度超前配置。

（2）综合交通

乡镇域层面,梳理现状交通系统的发展状况,落实上级国土空间规划及相关专项规划要求,提出综合交通发展目标,合理构建全域综合交通体系。落实铁路、公路、机场、港口等重大交通廊道和设施的空间布局及控制要求;完善乡镇道路网布局,强化镇区（乡集镇）与村庄、村庄间的道路连通,明确主干路的等级、走向、宽度等要求,合理配置相应的公交站场（点）等交通设施。

镇区（乡集镇）层面,明确道路交通网结构和密度,划分道路等级,确定主干路、次干路和支路走向、红线宽度、道路断面形式等,合理布局公交站场（点）、客运站、社会公共停车场等交通设施;有条件的乡镇可以提出慢行系统规划原则和指引。

工业主导型乡镇道路交通应强化与区域交通网络的联系,打造高效便捷的交通、物流通道。旅游带动型乡镇,结合旅游线路设置旅游交通引导标识、步游道、驿站、公共停车场、观景平台等配套设施。

（3）市政基础设施

落实上级国土空间规划确定的基础设施和廊道规划要求,结合现状基础设施布局,按照"共建共享"的原则,统筹安排乡镇域范围内给水、排水、电力、电信、燃气、环卫等各类公用设施的建设标准、空间布局和管控要求。对重要的市政生命线廊道进行预留和管控。确定镇区（乡集镇）各类市政基础设施及工程管线的布局,因地制宜推进海绵城镇建设。

给水：确定给水水源，选择集中统一或独立分片的供水模式；优先选择水质良好、水量充沛、安全可靠、经济合理、运行管理和维护方便、便于卫生防护的水源。供水设施应结合区域实际统筹安排，有条件时，应实现城乡一体化供水及规模化集中式供水工程，提倡区域供水、联网供水。

预测需水总量，布置给水管网，确定给水设施的布局、规模，提高供水应急保障能力。用水量指标应根据当地国民经济和社会发展、水资源充沛程度、用水习惯，在现有用水定额的基础上，参考《镇（乡）村给水工程规划规范》(CJJ/T 246)及《室外给水设计标准》(GB 50013—2018)等现行规范标准，本着节约用水的原则，综合分析确定。

排水：确定排水体制，划分排水分区，布局污水管网及处理设施；排水体制原则上应采用雨污分流制。现有合流制排水系统，有条件的应实施雨污分流改造；暂时不具备雨污分流条件的，应采取截流、调蓄和处理相结合的措施。

确定污水处理标准，加强对再生水的合理利用，对污泥进行无害化、稳定化处理。采用海绵城镇理念，合理布局雨水管道（沟渠）及调蓄设施。有条件且位于城镇污水处理厂服务范围内的乡镇，应建设和完善污水收集系统，将污水纳入城镇污水处理厂集中处理；位于城镇污水处理厂服务范围外的乡镇，应联合其他乡镇或单独建设污水处理设施。

城镇集中建设区的雨水宜由管渠收集后自流排出。地势平坦、河（湖）水位较高的地区，可结合周边农田防洪、排涝和灌溉等要求，利用现有池塘、水体、湿地等设置蓄涝区。排水系统规划应与防洪排涝工程规划、道路竖向规划、绿地（海绵）系统规划充分协调，降低规划区内涝风险。基础设施建设应综合考虑雨水径流量的削减，推广采用低影响开发技术，鼓励采用透水性铺装、修建下凹式绿地等海绵城市建设理念降低径流系数。

电力：落实上级国土空间规划中确定的电厂、35 kV及以上变电站、高压走廊的建设标准、规模及用地管控要求。预测用电需求，布局中低压电力线路和变电设施。采用单位建设用地负荷指标法、人均用电量法和增长率法等进行电力负荷预测，多种方法相互校核；合理设置变电站、开闭所、环网单元、变配电室等，落实容量配置、用地管控及建设标准；设置电力走廊保护区，合理控制预留；高压电缆线路需预留电力通道或综合管廊。

电信：通信工程规划应遵循统筹规划、合理布局、远近结合、适当超前、优化配置的原则。对固定电话、固定宽带、移动电话、移动基站、有线电视用户终端等进行预测；落实电信局所、有线电视分前端、邮政局所等通信设施的容量配置、用地管控要求及建设标准；合理设置通信线路，宜采用通信综合管道下地敷设；落实通信设施布局、用地规模及建设要求；落实5G基站等新型基础设施建设。

燃气：根据周边气源条件，确定供气方式。预测燃气需求总量，布局燃气管道，明确门站、供气储备站等燃气站场的供气规模、占地面积。提出对燃气管道及燃气站场的安全防护要求。

环境卫生：建立垃圾分类收集、运输、处置体系，推进垃圾处理无害化、减量化和资源化。落实上级国土空间规划确定的垃圾处理设施。明确垃圾转运站、公共厕所等主要环境卫生设施布局、建设标准及用地管控要求。

环境保护和环卫规划应确定区域生态环境保护与优化目标，提出污染控制与治理措施。山区要提出保护生态和合理利用山地的措施；沿海地区要制定保护海洋环境的措施。

区域空气环境质量、地表水环境质量、地下水环境质量、海洋水环境质量、噪声环境质量、土壤环境质量规划控制应符合相关现行国家标准。

(4) 公共安全与综合防灾

基于灾害风险评估,根据上级国土空间规划和相关专项规划的要求,确定公共安全与综合防灾目标与设防标准,各类防灾减灾救灾设施(防洪、排涝、抗震、消防、人防、地质灾害防治、防疫等)的规划原则、布局要求及防灾减灾措施;确定镇区(乡集镇)各类防灾设施和应急保障设施布局及主要疏散通道。

5.2.4 单元

"单元"中涉及的内容包括"乡村振兴与村庄建设"(村庄建设引导、村庄风貌引导)、"国土综合整治与生态修复"(国土综合整治与更新、生态保护与修复)以及"规划实施"(单元详细规划指引、单元管控要求、近期安排、实施保障)。开展"单元"部分的规划编制内容,首先需在镇(乡)域范围内划分编制单元,编制单元包括城镇开发边界内的城镇(乡集镇)编制单元和城镇开发边界外的村庄编制单元。参照详细规划中总图图则编制形式,对编制单元进行规划指引,并确定单元性质、单元各类量级指标、单元发展定位,将各指标内容进行统筹并统一管控。

5.2.4.1 划分目的及意义

在城镇开发边界内,划分详细规划单元;在城镇开发边界外,按村庄规划编制方案,以一个或多个村庄联合编制"多规合一"的实用性村庄规划,并明确向下位规划传导的刚性与弹性内容与要求。所有乡镇原则上要将乡镇国土空间总体和城镇集中建设区详细规划合并编制,分步报批;鼓励有条件的乡镇将城镇集中建设区外的村庄规划一并编制,分步报批。

5.2.4.2 划分原则

城镇开发边界内的城镇编制单元,单元划分原则上遵循现行控规编制单元的划分,同时应以功能为导向,根据15分钟生活圈、公共服务半径以及干道、河流等自然地理界线,结合街道管理边界及近远期开发时序,研究单元划分的合理性并进行适当调整。独立产业园区,依据需要可单独作为一个规划管控单元。

城镇开发边界外的村庄编制单元,以一个或若干个行政村为单元划分单元,单元划分应以国土空间规划用途分区、村庄分级分类体系、自然地理要素、社会经济联系、地域历史文化等为依据确定。

5.2.4.3 城镇(乡集镇)编制单元规划指引

(1) 社区生活圈构建

社区生活圈以城镇(乡集镇)开发边界可划分为城镇社区生活圈与乡村社区生活圈。

城镇社区生活圈:可构建"15 min、5~10 min"两个社区生活圈层级。15 min 层级宜基于街道、镇社区行政管理边界,结合居民生活出行特点和实际需要,确定社区生活圈范围,并按照出行安全和便利的原则,尽量避免城市主干道、河流、山体、铁路等对其造成分割。该层级内配置面向全体城镇居民的服务要素,确保内容丰富、规模适宜;5~10 min层级宜结合城镇居委社区服务范围,配置城镇居民日常使用,特别是面向老人、儿童的各种服务要素。

(2) 人口与城镇化进程

分析人口现状、人口结构、人口流动规律等因素,合理预测城镇(乡集镇)编制单元户籍人口和常住人口规模,进一步分解乡镇政府驻地人口规模,确定划定单元人口结构及城镇化进程。

(3) 单元详细规划指引

城镇(乡集镇)开发边界内为城镇(乡集镇)编制单元,如图 5.2 所示,须明确以下内容:

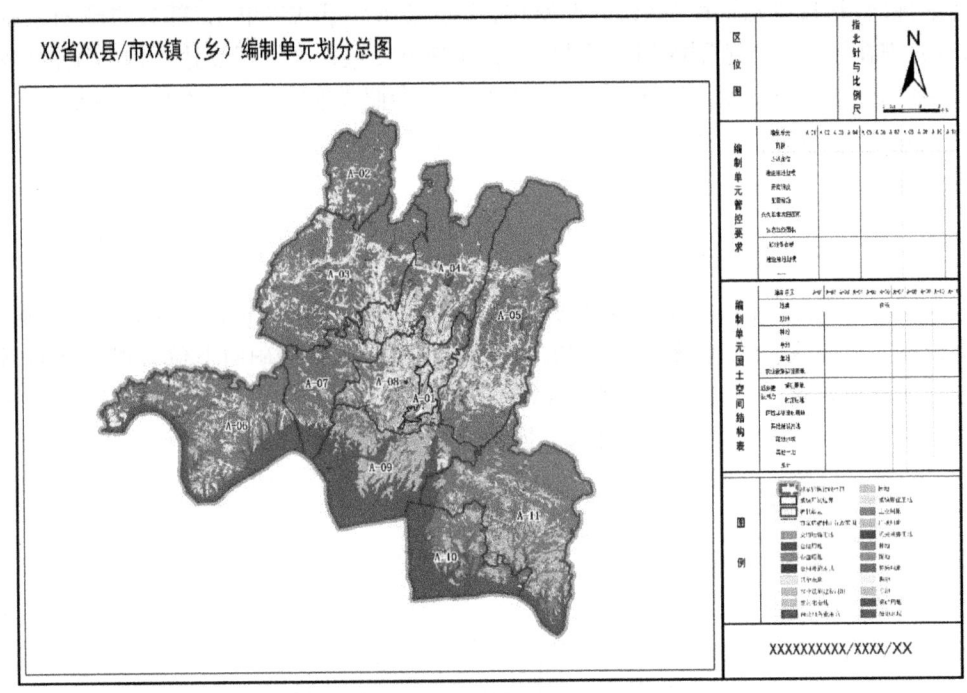

图 5.2　编制单元划分总图

① 单元四至边界、面积;
② 功能定位;
③ 建设用地规模、开发强度;
④ 公共服务设施、市政基础设施、绿地开敞空间、防灾避难场所规划要求;
⑤ 黄线、绿线、蓝线、紫线、橙线的管控边界及要求等。

(4) 国土综合整治与生态修复

建设用地综合整治:在集中建设区内对存量建设用地和低效建设用地进行梳理,明确可更新改造区域的位置、规模、范围和功能指引。

后备土地资源开发:在不破坏生态环境的前提下,慎重开发后备土地资源,因地制宜确定盐碱地、沙地、其他草地等未利用地开发的用途和措施。

5.2.4.4 村庄编制单元规划指引

（1）社区生活圈构建

社区生活圈可根据城镇（乡集镇）开发边界划分为城镇社区生活圈与乡村社区生活圈。

乡村社区生活圈：可构建"乡集镇、村/组"两个社区生活圈层级，强化县域与乡村层面对农村基本公共服务供给的统筹。乡集镇层级宜依托乡集镇所在地，统筹布局满足乡村居民日常生活、生产需求的各类服务要素，形成乡村社区生活圈的服务核心。县城可在完善自身服务要素配置的同时，强化综合服务能力，实现对周边乡集镇的辐射；村/组层级宜依托行政村集中居民点或自然村组，综合考虑乡村居民常用交通方式，按照 15 min 可达的空间尺度，配置满足就近使用需求的服务要素，并注重相邻村庄之间服务要素的错位配置和共享使用。

（2）单元详细规划指引

城镇（乡集镇）开发边界外为村庄编制单元，原则上以一个或若干个行政村为一个编制单元，须明确以下内容：

① 单元范围、面积：以上位国土空间总体规划确定的乡镇建设用地规模为基本依据，结合乡镇发展目标、现状用地规模、产业发展要求，合理分解乡镇政府驻地、各行政村建设用地规模。

② 村庄分类：综合考虑村庄区位条件、发展现状、资源禀赋、风俗习惯等，准确把握村庄特征和发展需要，在充分征求乡镇政府、相关部门意见的基础上，科学确定村庄分类和布局。将具有产业基础、发展潜力或规模较大的村庄，确定为集聚提升类村庄；将城镇开发边界内及紧邻城镇开发边界的村庄，确定为城郊融合类村庄；将历史文化名村、传统村落、国省级一村一品示范村、特色景观旅游名村等特色资源丰富的村庄，确定为特色保护类村庄；将位于生存条件恶劣、生态环境脆弱、自然灾害频发以及存在安全隐患等地区的村庄，因重大项目建设需要搬迁的村庄，以及人口流失特别严重的村庄，确定为搬迁撤并类村庄；其他村庄，确定为整治改善类村庄。要根据不同村庄的类型，优化村庄布局，划定各个村庄的建设实体边界，严禁在边界外进行宅基地建设，统筹安排乡村地区基础设施和公共服务设施。乡镇行政区域内的村庄居民点，按照职能和集聚规模分为乡集镇、中心村和基层村三级。

③ 村庄人口规模：分析人口现状、人口结构、人口流动规律等因素，合理预测村庄编制单元户籍人口和常住人口规模，进一步分解各行政村人口规模，确定划定单元人口结构及城镇化进程。

④ 永久基本农田、生态保护红线、耕地保有量、建设用地规模等约束性指标。

⑤ 永久基本农田、生态保护红线、天然林、公益林、水源保护区、村庄建设边界、历史文化保护等控制线的边界及管控要求。

⑥ 盘活存量：根据村庄人口变化、村庄建设与空心化状况、未来发展前景等，调整优化村庄用地布局，有效利用农村零星分散的存量建设用地，盘活低效用地。

⑦ 对住宅的建筑层数、建筑高度、建筑密度、建筑退让等控制要求,对建筑风格、色彩、朝向、选材等提出建设指引要求。

⑧ 对建设用地的容积率、建筑密度、建筑高度、绿地率、建筑退让等控制要求,对建筑风格、色彩、选材等提出建设指引要求。

⑨ 服务设施用地的建筑层数、建筑高度、建筑密度、建筑退让等控制要求,对建筑风格、色彩、朝向、选材等提出建设指引要求。

⑩ 公共服务设施、市政基础设施的布局原则和配置标准等:落实上位规划对村庄配套设施的配置,并结合村庄人口规模、设施服务半径、村庄现状服务设施等,完善公共服务、综合交通、市政设施、公共安全、综合防灾等配置。

⑪ 村庄风貌:细化落实上级国土空间规划提出的城乡总体风貌指引和管控要求。注重对田园景观、乡土特色、历史文化的挖掘,结合乡镇地形地貌、山水格局特色,确定村庄风貌引导总体要求,并对村庄布局形态、建筑风格、体量、色彩提出引导。

(3) 国土综合整治与生态修复

落实上级国土空间规划及相关专项规划的要求,明确农用地综合整治、闲置低效建设用地整治、矿山地质环境整治、乡村国土绿化美化等重点任务的目标、区域和内容,提出整治对策和措施,并对近期整治更新项目进行空间落位。

农用地整治:落实上位规划及相关专项规划的农业空间综合整治要求,明确农业空间综合整治与修复的目标任务、主要内容、整治区域及其整治对策和措施,并进行空间落位。顺应发展现代农业和适度规模经营需要,统筹推进高标准农田建设、耕地提质改造、低效林草地和园地整理、农田基础设施建设、污染土壤修复等,集中连片改良提升农田,增加耕地数量,提高耕地质量,改善农田生态。明确农用地整理项目的建设规模、新增耕地、建设时序、涉及区域等内容。

闲置低效建设用地整治:按照土地节约集约高效利用的要求,统筹布局农房建设、产业发展、公共服务、公益事业、基础设施、生态保护等各项建设用地。通过建设用地整理,以现代化新农村的标准,规划安排配齐基础性、公益性设施,明确建设用地整理项目的建设规模、新增耕地、建设时序、涉及区域等内容。做好建设用地增减挂钩安排。有序实施乡村宅基地、工矿废弃地整理和空心房、空心村整治以及其他低效闲置建设用地整理,明确腾退建设用地的规模和位置,明确安置建新和节余指标的规模、布局及用途;节余建设用地指标优先用于农村新产业新业态融合发展用地,或用作农村集体经营性建设用地安排;对于节余指标用于本地今后长远发展,而目前无明确开发意向的可进行指标预留或用途"留白"。经乡村民主决策后纳入交易的建设用地节余指标,由县市统筹管理。在建设用地整治中,注重保护好历史文化村落、传统建筑、街巷空间等。

矿山地质环境整治:以重要生态功能区及居民生活区历史遗留矿山治理为重点,修复主要交通沿线、景区周边矿山,推进绿色矿山建设,加大植被破坏严重、岩坑裸露矿山的复绿力度,提高地质灾害风险防范能力。

乡村国土绿化美化:优化调整生态用地布局,保护和恢复乡村生态功能,维护生物多样性,提高防御自然灾害能力,保持乡村山水和农业景观。构建良性田园生态系统,打造种养结合、生态循环、环境优美的田园生态模式。

生态保护与修复：落实上级国土空间规划及相关专项规划要求，明确生态保护与修复的目标、任务、区域和主要内容，提出生态保护与修复的对策和措施、重点项目等，并对重点项目进行空间落位。严格实施生态脆弱区的禁采、禁伐、禁渔、禁猎，大力推进废弃、退化、污染、损毁土地的治理、改良和修复。确定水环境综合治理目标，确定水体保护等级和要求，改善水体生态功能。明确允许开采的矿权范围，划定矿山修复地区的空间范围，提出修复对策和措施。根据生态区位、生态脆弱性等研究生态公益林地保护等级和措施，落实需要腾退还绿、退耕还绿的造林地块。明确地质灾害隐患点的空间位置，提出整治修复的措施和要求，落实需要搬迁的建设用地。按照山水林田湖草系统治理的要求，明确坑塘水面、沟渠、溪流、湿地等水域湿地修复范围，明确水土流失、防护造林等山体修复范围。结合乡村人居环境整治等，优化调整生态用地布局，保护和恢复乡村生态功能，提高防御自然灾害的能力，保持乡村自然景观和农村风貌。重点规划省级以上自然保护区、省级以上风景名胜区、县级以上城市规划区等重要居民集中区周边，以及高速铁路、高速公路、国道、省道等重要交通干线及重要河湖岸线直观可视范围内的废弃露天矿山区域，特别是那些存在视觉污染、水土流失严重或容易引发地质灾害的区域。严格控制切坡建房。明确生态保护修复项目的建设规模、新增耕地、建设时序、涉及区域等内容。

5.2.5 地块

"地块"对应规划编制内容中的"镇区（乡集镇）规划"，包括用地布局、绿地系统与开敞空间、住房建设与人居环境、"四线"控制、风貌指引等编制内容。各类乡镇在其中的规划编制内容具有不同的特点。

（1）现状用地

根据现场调研情况，结合地形地貌、工程地质、水文及其他相关因素，开展镇区建设用地评定。对镇区历史演变、人口情况、土地利用、基础设施、空间形态和景观风貌等现状情况进行评估，综合研判镇区（乡集镇）建设存在的主要问题，提出相应的规划对策或思路。

（2）用地布局

综合考虑安全、绿色、集约发展和功能完善要求，优化用地布局，明确建设用地总量和用地结构调整方向，合理确定各类用地的比例，为应对发展的不确定性，适当考虑留白用地。规划用地分类以一级类为主，其中工矿用地、重要的公共管理与公共服务设施用地、交通运输用地、公用设施用地、绿地与开敞空间用地可细分至二、三级类。针对前期分析评估发现的问题，提出设施配套、风貌整治和其他新改扩建等重点规划内容。结合用地条件和未来发展需要，合理设置弹性空间。提出土地用途转换导向，鼓励土地混合使用。用地的调整需立足存量，优先保障公共服务设施、交通设施、公用设施用地，保障乡镇安全和可持续发展，促进基本公共服务均等化，持续改进人居环境。综合考虑建设现状、经济社会发展、资源禀赋、类型特征，明确用地结构调整方向，合理确定主要用地类型的比例结构。落实"《湖北省县级国土空间总体规划编制导则》优化山水林田湖草等保护类要素以及城乡、产业、交通等发展类要素布局，形成开放式、网络化、集约型、生态化的国土空间开发保护总体格局"的要求。镇区（乡集镇）用地布局及管控图如图5.3所示。

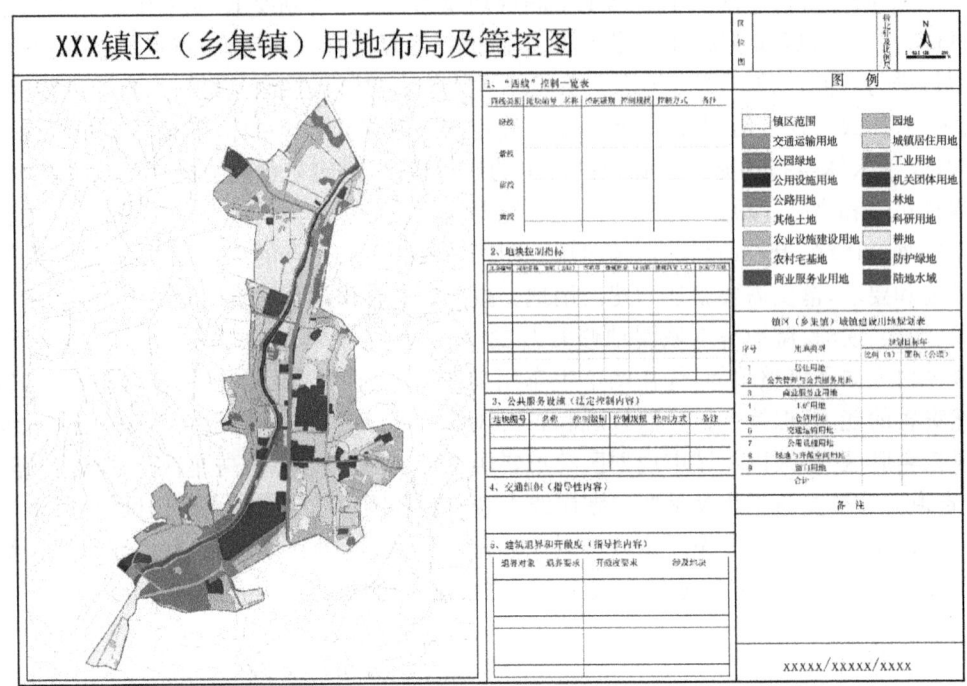

图 5.3　镇区(乡集镇)用地布局及管控图

(3) 公共服务设施规划

确定镇区(乡集镇)公共服务设施用地总量和比例，明确各级公共服务设施的配置标准和布局，提出重要文化、教育、体育、医疗卫生、社会福利等设施的选址和用地控制要求。乡镇级公共服务设施需按照全乡镇域服务人口核算，乡镇政府驻地人口规模较大、工贸产业发达、位于城市郊区、具有旅游发展潜力的乡镇，公共服务设施应根据实际发展需求适度超前配置。

(4) 交通规划

明确镇区(乡集镇)道路交通网结构和密度，划分道路等级，确定主干路、次干路和支路走向、红线宽度、道路断面形式等，合理布局公交站场(点)、客运站、社会公共停车场等交通设施；有条件的乡镇可以提出慢行系统规划原则和指引。

(5) 市政基础设施规划

落实上级国土空间规划确定的基础设施和廊道规划要求，结合现状基础设施布局，按照"共建共享"的原则，确定镇区(乡集镇)各类市政基础设施及工程管线的布局，因地制宜推进海绵城镇建设。

公共安全与综合防灾：基于灾害风险评估，根据上级国土空间规划和相关专项规划的要求，确定公共安全与综合防灾目标与设防标准，各类防灾减灾救灾设施(防洪、排涝、抗震、消防、人防、地质灾害防治、防疫等)的规划原则、布局要求及防灾减灾措施；确定镇区(乡集镇)各类防灾设施和应急保障设施布局及主要疏散通道。落实消防站、消防栓、消防通道、消防供水、防洪工程设施(防洪堤、防洪闸、排涝泵站等)、避震疏散通道、避难场地、人防工程等各项设施布局，明确各项设施的安全防护距离、用地和防控标准等。

(6) 住房建设与人居环境规划

合理确定居住用地规模和布局,保障人均住房面积。结合实际情况制定镇区(乡集镇)内旧村改造、危房改造、人居环境整治等计划,并提出建设时序。针对新建改建居住用地,提出容积率、建筑密度、建筑高度等开发强度控制要求。乡镇政府驻地居住用地规划布局应根据发展需求,选择低层、多层等不同住宅形式,相对集中布置,形成居住组团。

(7) 绿地系统与开敞空间

建立多层级的绿地系统,明确镇区(乡集镇)的绿地、重要水体等控制范围。优化绿地与开敞空间布局,提出绿地与开敞空间用地的总量和人均指标等要求,确定人均公园绿地面积。通过多种绿化和空间组合形式,构建尺度宜人、富有活力、具有传统文化特色的街巷、广场、公园和滨水等公共空间体系。推进公共空间与公共设施、市政设施的共用共享,提高公共空间利用效率。

(8) "四线"控制

根据国家有关规定,划定"四线"(绿线、紫线、蓝线、黄线),将防护绿地、大型公共绿地等划定为绿线,按照《城市绿线管理办法》管控;将公布的历史文化街区和历史建筑的保护范围界线划定为紫线,按照《城市紫线管理办法》管控;将江、河、湖、库、渠等地表水体保护和控制的地域界线划定为蓝线,按照《城市蓝线管理办法》管控;将对乡镇发展全局有影响的、必须控制的重大基础设施(交通、给水、排水、电力、燃气、环卫、电信、综合防灾等)用地范围划定为黄线,按照《城市黄线管理办法》管控。在"四线"控制的基础上,可提出重要交通廊道、公共开放空间、绿地周边区域、滨水周边、公共安全设施等相关的管控要求。

(9) 风貌指引

提出空间布局形态、开发强度、建筑风格、体量、色彩等方面的引导要求。注重对乡土特色的挖掘,结合各乡镇山水林田湖草整体形态格局,确定乡镇整体风貌特色定位与总体要求。挖掘当地特色,对镇区(乡集镇)的布局形态、建筑风格、建筑朝向、体量色彩提出统一引导要求;针对主要出入口、广场、公共空间、重要景观节点等标志性地段提出风貌指引和设计意向。镇区(乡集镇)内集约紧凑发展,引导居民集中居住,体现镇的舒适宜居。

5.3 不同类型乡镇编制要点

城郊融合类乡镇在目标定位上应突出其城郊服务功能,并积极融入城市的经济圈、生活圈和交通圈。在优化乡镇空间布局时,应保留一定的生产空间和生态空间,并在城市周边构建多样化的生态景观和农耕文脉,以形成城镇周边的绿色屏障,为城市发展预留弹性发展空间。在产业发展方面,应因地制宜发展农业观光、近郊休闲旅游等绿色产业,以满足城市的休闲和消费需求。同时,要重点考虑城乡产业发展的融合,以服务周边市县城区为主,主动承接城市的外溢功能。在设施建设方面,应实现与城镇基础设施的互联互通和公共服务的共建共享,为城市基础设施向乡镇的延伸做好规划预留。同时,应积极融入城市的辐射圈层,加强城乡基础设施的统筹发展等。建筑物的风格和高度应与毗邻城区相协调，强化门户节点和重点区域的建筑群落和景观环境设计，以体现视觉品质。

生态资源型乡镇应突出其自然生态和资源禀赋特征，主要体现在生态涵养与修复、自然遗产保护以及工矿生产等方面。在优化空间布局时，应注重提高生态空间的占比，并最大限度地保持山体、河湖水系、沙漠等自然形态的完整性。同时，应科学合理地安排工矿企业的布局。围绕健康疗养、休闲旅游等绿色产业，统筹自然资源的保护和内涵式开发利用。同时，要严格落实产业准入条件，并制定相应的生态保护措施。支撑体系应尽量补齐乡镇各类设施短板。

现代农业型乡镇应充分发挥其农业产业优势，突出农耕种植、畜禽养殖、林草养殖等方面的特色。稳定农林牧渔业等一产的空间占比，巩固高标准农田与改造中低产田建设、特色果林种植建设和高标准生态畜牧业建设。同时，强化用地的生态涵养保护，确保重大农牧业基础设施和现代农业发展用地的需求。同时推动农林牧渔产业与加工流通、文化旅游、信息产业的融合发展。在市政基础设施和公共服务建设方面，我们应注重补齐乡镇基本生活服务设施的短板，提升乡镇居民的生活品质。

工业主导型乡镇应在区域经济和产业体系中发挥重要的地位和作用。巩固和发展传统产业基础，引导产业进行转型升级，并打造具有特色的产业集群，引导工业企业向乡镇政府驻地或产业园区集中。同时，可以适当提高工业和商贸用地的比例，推动产城融合和职住平衡，提高交通物流效率，强化与区域公路、铁路、航空、港口等交通网络的联系，打造高效便捷的交通和物流通道。在设施建设方面，应注重提高宜居环境品质，建设与产业发展相适应的配套服务设施，提升居民的生活质量。乡镇的风貌应与乡村自然风光和田园景观相协调，积极践行绿色生产生活方式。同时，保持良好的生态环境和优美的乡村人居环境，为乡镇居民创造一个宜居、宜业的美好家园。

旅游带动型乡镇应充分体现其在历史发展、文化民俗、生态景观等方面的价值，围绕文物史迹、历史街区和历史建筑、自然人文景观等特色资源进行规划。在空间布局中，应顺应自然地形地貌，遵循既有街巷与公共空间，尊重建成区既有空间形态与肌理，以及其所依存的自然山水格局。同时，应深入挖掘本地自然、人文底蕴，体现地域特色，避免大拆大建，并为远期发展预留必要空间，合理增加特色产业、旅游服务配套设施用地。应根据旅游人口规模预测，合理确定道路交通、基础设施和公共服务设施标准。完善与旅游发展相适应的配套服务设施体系，合理规划游客服务中心、酒店、停车场、公厕等用地。同时，应合理组织旅游交通，提出旅游游线，以完善与旅游发展相适应的配套服务设施体系。

均衡发展型乡镇应严格落实上级国土空间规划，根据乡镇的资源禀赋、经济社会发展情况和发展意愿，合理确定其发展方向。在规划过程中，应尽量在现状基础上进行存量挖潜，原则上不新增建设用地。对于需要搬迁或撤并的乡镇，应考虑远期的用地选址。优化乡镇建设用地的布局和结构时，应预留乡村发展用地，确保乡村有充足的发展空间。结合乡镇的资源禀赋，产业发展应以现代农业和工贸服务为主，同时鼓励一二三产业的协同发展。应根据人口集聚和产业发展情况，优化道路交通网络。在现有基础上，合理配置各类基础设施和公共服务设施，提升居民的生活品质。

各类乡镇规划策略如表5.4所示，各类乡镇镇区规划及风貌指引如表5.5所示。

第五章 基于分类的湖北省乡镇国土空间规划编制要点

表 5.4 各类乡镇规划策略

乡镇类型	目标定位	空间格局	产业发展	支撑体系
城郊融合类	突出城郊服务，积极融入城市经济圈、生活圈、交通圈	优化乡镇空间布局，保留一定的生产空间、生态空间，在城市周边构建多样生态景观和农林文脉，形成城镇周边的绿色屏障，为城市发展预留弹性发展空间	因地制宜发展农业观光、近郊休闲旅游等绿色产业，满足城市休闲、消费需求。重点考虑城市产业发展融合，服务同周边市县城区为主，主动承接城市外溢功能	设施建设应与城镇基础设施互联互通，公共服务共建共享，为城市基础设施向乡镇延伸做好规划预留，积极融入城市辐射圈层，加强城乡基础设施统筹发展等
生态资源型	突出乡镇自然生态和资源禀赋特征，体现在生态涵养修复、自然遗产保护、工矿产生产等方面的作用	注重提高生态空间占比，最大限度保持山体、河湖水系、沙漠等自然形态的完整性。科学合理安排工矿企业布局	围绕健康疗养、休闲旅游等绿色产业，统筹自然资源保护和利用，严格落实生态产业准入条件，提出生态保护措施	支撑体系应尽量补齐乡镇各类设施短板
现代农业型	突出农业产业优势，体现在农林种植、畜禽养殖、林草养殖等方面的特色	稳定农林牧渔业等一产的空间占比，巩固高标准农田和高标准生态畜牧业、特色果林种植和高标准生态畜牧业建设，强化用地的生态涵养保护、保障重大农牧业基础设施和现代农业发展用地	农林牧渔产业发展上应拓展生产功能，推动与加工流通、文化旅游、信息产业融合发展	市政基础设施和公共服务建设方面，尽注重补齐乡镇基本生活服务设施短板
工业主导型	突出在区域经济和产业体系中的地位作用，产业发展应巩固传统基础，引导转型升级，打造特色产业集群	处理好乡镇政府驻地与产业园区的关系，引导工业企业向乡镇政府驻地或产业园区集中，适当提高工业和商贸用地比例，推动产城融合，职住平衡	重点考虑巩固现有优势，充分发挥产业园区的集聚带动效应，拓展上下游产业	道路交通应强化与区域公路、铁路、航空、港口等交通网络联系，打造高效便捷的交通、物流通道。积极发展商贸物流业，积极推进产贸结合。设施建设应注重提高宜居环境品质，建设与产业发展相适应的配套服务设施

续表5.4

乡镇类型	目标定位	空间格局	产业发展	支撑体系
旅游带动型	体现历史发展、文化民俗、生态景观等方面的重要价值，围绕文物史迹、历史街区和历史建筑、自然人文景观等特色资源，突出特色资源保护与开发利用，努力形成旅游综合带动的乡镇发展模式	顺应自然地形地貌，遵循既有街巷与公共空间，尊重建成区既有空间形态与肌理，以及其所依托的自然山水格局。深入挖掘本地自然、人文底蕴，体现地域特色。避免大拆大建，避免规划建设区域对原有空间格局和肌理的破坏。保护历史风貌，山水环境，传统建设格局等要素，为远期发展预留必要空间	正确处理好特色保护与发展要素的关系，提升文化旅游、商贸服务、特色加工等功能。根据特色资源保护与利用、人口与产业、等情况，合理增加特色产业、旅游服务配套设施用地	根据旅游人口规模预测，合理确定道路交通、基础设施和公共服务设施。完善与旅游发展相适应的配套服务设施体系，合理规划游客服务中心、酒店、停车场、公厕等用地；合理组织旅游交通，完善与旅游发展相适应的配套服务设施体系，提出旅游游线
均衡发展型	严格落实上级国土空间规划，根据乡镇的资源禀赋，经济社会发展、发展意愿等，合理确定乡镇发展方向	尽量在现状基础上进行存量挖潜，原则上不新增建设用地，搬迁撤并的乡镇需考虑远期的用地选址。优化乡镇建设用地布局和结构，预留乡村发展用地，保障乡村发展空间	结合乡镇资源禀赋，产业发展以现代农业和工贸服务为主，鼓励一二三产业协同发展	应按照人口集聚、产业发展等情况，优化道路交通，在现有基础上，合理配置各类基础设施和公共服务设施，提升生活品质

表 5.5　各类乡镇镇区规划及风貌指引

乡镇类型	镇区规划
城郊融合类	建筑风格、高度应与毗邻城区相协调,强化门户节点和重点区域的建筑群落和景观环境设计,体现视觉品质
生态资源型	新建建筑风格、色彩和高度应与周边生态环境协调,抓住山、水、村相依的特色,集中建设区内紧凑发展,形成现代宜居生态社区,集中建设区外形成山清水秀村秀美的乡村风貌
现代农业型	乡镇风貌应与乡村自然风光和田园景观相协调,积极践行绿色生产生活方式,保持生态环境良好,提升乡村人居环境的优美程度
工业主导型	住宅、厂房、综合办公楼、行政办公楼等功能性建筑,其风格、高度应与建筑功能相匹配,打造具有时代特色的产城融合风貌区,提高生态宜居宜业环境品质
旅游带动型	塑造城镇集中建设区特色风貌空间,完善旅游设施配套,营造主客体共享型设施。处理好古村镇保护与新村建设的关系,注重保护传统格局,历史风貌和山水环境,并为近远期发展留足必要空间
均衡发展型	按照集约适度、绿色发展原则,结合人口自然增长趋势,合理预测人口规模与用地规模。合理引导农村人口向乡镇政府驻地转移,加强公共空间、绿地空间建设,严格控制中高强度开发建设,空间上适度集聚,避免骑路式空间布局形态,避免超出地方实际的大规模开发建设。加强风貌管控,提升人居环境品质

第六章

湖北省乡村国土空间规划编制思路

6.1 乡村国土空间规划编制框架研究

6.1.1 国土空间规划体系中的乡村规划

习近平总书记在党的十九大报告中指出,实施乡村振兴战略,是解决新时代我国社会主要矛盾、实现"两个一百年"奋斗目标和中华民族伟大复兴中国梦的必然要求,具有重大现实意义和深远历史意义。乡村作为我国行政区划的重要基础单元,是实施乡村振兴战略的重要抓手。规划好未来的发展路径,以五大振兴带动我国乡村经济、人才、文化、生态、组织的发展,缩小与城镇之间的贫富差距,为最终实现产业兴旺、生态宜居、乡风文明、治理有效和生活富裕的乡村振兴战略总要求提供很好的指引。

"乡村"是指具有大面积农业或林业土地使用或有大量的各种未开垦土地的地区,其中包含着以农业生产为主,人口规模小、密度低的人类聚落。长期以来,作用于乡村这一地域的规划十分繁多,包括新农村规划、乡村土地利用规划、美丽乡村规划、村庄环境整治规划等等,各类规划通常聚焦于乡村的某一部分空间,规划内容之间存在矛盾冲突。关于"乡村规划"的概念没有权威的定义,在传统的城规中,《中华人民共和国城乡规划法》将"乡、村庄规划"解释为"对一定时期内乡、村庄的经济和社会发展、土地利用、空间布局以及各项建设的综合部署、具体安排和实施措施"[①]。

作为国家治理体系的重要组成部分,党的十八大以来,我国先后出台了一系列政策推动空间规划体系改革。党的十八届三中全会提出了"建立空间规划体系",以推进国家治理体系和治理能力现代化[②]。2015年《生态文明体制改革总体方案》提出整合各类规划,统一空间规划体系。2019年国土空间规划相关顶层设计陆续出台,中共中央、国务院印

[①] 李娜,刘建平. 乡村空间治理的现实逻辑、困境及路径探索[J]. 规划师,2021,37(24):46-53.
[②] 贾铠阳,乔伟峰,王亚华,等. 乡村振兴背景下村域尺度国土空间规划:认知、职能与构建[J]. 中国土地科学,2019,33(8):16-23.

发《关于建立国土空间规划体系并监督实施的若干意见》,明确了以国家级、省级、市级、县级、乡镇级五级,以总体规划、详细规划、专项规划三类构建国土空间规划体系。国土空间规划体系的构建更加强调全域国土空间的治理,乡村空间作为国土空间的重要组成部分,对全面构建国土空间规划具有重要意义①。目前关于各层级的国土空间规划已经形成了较丰富的理论和实践成果,相应的编制指南已经发布。但对于乡村这一地域的国土空间规划研究只有少量成果,从理论框架体系到规划实践都还不够完善。张立、李雯骐、张尚武在梳理国土空间规划与乡村振兴战略要求的基础上,提出乡村规划是一个体系,要区分管控、发展与建设,继而构建乡村规划体系②。陈小卉、闾海在国土空间规划体系建构的背景下,探讨乡村空间规划,并以江苏乡村地区的规划实践为实证研究案例,提出建立镇村布局规划和村庄规划的乡村地区空间规划体系③。由于长期偏向城市端的政策惯性,乡村的受重视程度不高,乡村空间规划理论体系现状整体呈现出起步晚、发展慢、发展水平低等问题。总体来说,乡村地域的国土空间规划仍处在前期摸索阶段,需要探讨和完善的空间还很大。

与其他省(市)相似,湖北省关于乡村地域的国土空间规划也处在实践探索阶段。2021年9月,湖北省自然资源厅发布了《湖北省村庄规划编制基本技术规程(试行)》《湖北省乡镇级国土空间总体规划编制导则(试行)》,为我省村庄规划、乡镇国土空间规划提供了思路框架,以宏观指导为主,如何更好地开展具体实践工作仍有很多问题需要研究。同时,乡村振兴相关工作已经全面铺开。作为乡村振兴的重要载体,国土空间布局如何为乡村振兴战略的实施提供有力支持,具有重要的现实意义。

6.1.2 乡村国土空间规划编制框架

在"五级三类"的国土空间规划体系中,国土空间规划体系中的乡村规划至少包括两个层面:一是国土总体规划阶段,结合土地用途管制,对城镇开发边界外的乡村区域进行宏观管控和引导,统筹县域层面的村庄布局;二是详细规划阶段,以一个或几个行政村为单位编制村庄规划④。国家级、省级、市级、县级、乡镇级"五级"国土空间总体规划中,不论是宏观层面的国家级、省级空间规划,还是中微观层面的市级、县级、乡镇级空间规划,各层级都包含引导乡村地区开发保护、管控建设等内容。各层级国土空间规划中关于乡村地区的规划编制内容通过规划目标、管控指标、规模以及边界等逐级向下传导,最终在村庄规划中得以实施。由于国家级、省级空间规划侧重战略性,对村庄规划编制的引导体现在发展目标及发展战略上;而市级、县级、乡镇级空间规划侧重实施性,在村庄规划编制中,应落实其关于村庄布局、空间管控、设施配套、产业布局等的各项要求。因此,市、县、乡镇三级空间规划是乡村规划的重点。

---

① 沈丹婷,盛鸣,李晨,等. 市县级国土空间规划传导体系构建研究[J]. 规划师,2021,37(10):41-48.
② 张立,李雯骐,张尚武. 国土空间规划背景下建构乡村规划体系的思考:兼议村庄规划的管控约束与发展导向[J]. 城市规划学刊,2021(6):70-77.
③ 陈小卉,闾海. 国土空间规划体系建构下乡村空间规划探索:以江苏为例[J]. 城市规划学刊,2021(1):74-81.
④ 秦学然. 国土空间规划背景下的皖北地区村庄规划评估与总结:以砀山县为例[J]. 城市建筑,2021,18(18):68-70,88.

全国国土空间规划重点在于相关政策的制定,包括乡村振兴战略、基本农田保护政策等;省级国土空间规划重点在于构建农业空间格局以及农业农村相关策略引导[1]。

市级、县级国土空间规划重点在于确定乡村地区国土空间格局,划定生态保护红线、永久基本农田等底线,明确县域村庄分类和整体布局、城乡建设用地比例结构。市、县级国土空间总体规划对村庄规划的指导,主要在于确定乡村地区国土空间格局,划定生态保护红线、永久基本农田等底线,明确县域村庄分类和整体布局、城乡建设用地比例结构。自然资源部发布的《市级国土空间总体规划编制指南(试行)》提出,在市级层面,生态修复方面要明确生态系统修复的目标、重点区域和重大工程,维护生态系统,改善生态功能;土地整治方面要提出农用地综合整治、低效建设用地整治等综合整治目标、重点区域和重大工程。同时,在市、县层级国土空间规划中,村庄分类是重要的工作。(《关于加强村庄规划促进乡村振兴的通知》中提到:力争到 2020 年底,结合国土空间规划编制在县域层面基本完成村庄布局工作,有条件、有需求的村庄应编尽编。)开展村庄分类研究,重点在于村庄类型的确定及分类方法。

在乡镇级国土空间规划中,要立足镇域统筹视角,落实村庄居民点布局,确定村庄建设的规模控制以及建设(引导)边界,提出村庄定位引导。乡镇级国土空间总体规划对于乡村规划的指导主要体现在:明确约束性指标和底线管控要求,统筹考虑全域村庄用地布局。通过农用地整理、生态修复,整合优化耕地、园林、林地等非建设用地布局,以"三调"确定的农村居民点边界为基础,通过拆旧复垦、城乡增减挂钩等建设用地整理手段,优化建设用地布局,划定村庄建设边界,明确农村住房、基础设施和基本公共服务设施、产业发展布局。规定村庄国土空间用途管制规则、建设管控和人居环境整治要求,可满足一般性村庄管控引导要求。

6.2 实用性村庄规划编制关键点

6.2.1 实用性村庄规划分类

6.2.1.1 村庄类型的划分

2018 年 9 月,中共中央、国务院印发的《乡村振兴战略规划(2018—2022 年)》提到:顺应村庄发展规律和演变趋势,根据不同村庄的发展现状、区位条件、资源禀赋等,按照集聚提升、融入城镇、特色保护、搬迁撤并的思路,分类推进乡村振兴,不搞一刀切。首次提出村庄的四种类型:集聚提升类、城郊融合类、特色保护类、搬迁撤并类[2]。

在《乡村振兴战略规划(2018—2022 年)》发布之后,涉及村庄规划的一系列文件,包括《关于统筹推进村庄规划工作的意见》、《关于进一步做好村庄规划工作的意见》以及湖

---

[1] 钱慧,裴新生,秦军,等. 系统思维下国土空间规划中的农业空间规划研究[J]. 城市规划学刊,2021(3):74-81.

[2] 裴欣,高宜程. 国土空间规划背景下的村庄规划发展方向研究:基于对九个省级村庄规划导则的分析[J]. 小城镇建设,2020,38(4):25-30.

北省《关于加快编制村庄规划促进乡村振兴的通知》,均是按照这四种类型进行划分,但是在 2019 年 5 月《湖北省乡村振兴战略规划(2018—2022 年)》中则提出:集聚发展、农耕传承、特色保护、搬迁撤并"四类"村庄分类。

与《乡村振兴战略规划(2018—2022 年)》中的"四类"相比,湖北省的文件中将集聚提升类与城郊融合类合并为一类,即集聚发展类,同时增加了农耕传承类(表 6.1)。

表 6.1 各政策文件对于村庄规划的分类

发布时间	国家及湖北省文件	村庄分类
2018 年 9 月	《乡村振兴战略规划(2018—2022 年)》	村庄分为集聚提升类、城郊融合类、特色保护类、搬迁撤并类
2019 年 1 月	《关于统筹推进村庄规划工作的意见》	延续集聚提升、城郊融合、特色保护、搬迁撤并的分类方式,并提出对于看不准的村庄,可暂不做分类
2019 年 4 月	湖北省《关于加快编制村庄规划促进乡村振兴的通知》	延续集聚提升、城郊融合、特色保护、搬迁撤并的分类方式
2019 年 5 月	《湖北省乡村振兴战略规划(2018—2022 年)》	村庄分为集聚发展类、农耕传承类、特色保护类、搬迁撤并类
2020 年 12 月	《关于进一步做好村庄规划工作的意见》	延续集聚提升、城郊融合、特色保护、搬迁撤并的分类方式,并提出集聚提升类等建设需求量大的村庄加快编制,城郊融合类的村庄可纳入城镇控制性详细规划统筹编制,搬迁撤并类的村庄原则上不单独编制

结合湖北省作为农业大省的长期村庄发展规律及特点,建议在国家分类标准上新增"农耕传承类"村庄,在对村庄类型开展研究时,按照五类进行划分:集聚提升类、城郊融合类、农耕传承类、特色保护类、搬迁撤并类。

6.2.1.2 湖北省五类村庄的特征

《乡村振兴战略规划(2018—2022 年)》提出了集聚提升、城郊融合、特色保护、搬迁撤并四类村庄的特点及编制导向。

集聚提升类村庄:现有规模较大的中心村和其他仍将存续的一般村庄,占乡村类型的大多数,是乡村振兴的重点。科学确定村庄发展方向,在原有规模基础上有序推进改造提升,激活产业、优化环境、提振人气、增添活力,保护保留乡村风貌,建设宜居宜业的美丽村庄。鼓励发挥自身比较优势,强化主导产业支撑,支持农业、工贸、休闲服务等专业化村庄发展。加强海岛村庄、国有农场及林场规划建设,改善生产生活条件。

城郊融合类村庄:城市近郊区以及县城城关镇所在地的村庄,具备成为城市后花园的优势,也具有向城市转型的条件。综合考虑工业化、城镇化和村庄自身发展需要,加快城乡产业融合发展、基础设施互联互通、公共服务共建共享,在形态上保留乡村风貌,在治理上体现城市水平,逐步强化服务城市发展、承接城市功能外溢、满足城市消费需求能力,为城乡融合发展提供实践经验。

特色保护类村庄:历史文化名村、传统村落、少数民族特色村寨、特色景观旅游名村等自然历史文化特色资源丰富的村庄,是彰显和传承中华优秀传统文化的重要载体。统筹保护、利用与发展的关系,努力保持村庄的完整性、真实性和延续性。切实保护村庄的传统选址、格局、风貌以及自然和田园景观等整体空间形态与环境,全面保护文物古迹、历史建筑、传统民居等传统建筑①。尊重原住居民生活形态和传统习惯,加快改善村庄基础设施和公共环境,合理利用村庄特色资源,发展乡村旅游和特色产业,形成特色资源保护与村庄发展的良性互促机制。

搬迁撤并类村庄:对位于生存条件恶劣、生态环境脆弱、自然灾害频发等地区的村庄,因重大项目建设需要搬迁的村庄,以及人口流失特别严重的村庄,可通过易地扶贫搬迁、生态宜居搬迁、农村集聚发展搬迁等方式,实施村庄搬迁撤并,统筹解决村民生计、生态保护等问题。拟搬迁撤并的村庄,严格限制新建、扩建活动,统筹考虑拟迁入或新建村庄的基础设施和公共服务设施建设。坚持村庄搬迁撤并与新型城镇化、农业现代化相结合,依托适宜区域进行安置,避免新建孤立的村落式移民社区。搬迁撤并后的村庄原址,因地制宜复垦或还绿,增加乡村生产生态空间。农村居民点迁建和村庄撤并,必须尊重农民意愿并经村民会议同意,不得强制农民搬迁和集中上楼。

结合《乡村振兴战略规划(2018—2022年)》对四类村庄的定位以及湖北省的特点,梳理五类村庄的特征,如表6.2所示。

表6.2 五种类型的村庄特征

村庄类型	特征
集聚提升类	中心集镇所在地村庄,现有规模较大的中心社区(中心村),以及距离集镇较远但资源禀赋优越、产业支撑较强、经济条件较好的经济强村
城郊融合类	城镇近郊区(包括县城城关镇所在地村庄、乡镇驻地型村庄)以及园区覆盖型村庄(位于经济开发区或工业、农业、服务业园区内,高校校内附近的村庄)
特色保护类	历史悠久、文化底蕴深厚、建筑风貌独特、自然山水资源丰富的村庄
农耕传承类	以传统农业生产为主,二、三产业较弱,尚无条件向中心社区(中心村)集中,但是仍将继续存续的一般村庄
搬迁撤并类	新型城镇化发展、重大项目建设、生态环境脆弱等需要搬迁的村庄,与中心社区紧邻的村庄,以及没有保留价值的"空心村"

6.2.1.3 湖北省村庄分类方法

虽然各类政策文件对于村庄类型定位及其分类发展策略进行了描述,但在村庄分类的具体依据或标准方面仍存在不足。特别是在新时代国土空间规划背景下,探索村庄分类基本原则与标准,能够有效支撑村庄分类工作,这对于编制村庄规划具有重大意义。

(1)研究现状

部分国内学者对于村庄的分类开展了研究,在《面向乡村振兴战略的村庄分类方法与实证研究》中,综合考虑村庄特色、生存环境、发展建设、区划位置、村庄功能及乡村振兴诉求,建立村庄分类模型(Village Classification Model,VCM),以明确分类工作流程,并进一步明确各个村庄在四大类22小类中的具体类别。将县域村庄逐一放入VCM,不同的

---

① 张晓蕾,张宝,陈燕杰,等. 江苏省特色保护类村庄规划与保护建议:基于典型村的调研[J]. 中国国土资源经济,2020,33(10):44-48.

"滤网"会根据村庄不同的特征将村庄类型筛选出来,达到村庄分类目的。根据村庄发展与保护的底线性、村庄类型判别的难易程度,按照特色保护类、搬迁撤并类、城郊融合类、集聚提升类的顺序进行序次识别[1]。在《沈阳市村庄分类布局策略探索》中,李宏轩、王丽丹、王晓颖等根据沈阳市自身的特点,将每大类村庄进行细分,并制定具有针对性和可操作性的发展策略引导内容,研究综合选取村庄基本条件、产业基础、地方特色和区位条件四个方面共35项能代表村庄发展水平与潜力的指标,采用赋值打分和遴选这一方式作为乡村分类和发展策略制定的重要参考[2]。同时结合生态敏感性和重要性分析等内容,按照最小干扰、不大拆大建和兼顾每个行政村发展机会的原则,划定乡村地区功能引导空间,用以引导乡村地区资源要素的合理利用及村庄发展方向的选择。

以上关于村庄分类的研究采用了不同的分类方法及指标体系,但综合来看,上述方法仍具有一定的局限性,特别是在生态文明新时代背景下,指标构建缺乏对于生态自然的考量。

(2) 五类村庄划分依据(表6.3)

表6.3 村庄分类依据表

一级类	定义	分类依据
集聚提升类	指现有规模较大的中心村和其他有较好的区位交通、产业基础、设施条件的发展前景较好的村庄	由原多个村合并而成的,用地、人口规模大的村庄;经济产业基础好,一产有优势或二、三产较强的村庄;区位条件好,交通非常便利的村庄;公共服务设施完善、服务于周边的村庄,如有完小、幼儿园等;国家、省相关试点示范的村庄
城郊融合类	指城镇开发边界外的城市近郊区以及县城城关镇所在地的村庄	靠近城镇开发边界或与城镇开发边界相交,或位于城镇未来拓展方向上的村庄;承接城镇外溢功能,共享城镇设施的村庄
特色保护类	指历史文化名村、传统村落、少数民族特色村寨、特色景观旅游名村等特色资源丰富的村庄	历史文化名村;传统村落;少数民族特色村寨;特色景观旅游名村;自然历史文化特色资源丰富且需重点保护发展的村庄
搬迁撤并类	指位于生存条件恶劣、生态环境脆弱、自然灾害频发以及生态保护重要性高等地区的村庄;人口流失特别严重或因重大项目建设需要局部或整体搬迁的村庄	项目建设迁建:因重大项目建设(如高速高铁、垃圾处理厂、火力发电厂等)需搬迁的村庄;生态保护迁建:因位于自然保护地、生态保护红线范围内,饮用水源核心保护区内等需要搬迁的村庄;安全威胁迁建:自然灾害多发、生存环境恶劣、受严重安全威胁需要搬迁的村庄
农耕传承类	指以农业生产为主、仍将存续的一般村庄	以农业生产为主,没有其他特色且规模较大的一般村庄

在开展村庄分类之前,应先根据五类村庄的特点,梳理各类村庄的划分依据。

① 集聚提升类村庄是五类村庄中最为普遍且数量最多的一类。根据村庄的中心性、边境性、可治理性等因素,将中心村、国有农场或林场所辖村庄纳入集聚提升类。对于发展相对稳定且具备集聚提升条件的其他村庄,我们也可将其纳入集聚提升类。

---

[1] 李裕瑞,卜长利,曹智,等. 面向乡村振兴战略的村庄分类方法与实证研究[J]. 自然资源学报,2020,35(2):243-256.

[2] 李宏轩,王丽丹,王晓颖,等. 沈阳市村庄分类布局策略探索[J]. 规划师,2020(增刊1):85-90.

② 城郊融合类村庄的划分可以根据村庄相对于城市群、都市圈、城镇规划区、县城城关镇、乡镇驻地、县级以上各类园区等城市及工矿区的区位特征,将不属于特色保护、无需搬迁撤并并且具备城郊融合条件的村庄划分为城郊融合类村庄。其他具备城郊融合发展条件或有必要纳入城郊融合类的村庄,也可纳入此类。

③ 特色保护类村庄是彰显和传承中华优秀传统文化的重要载体。其认定主要依据是否被列入历史文化名村、传统村落、少数民族特色村寨、特色景观旅游名村等名录。此外,对于其他具有历史文化底蕴、少数民族特色或旅游产业基础,并且经当地一致认为可纳入特色保护类的村庄,也可纳入此类。

④ 搬迁撤并类村庄的主要目的是解决村民生计、生态保护等问题。根据省市县有关部门对生存恶劣、生态脆弱、灾害频发、人口流失、重大项目等的具体界定标准,以及搬迁撤并的意愿程度,明确搬迁撤并类村庄的分类方法与方案。对于其他某些原因确实需要撤并搬迁的村庄,也可纳入此类。

⑤ 农耕传承类村庄是以农业生产为主、仍将存续的一般村庄,这类村庄不具备以上四类村庄的特点,在长时间内也一直会存在。可以将以农业生产为主,没有其他特色且规模较大的一般村庄纳入其中。

(3) 村庄规划分类指标

根据分类依据,以及新时代下国土空间综合整治的科学思维,将村庄分类指标划为五大类 28 小类。村庄分类应当首先依据生态文明建设的要求,以"双评价"机制为基础,考虑自然资源的整体布局情况。村庄规划分类的指标如表 6.4 所示。

表 6.4 村庄规划分类指标表

分类维度	具体指标	指标获取方式
自然资源	生态底线	"三线"(生态保护红线)
	自然资源分布	双评价
	生态敏感及重要性	双评价
	地形地质条件	双评价
	自然灾害	查阅资料
地方特色	风景名胜区或自然保护地	各级"风景名胜区"及自然保护地名录
	历史文化名镇名村	各级"历史文化名镇名村"名录
	文物保护单位、文物古迹或历史文化遗迹	"文物保护单位"名录
	非物质文化遗产、民族或民俗活动	查阅地方志等资料
	少数民族村落或少数民族民居特色程度	少数民族居民数量
	旅游业发展水平	旅游总收入及接待人数
区位条件	距离中心城区(县城、城关镇)开发边界的距离	查阅资料
	乡镇政府驻地村庄	查阅资料
	(产业)园区范围	查阅资料

续表6.4

分类维度	具体指标	指标获取方式
产业基础	特色种植业	产业总收入
	休闲农业项目	产业总收入
	工业、农贸业发展基础	知名品牌、项目、产值
	乡村旅游资源	查阅资料
基本条件	村庄定位(是否为中心村)	查阅资料
	农村户籍人口总数	查阅资料
	人口流失率及老龄化程度	查阅资料
	村内企业总收入	查阅资料
	农业总收入	查阅资料
	其他产业总收入	查阅资料
	人均宅基地面积	查阅资料
	人均耕地面积	查阅资料
	公共服务设施面积	查阅资料
	重大项目用地范围	查阅资料

(4) 以"山水林田湖"生态本底约束作为村庄类型划分的第一维度

村庄类型划分时坚持生态优先理念,首先明确底线约束的内容,保障山体、林地、河流湖泊、自然保护区、生态廊道等法定保护空间和生态保护区域的空间与功能的完整,摸清与生态底线冲突的村庄。结合生态底线约束、自然保护空间、生态敏感性和重要性等内容,以"双评价"为基础,根据"三区三线"的划分,自然资源条件以大量山体、林地资源为主,位于生态空间内核心保护区的村庄划为搬迁撤并类村庄。同时,生态空间内其他村庄根据生态环境保护的重要程度及村庄特色划为特色保护类。根据自然资源分布情况,以平原地貌、耕地资源为主的地区,再结合其他指标判定,考虑划入集聚提升类、农耕传承类以及城郊融合类。

(5) 定性与定量分析相结合划定村庄类型

① 除了生态本底这一维度,以下几类村庄应列入搬迁撤并类:一是位于塌陷区、洪水淹没区、高压走廊内的村庄;二是位于垃圾场站、污水处理厂周边的村庄;三是因机场、铁路等区域重大基础设施建设需求而需要拆迁的村庄。

② 根据地方特色这一指标维度进行判别,符合地方特色指标的村庄列入地方特色类。

③ 根据区位条件这一指标维度进行判别,依据乡村与城镇的相对位置,将中心城区集中建设区和各县城开发边界外围5 km范围作为城郊融合类村庄的布局范围。同时,将具备城乡共治条件,有成为城市后花园优势的村庄纳入城郊融合类。

④ 根据产业基础和基本条件进行定量判别,综合考虑村庄定位、人口规模、老龄化程度、村内企业总收入、农业总收入及其他产业收入、人均宅基地面积、公共服务设施面积等指标。将地理位置优越、资源禀赋较好、产业发展较强、村庄规模较大、生态环境优美及未来有持续发展动力,并有条件成为村庄发展示范带动标准和样板的村庄纳入集聚提升类;将未来仍将永续存留的规模较小、发展基础一般的农业型村庄纳入农耕特色类。

6.2.2 基础研究

6.2.2.1 传统村庄规划基础调研主要内容

传统村庄规划现状调查,会从自然环境、社会经济发展、历史文化、产业发展、村镇体系、综合交通以及基础设施和公共服务设施这几个方面来展开:

(1) 社会经济调查

主要包括近3~5年的户数、户籍人口、常住人口、流动人口、年龄结构,受教育程度及乡贤、乡村人才情况;民族构成及民族特色;集体收入、人均纯收入、村庄社会治理现状等。对于具有旅游功能的村庄还应当增加旅游资源、旅游人次和市场、旅游周期、旅游收入等内容。

(2) 自然环境调查

主要包括地形地貌、自然资源、生态环境、工程地质、地质灾害、洪涝灾害、水文气象等内容。

(3) 基础设施和公共服务设施调查

包括道路、供水、排水、电力、电信、环卫、防灾等基础设施和行政管理、教育、医疗、文体、社会福利、殡葬、商业等公共服务设施。

(4) 历史文化和风貌要素调查

主要包括详细了解村庄发展的历史脉络、文化背景、民俗风情、民族特色和历史文化积淀,包括村庄形态与整体格局、村庄肌理、历史文化资源点及历史环境要素、传统建筑、非物质文化遗产(如民族文化、民俗活动、礼仪节庆、传统表演艺术和手工技艺等)等。

(5) 产业调查

调查村域一、二、三产业融合发展现状及主导产业、特色产业、品牌产品、村集体产业类型和规模,农业、旅游等相关产业规划、产业政策。

(6) 建设需求调查

主要包括当地政府和农村村民的发展诉求,如新建住房的宅基地需求、拟发展的产业、拟建设的农村居民点的各类设施,需要的建设用地规模和空间布局意愿等。

6.2.2.2 基于"三调"的用地要素细化调研

新的时代背景下,村庄规划调研应当涵盖全村全域全要素的内容,特别是非建设用地,需要在"三调"基础上开展更为详细的调研。

结合上位规划中确定的整治区域,通过调研,进一步将整治任务、指标、布局落实到具体的地块。

结合湖北省《关于推进全域国土综合整治的意见》提到的"一治理四整治一绿化"工程,即乡村国土空间治理、农用地综合整治、闲置低效建设用地整治、矿山地质环境整治、农村环境整治和生态修复、乡村国土绿化美化的要求,全域国土综合整治指导下的村庄规划编制前开展基础调查时,应关注到土地利用的情况。在"三调"基础上进一步调查摸清各类用地现状和潜力[①]。对村庄复垦、拆旧潜力进行调查,包括可拆旧建新或复垦的闲置产业、公服、居民点位置、面积及现状等;对建筑环境进行调查,包括房屋用途、产权、建筑面积、建筑质量、结构、建筑色彩、建筑风格等(表6.5)。

表 6.5 村庄规划新增基础调研内容

全域国土综合整治指导下的村庄规划基础调研新增内容	
土地利用现状及潜力调查	包括农用地、闲置低效建设用地、矿山地质环境、污染土地、批而未用用地
土地权属调查	宅基地及集体建设用地权籍、农村地籍、农村土地承包经营权
农村环境调查	乡村国土绿化美化

(1)农用地整治潜力调查

结合上位规划,调查整治目标区域的坡度等级、地块规模、沟渠、田坎、农村道路、坑塘、坟地、零星地类的数量和分布。土地复垦潜力调查:可复垦为耕地的面积或系数,可复垦为其他农用地面积及其他限制性因素等(表6.6)。

在已有"三调"数据基础上补充调查。

表 6.6 土地利用现状及潜力调查表

整治用地类别	面积	现状类别及权属	位置	整治意向
低效建设用地				
低产田(低效园林地、草地)				
未利用地				
工矿废弃地				
水土流失				
污染土地				

(2)建设用地整治潜力调查

调查现有农村居民点改造、拆村并点等情况,分析可增加为耕地或其他农用地的数量及分布。对农村集体建设用地规模及人均(户均)农村居民点用地面积较大、聚集程度较低的自然村进行重点调查,调查闲置、废弃农村集体建设用地的数量和分布。

---

① 郭伟鹏,黄晓芳. 论国土空间综合整治与村庄规划的关系:以武汉黄陂区村庄规划为例[J]. 上海城市规划,2020(2):115-121.

(3) 土地整治权属调查

应根据最新年度土地调查、土地确权登记等地籍资料,查清项目区内各地类的权属状况。调查内容包括拟开展土地整治范围内土地的权属、地类、面积、权利类型等。

土地流转意愿调查:应以行政村为基本单位,结合相关资料,对项目区农民就整治后的土地流转意愿进行调查。调查内容包括土地流转的地类、面积、主要方式,以及农户流转意愿、流转后的经营方式、成效等。

土地权属调整意愿调查:以行政村为基本单位,对涉及权属调整的农户进行入户调查。调查内容包括土地权属调整的意愿、调整的方式,以及青苗、房屋和地上附着物的补偿方式等。

其中,建设用地整治潜力调查中,应对现状"一户一宅"情况进行落实。

结合传统村庄规划内容,融入全域国土综合整治需求,设计村庄规划现状调查表,如表 6.7 至表 6.10 所示(以卢庙村村庄规划现状调研情况为例)。

表 6.7 建设用地权属调查表

村庄建设用地权属调查表							
人口数/人	户数/户	宅基地面积/hm²	户均用地/(m²·户⁻¹)	人均用地/(m²·人⁻¹)	闲置土地面积/hm²	整治意愿	是否需要调整为基本农田

表 6.8 __湖北__省__应城__市__黄滩__乡/镇__卢庙__村基本情况调查表

调查项目		调查内容								备注
一、基本情况	户籍人口/人	1 970	非农业人口/人			—				
	户数/户	485	居住半年以上外来人口/人			—				
	组数/组	15	贫困人口(享受最低生活保障人数及五保户人数)/人			25				
	年人均收入/元	10 000	主导产业描述			传统农业种植(水稻、水产养殖)				
	组名	1	2	3	4	5	6	7	8	9	10
	户数	39	38	16	28	35	34	49	21	36	33
	人数	170	165	75	110	140	135	190	90	160	150
	组名	11	12	13	14	15					
	户数	30	41	20	25	40					
	人数	130	160	90	85	120					
	劳动力总人数	从事第一产业劳动力	从事第二产业劳动力	从事第三产业劳动力	外出打工人数	年龄构成				
						0~20 岁	21~60 岁	60 岁以上		
	983 人	350 人	450 人	183 人	718 人	48 人	577 人	358 人		

续表6.8

调查项目	调查内容				备注
二、自然资源情况	村域面积	299.29 hm²	耕地面积	189.62 hm²	现状图上注明具体位置
	园地面积	1.59 hm²	永久基本农田面积	55.78 hm²	
	林地面积	4.03 hm²	草地面积	0.37 hm²	
	水域面积	29.38 hm²	湿地面积	0	
	矿产用地面积	0	生态保护用地面积	—	
三、历史文化资源	保护建筑	历史建筑、文物建筑、有特色房屋需进行保护的建筑 __0__ 栋			现状图上标注具体位置
	自然保护地及风景名胜区	面积__0__hm²；级别；保护及开发利用意向			
	非物质文化遗产	类别__其他非物质文化遗产__；黄滩酱油历史悠久，卢庙高中内有一棵四百多年的古树			
	村庄整体格局及街巷空间、建筑风格意向	荆楚风；新建住宅形式主要采用两户联建的独立式小康型住宅			
	历史沿革	见卢庙村基础资料汇编			
四、农村居民点调查	宅基地	每户的人口，宅基地面积、建筑占地面积、权属及归并意愿、复垦整治潜力（见表6.6）			
	危房	需拆除重建的房屋 __1__ 栋；是否有计划搬迁的村湾 __否__			
	普通房屋	无房户需要新建房屋 __0__ 栋；需进行外立面整治改造的房屋 __0__ 栋			
五、村庄产业	农业种植	主要作物	面积	产量/(kg·hm⁻²)	产权	现状图上标注位置、范围（工业标注是否存在污染类企业）
		水稻	160 hm²	1 200 万 kg	村合作社	
	养殖业	养殖品种	规模	承包单位/性质	产权	
		圈养鸡	不成规模	—	村民个人	
		圈养猪	不成规模	—	村民个人	
	工业	企业名称/性质	规模	发展意向	产权	
		—	—	—	—	
	旅游资源等第三产业	旅游产品	级别	开发项目	产权	
		—	—	—	—	
六、特殊用地使用及权属情况	批而未用用地	卢庙新村			图上标注位置、范围
	已批在建用地	—			

续表6.8

调查项目			调查内容				备注
七、公共服务设施	农村社区服务设施	分类	有(占地面积、建筑面积、层数、容纳人数)/无(拟建,内容同前)				现状图上标注位置、范围、乡村环境绿化美化建议(位置、内容等)
		村委	有;360 m²;360 m²;1层				
		中小学	有:卢庙高中				
		幼儿园	—				
		文化活动站	有;80 m²;80 m²;1层				
		社区卫生服务站	有;40 m²;40 m²;1层				
		老年人日间照料中心	无				
		小型综合体育场地	—				
		小型超市	有;3处,30~40 m²				
	绿地与开敞空间	广场	有:村委会前				
		绿地	—				
	其他(公墓等)		—				
八、基础设施(乡村道路用地、交通运输用地、其他交通设施用地、公用设施用地、农田水利设施配设)		道路	村庄主要对外联系道路为 __黄石公路__ ,村内硬化道路有 __—__ 米,待进行路面拓宽、硬化等改造及新建道路有 __5 347__ m				填写内容,图上标注位置
		供水	村庄供水方法为 __集中供水__ ;水源来自 __村自来水厂__ ;供水厂是 __村自来水厂__ ;有机井 __—__ 眼,水塔 __—__ 座;地下水 __—__ m以下为可饮用淡水				
		排水	村庄雨水主要走向为 __雨污混合__ ,汇聚于 __宅边周围__ 地方,生活污水的处理方式为 __直排__				
		环卫	居民生活垃圾处理的方法是 __转运市内__ ,有何去处 __市内__ ,垃圾处理站位置在 __—__ ,拟建中转站位置 __0__ 。公共厕所个数 __1__ ;垃圾桶个数 __—__				
		电力	村庄电源主要来自 __市电网__ 供给,变电站 __—__ kV,村内有 __7__ 台变压器,各容量为 __100__ kVA;全村年用电量 __—__ kV/h,增容需求 __无__				
		电信	村庄电信网接自 __市区电信网__ ,电信交接箱有 __1__ 处				
		燃料	居民生活燃料主要是 __燃化气__ ,液化石油气普及率 __—__ %;沼气普及率 __—__ %,燃气管网接自 __市燃气管网__				
		其他(综合防灾)	村内靠水塘处接电线,用于接水抗旱				
九、村庄拟建设项目		项目名称	规模	资金来源	位置	建设时间	填写具体项目,图上标注位置
		小广场建设	—	政府预算	村委会前	规划二期	
		公厕	120 m²	政府预算	—	规划二期	
十、其他		村域内发展旅游产业、农家乐					村委、村民关于村庄发展、旅游、产业等方面的建议及意见

表6.9　各类低效用地现状调查表

用地类别	面积/hm²	权属	整治潜力	整治意向	位置
闲置建设用地	1.47	村集体所有	较大	高	卢庙村东北处
低效建设用地	0.29	村集体所有	较大	高	
低产田	6.33	村集体所有	较大	高	卢庙村西北处
低效园地	—	—	—	—	—
低效林地	1.15	村集体所有	适中	高	卢庙村北边
低效草地	—	—	—	—	—
未利用地	0.85	村集体所有	较低	较低	卢庙村西北角
工矿废弃地	—	—	—	—	—
污染土地	—	—	—	—	—

表6.10　村庄宅基地情况调查总表

人口数/人	户数/户	宅基地面积/hm²	户均用地/(m²·户⁻¹)	人均用地/(m²·人⁻¹)	闲置土地面积/hm²	整治意愿
1 970	485	31.14	640	150	1.47	高

6.2.2.3　村民参与式调研

村民是村庄的主人，村民可能更了解自己的房屋、承包地，以及本村的公共服务设施，有一些村民也会关注村庄的未来发展。因此在村庄规划调研阶段，分析村庄现状特征与问题时，要充分开展农户需求调查，同时征求村委会意见。

在调查方式上，采用问卷调查（线上、线下相结合）以及访谈的形式。调查对象根据不同人群，分为村干部、村民代表、普通村民、妇女、青少年、中年人、老年人和企业业主。针对不同群体分别开展调查，调查内容包括：村民的个人基本信息（性别、年龄、家有耕地量、受教育程度、主要收入来源）、居住情况、村内环境卫生、基础设施及公共服务设施、休闲娱乐设施等情况。针对不同的群体，在问卷内容设置上略有差别。村民个人意见征集表见表6.11所示。

表6.11　村民个人意见征集表

一、个人基本信息	1. 您的性别是什么？（　　） A. 男　　　　　　B. 女
	2. 您的年龄是_____岁
	3. 家有耕地_____ hm²
	4. 您的受教育程度是什么？（　　） A. 小学　　　　B. 初中　　　　C. 技校或中专　　　　D. 高中 E. 大学或以上
	5. 您家庭的主要收入来源是什么？（　　） A. 农业收入　　　B. 政府部门工资收入　　C. 打工工资收入　　D. 集体分红 E. 出租房屋收入　　F. 生意经营收入　　G. 其他收入

续表6.11

二、居住情况	6. 您现在居住的房子建于_____年,有_____层,房屋面积_____m²
	7. 近几年是否有需要新建住房?(　　) A. 是　　　　　B. 否
	8. 如果建新房,您希望建在什么地方?(　　) A. 在统一规划新村内　　B. 原地重建　　C. 不确定
	9. 是否为一户一宅?(　　) A. 是　　　　　B. 否
	10. 新房的住宅形式您喜欢哪一种?(　　) A. 独门独院　　B. 联排住宅　　C. 3～6层的多层住宅　　D. 其他
三、发展诉求	11. 您认为本村亟须改善的项目是什么?(　　) A. 完善道路、给排水、电力电信等基础设施建设 B. 完善村活动室、幼儿园、卫生室、老年服务中心等公共服务设施 C. 增加绿化公园广场 D. 发展村庄产业
	12. 您对村里的健身休闲场所和设施是否满意?(　　) A. 满意　　B. 一般　　C. 不满意　　D. 没有以上设施
	13. 您觉得本村需要增加哪些公共设施?(多选)(　　) A. 肉菜市场　　B. 文化站　　C. 运动场地,如篮球场 D. 卫生站　　E. 学校　　F. 公厕 G. 老人之家(托老所)　　H. 小公园　　I. 其他
	14. 您觉得现在村里的环境状况是否良好?(　　) A. 好　　B. 较好　　C. 一般 D. 差　　E. 很差
	15. 您觉得目前环境整治中最需要解决哪些问题?(多选)(　　) A. 拆除临时搭建的建筑　　B. 拆除危房　　C. 理顺杂乱无章的道路结构 D. 道路硬底化　　E. 改善道路照明,增设路灯　　F. 增设垃圾桶 G. 建设排水沟渠和下水管,改善生活污水排放状况　　H. 污水集中处理 I. 清洁水塘　　J. 改善村民饮水状况,完善自来水设施 K. 改善村庄的环境绿化
四、全域国土综合整治内容	16. 是否希望盘活闲置宅基地?(　　) A. 是　　　　　B. 否
	17. 上一题如选是,期望以哪种方式盘活闲置宅基地?(　　) A. 转变为集体经营性建设用地入市(民宿、村企、商服) B. 转变为集体公益性建设用地(文体活动室、卫生室、停车场)
	18. 村里闲置土地是否愿意进行有偿开发生产?(　　) A. 是　　　　　B. 否

6.2.2.4 底图底数构建

通过村庄规划内业数据分析、实地调查,形成调研数据成果,补充村庄规划工作底图(图6.1)。

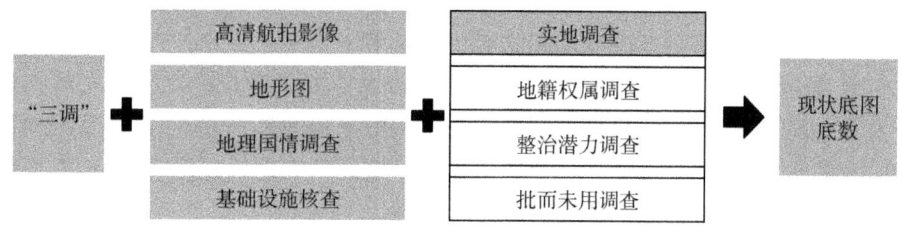

图 6.1 "三调"数据补充示意图

6.2.3 产业规划与用地布局

6.2.3.1 用地支持政策

在国家及各省市出台的文件中,提到关于永久基本农田、产业用地、"留白"用地等的支持政策:

(1)《湖北省村庄规划编制技术规程》提出,规划可预留不超过新增建设用地规模5%的机动指标,用于保障村民居住、农村公共公益设施、零星分散的乡村文化旅游设施及农村新产业、新业态等用地需求。

(2)《关于开展全域土地综合整治试点工作的通知》提出,整治区域内涉及永久基本农田调整的,应编制调整方案并按已有规定办理,确保新增永久基本农田面积不少于调整面积的5%。

整治验收后腾退的建设用地,在保障试点乡镇农民安置、农村基础设施建设、公益事业等用地的前提下,重点用于农村一、二、三产业融合发展。节余的建设用地指标按照城乡建设用地增减挂钩政策,可在省域范围内流转。

6.2.3.2 建管并重,落实各项管控要求

村庄规划作为详细规划,应严格落实乡镇级国土空间总体规划确定的约束性指标和底线管控要求,在村庄建设边界范围内进行用地布局优化、细化,明确农村住房、基础设施和基本公共服务设施、产业发展等村庄各项具体用地图斑地块。同时,将整治任务、指标和布局要求落实到具体图斑地块。

6.2.3.3 五类村庄产业及用地布局规划策略

(1) 全域国土综合整治思维下的"三生空间"布局要求

新时期的村庄规划应在解决生活空间的布局与建设问题的同时关注土地效益,通过整治节约建设用地指标、发展规模种植,以实现土地效益的最大化。立足于全面促进乡村人地关系的和谐发展,统筹考虑乡村地区生活、生产、生态空间,实现全域功能布局的合理化。

生活空间上,一方面立足土地的高效利用,应当在满足村民诉求的基础上,有序开展村湾集并、强化村庄集约建设;另一方面,在村庄建设用地范围内,更应坚持"以人为本"的规划理念,在满足基本生活诉求的基础上,实现服务功能的全面配套与村庄品质的全面提

升。生产空间上,一方面关注乡村地区产业所需建设用地的投放,与村湾集并有序开展土地增减挂钩相结合,从而腾退建设用地指标发展乡村产业;另一方面对于农业产业发展,同样需要通过土地整治优化基本农田布局,在保障农业规模生产的基础上支持特色农业发展。生态空间上,一方面在村域范围内完善生态修复特别是水体资源、复垦用地以及废弃工矿用地的修复,并结合作物种植形成覆盖乡村地区的大地景观塑造;另一方面强化对村湾居住空间的景观美化,全面提升村庄人居环境。

(2) 五类村庄产业及用地布局规划策略(表6.12)

表 6.12　五种类型的规划策略

村庄类型	规划策略
集聚提升类	选取基础条件较好的村庄对周边村庄进行人口吸引与迁并; 原有规模基础上有序推进改造提升,激活产业、优化环境、提升乡村基础设施及公共服务建设,保护保留乡村风貌,建设宜居宜业的美丽村庄,促进乡村人居水平的提高
城郊融合类	促进城乡基础设施、公共服务、资源配置(城乡土地资源)、规划管理的一体化; 推动都市农业和旅游服务业等多元产业的协同发展
特色保护类	统筹保护、利用与发展的关系,努力保持村庄的完整性、真实性和延续性; 切实保护村庄的传统选址、格局、风貌以及自然和田园景观等整体空间形态与环境,全面保护文物古迹、历史建筑、传统民居等传统建筑; 尊重原住居民生活形态和传统习惯,加快改善村庄基础设施和公共环境,合理利用村庄特色资源,发展乡村旅游和特色产业,形成特色资源保护与村庄发展的良性互促机制
农耕传承类	加快农用地整村、整组流转,加强农用地用途管制,逐步改变分散化经营方式; 积极发展生态农业、特色农业,开发乡村游、农耕体验游等多种功能,逐步提高农业生产效率和效益; 原有村庄规模基础上有序推进村庄整治提升,有计划地配套村庄基础设施
搬迁撤并类	原则上不再为该类村庄配套新建基础设施和公共服务设施; 严格控制房屋改扩新建,避免新建孤立新社区; 村庄原址因地制宜还林还田还湿

集聚提升类村庄:对现有中心村和继续保留的一般村庄,结合村庄资源禀赋,产业发展以现代农业为主,鼓励发展二、三产业。生活空间开展村庄改造提升、农房集中建设,盘活宅基地,美化环境,提升基础设施及公共服务设施建设。生产空间提升耕地质量,加强农地流转。

城郊融合类村庄:对城镇近郊区的村庄,结合城镇化和村庄自身发展需要,产业发展以开展都市农业、旅游服务业、建设郊野公园为主,推动传统产业升级转型,推进城乡产业融合发展。对于生活空间,积极开展低效用地整治、加快低效用地盘活利用,同时改善人居环境,完善基础设施、公共服务设施,促进城乡设施建设一体化。对于生产空间,在保障产业发展的同时,在城市周边保留稀缺的农耕文脉。同时守住生态空间,还原自然风光,构建多样生态景观,形成城镇周边的绿色屏障。

特色保护类村庄:开展特色保护修复、发展乡村旅游。对自然历史文化特色资源丰富的村庄,在保护村庄完整性、延续性的同时,通过生态修复美化环境,合理兼顾特色资源开发利用,发展乡村旅游等特色产业。

农耕传承类村庄:在现有农业生产的基础上,积极发展生态农业、特色农业,开发乡村游、农耕体验游等多种功能,逐步提高农业生产效率和效益。同时,加快农用地整村、整组流转,加强农用地用途管制,逐步改变分散化经营方式。有序推进村庄整治提升,有计划地配套村庄基础设施。

搬迁撤并类村庄:实施生态移民搬迁。对山区旧村庄实施整体或集中连片搬迁,对废弃宅基地进行复林、复耕,在县城中心区域或中心镇建设若干个集聚区,实现土地集约、生态复绿、存量盘活。

6.2.4 融入全域国土综合整治

土地整治是一种人为改造土地资源的活动,本质上是以协调人地矛盾为核心的优化土地利用结构的治理行为。《中共中央 国务院关于进一步加强土地管理切实保护耕地的通知》(中发〔1997〕11号)首次提出了土地整治的主要内容:"积极推进土地整理,搞好土地建设。各地要大力总结和推广土地整理的经验,按照土地利用总体规划的要求,通过对田、水、路、林、村进行综合整治,搞好土地建设,提高耕地质量,增加有效耕地面积,改善农业生产条件和环境。"可见,最初的土地整治是以农村土地为主体而进行的整治活动,包括对土地所进行的开发、整理和复垦活动,以改善区域的生产和生活条件。

按照《土地整治术语》(TD/T 1054—2018)的规定,土地整治的内涵是指为满足人类生产、生活和生态功能需要,依据土地整治规划和相关规划,对低效利用、低效和闲置利用、毁损和退化土地进行综合治理的活动,是土地开发、土地整理、土地复垦、土地修复的统称。

根据《自然资源部关于开展全域土地综合整治试点工作的通知》的解读:全域土地综合整治是以科学规划为前提,以乡镇为基本实施单元,整体开展农用地、建设用地整理和乡村生态保护修复等,对闲置、利用低效、生态退化及环境破坏的区域实施国土空间综合治理的活动。

6.2.4.1 全域国土综合整治与村庄规划的衔接

在对《自然资源部关于开展全域土地综合整治试点工作的通知》的解读中,明确了全域土地综合整治与村庄规划的衔接问题:全域土地综合整治是实施规划的平台和抓手。凡是需要开展全域土地综合整治的,必须先编制村庄规划,且两者要实行充分衔接,避免出现"两张皮"的现象。一是在编制乡镇国土空间规划时,进行统筹安排,按照宜农则农、宜建则建、宜留则留、宜整则整的原则,明确全域土地综合整治的目标任务、整治区域、主要内容、空间布局等。整治区域可以是乡镇的全部或者部分村庄,该整的整,不用整的不整。二是要将各项整治任务纳入村庄规划。由乡镇政府组织编制整治区域内的村庄规划,将整治任务、指标和布局要求落实到具体地块,并明确组织管理、实施时序、项目安排、资金估算和投资来源等。三是要突出耕地保护。通过全域土地综合整治,确保整治区域内耕地质量有提升,新增耕地面积原则上不少于原有耕地面积的5%。

根据新时期国土空间规划"多规合一"的要求,全域土地综合整治是实施规划的平台和抓手,而村庄规划是法定规划,全域国土综合整治应纳入其中。在"五级三类"的国土空间规划体系中,作为详细规划的村庄规划不是孤立存在的,村庄规划的编制应当具体落实上位总体规划的要求。从宏观层面的国家级、省级空间规划到中微观层面的市县级、乡镇级空间规划，各层级都包含引导乡村地区开发保护、管控建设等内容。各层级国土空间规划中关于全域土地综合整治的内容通过规划目标、管控指标、规模以及边界等逐级向下传导，最终在村庄规划层级得以实施。由于国家级、省级空间规划侧重战略性，对村庄规划编制的引导体现在发展目标及发展战略上；而市县、乡镇级空间规划侧重实施性，在村庄规划编制中，应落实其关于村庄布局、空间管控、设施配套、产业布局等的各项要求。

6.2.4.2 上位规划对村庄规划的要求

（1）市/县国土空间规划融入全域思维，统筹村庄规划布局

市/县级国土空间总体规划对村庄规划的指导，主要在于确定乡村地区国土空间格局，划定生态保护红线、永久基本农田等底线，明确县域村庄分类和整体布局、城乡建设用地比例结构[1]。一方面在国土空间规划中融入全域土地综合整治的思维，指导县域村庄分类，另一方面在市县国土空间规划中加入全域国土综合整治的内容，作为专项规划，指导下位村庄规划中全域国土综合整治的实施[2]。

自然资源部发布的《市级国土空间总体规划编制指南（试行）》提出，在市级层面，生态修复方面要明确生态系统修复的目标、重点区域和重大工程，维护生态系统，改善生态功能；土地整治方面要提出农用地综合整治、低效建设用地整治等综合整治目标、重点区域和重大工程。

通过市/县层级国土空间规划中的村庄分类布局，可以从宏观层面明确不同类型的村庄在强调生态保护与修复、落实永久基本农田、实现建设用地集约利用和增减挂钩、提升宜居品质等方面的引导重点。

（2）镇（乡）国土空间规划全域统筹村庄空间布局，划定整治区域

乡镇级国土空间总体规划对于村庄规划的指导主要体现在：明确约束性指标和底线管控要求，统筹考虑全域村庄用地布局。通过农用地整理、生态修复，整合优化耕地、园林、林地等非建设用地布局，以"三调"确定的农村居民点边界为基础，通过拆旧复垦、城乡增减挂等建设用地整理手段，优化建设用地布局，划定村庄建设边界，明确农村住房、基础设施和基本公共服务设施、产业发展布局。规定通则式村庄国土空间用途管制规则、建设管控和人居环境整治要求，可满足一般性村庄管控引导要求。

乡镇是全域国土综合整治的基本实施单元。在编制乡镇国土空间规划时，应统筹安排，按照宜农则农、宜建则建、宜留则留、宜整则整的原则，将整治任务、指标和布局要求落实到具体地块，整治区域可以是乡镇全部或部分村庄，整治区域相对集中连片。

根据《河北省乡镇国土空间总体规划编制导则（试行）》《湖南省乡镇国土空间规划编制指南》《北京市乡镇国土空间规划编制导则》等各地出台的文件中，乡镇级国土空间规划中有关全域土地综合整治与生态修复的内容主要为落实市县级国土空间规划的目标与要

---

[1] 杨晓娟，杨永春.乡村振兴背景下关中地区县域村庄布局规划策略探析：以韩城市为例[J].西北师范大学学报（自然科学版），2021，57（2）：127-134.

[2] 闾海，张飞.全域土地综合整治视角下国土空间规划应对策略研究：以江苏省建湖县高作镇为例[J].规划师，2021，37（7）：36-44.

求,分类制定乡村地区的综合整治重点工程,制定"山水林田湖草"系统治理和生态修复措施,划定土地综合整治的具体范围和边界。有条件的乡镇可进一步细化土地综合整治的管控内容并建立、修复项目库,落实项目的建设年限、规模、资金预算和来源等内容,直接指导全域土地综合整治。

① 全域统筹生活、生态、生产空间

在"山水林田湖草"生命共同体理念下,如何在保护生态环境的基础上,合理利用各类资源统筹乡村全域空间,实现生活、生态、生产的均衡发展,是乡镇国土空间规划的重点方向。

在乡镇国土空间规划中,应结合不同的村庄类型,重点统筹全域村庄规划生活、生态、生产空间的宏观发展导向与建设控制。

生活空间以明确村湾集并方案、确定村庄建设用地规模与边界为主。结合各类村庄的发展定位的分析,对不同类型的村庄依据不同的发展导向采取不同的集并力度,并结合村民意愿,最终形成村庄建设用地布局方案,实现村庄建设用地的腾退。并以此为依据,划定建设用地整治的区域,为下一步村庄规划中建设用地增减挂钩方案的制定提供指导。

依据双评价结果,生态空间应明确生态保护空间、永久基本农田保护要求、重点水域生态体系修复以及矿山修复重点区域,并据此划定生态整治区。生态整治区的划定将作为国土空间综合整治实施方案编制的依据。

生产空间在乡镇国土空间规划层面需注重产业与自然资源的整体契合,结合自然资源以及不同的村庄类型形成不同的产业发展导引。临近城镇的城郊融合类村庄,以城镇化发展为主结合城镇发展经济产业;农耕传承类村庄结合优质农田分布与平原地貌特征,着力发展现代特色农业;特色保护类村庄依托山水资源,形成不同旅游片区,着力发展休闲旅游产业。但乡村地区涉及的土地类型、权属及相关管理等较城镇地区更为复杂,村庄规划中产业部分往往会出现因用地难以落实而无法得到实施保障的情况。在乡镇国土空间规划中融合国土空间综合整治的思维,注重产业与自然资源的整体契合的同时,在微观层面还应以整治思路优化产业用地布局,将村庄规划与国土空间综合整治相结合,才能够保障产业用地的有效落实。

② 划定整治区域,优化国土空间结构

以双评价为基础,落实传导上位规划的管控要求,根据村庄分类,差异化地配置各类设施建设,实现永久基本农田与耕地总量、生态保护红线、建设用地总量等关键核心指标的有效控制。

在全域统筹村庄用地布局基础上,结合底线管控要求,划定整治区域,合理布局整治内容,实现国土空间结构的优化。

在自然资源比较集中,以搬迁撤并、特色保护类为主的村庄,整治区域主要集中在需要修复的生态敏感地带;在农田集中成片,以农耕传承、集聚提升类为主的村庄,整治区域主要为农用地整治;在靠近城镇,以城郊融合类为主的村庄,整治区域主要是建设用地整治,以优化村庄基础设施建设、美化人居环境为主要发展内容。

6.2.4.3 村庄规划中全域国土综合整治内容

(1) 全域国土综合整治任务分类

湖北省人民政府印发的《关于推进全域国土综合整治的意见》提出了"一治理四整治一绿化"的整治重点任务：

① 推进乡村国土空间治理。大力推进乡镇国土空间规划和村庄规划编制,科学划定农业生产、村庄建设、产业发展和生态保护功能分区,按照宜农则农、宜建则建、宜留则留、宜整则整的原则,明确全域国土综合整治任务和空间布局。全域国土综合整治要以国土空间规划为依据,以优化国土空间格局为重要内容,以乡镇(或若干村)为基本实施单元,编制实施方案,整村整乡推进。对涉及跨行政区域的,要做好规划衔接。

② 推进农用地综合整治。适应发展现代农业和适度规模经营的需要,以耕地保护为重点,统筹推进农田基础设施建设、耕地提质改造、低效林草地和园地整治、污染土壤修复等,集中连片改良提升农田,增加耕地数量,提高耕地质量,改善农田生态,传承农耕文化。整治区内建设占用耕地的,要开展耕作层土壤剥离利用,提升复垦耕地、新增耕地、中低产田质量。

③ 推进闲置低效建设用地整治。统筹农房建设、产业发展、公共服务、基础设施等各类建设用地需要,有序开展农村宅基地、工矿废弃地、城镇低效用地以及其他闲置低效建设用地整治,优化用地结构布局,提高节约集约用地水平,腾出建设用地空间,为城乡统筹发展和农村新产业新业态发展提供用地保障。在建设用地整治中,注重保护好历史文化村落、传统建筑、街巷空间等,修旧如旧,记住乡愁。

④ 推进矿山地质环境整治。加强露天矿山综合整治和历史遗留损毁土地复垦,重点推进长江干支流 10 km 范围内废弃露天矿山生态修复。推进绿色矿山建设,在资源富集、矿山分布集中地区建设绿色矿业发展示范区。加强地质灾害防治,推进地质灾害综合治理和避险移民搬迁工程,规范农民建房管理,减少地质灾害威胁。

⑤ 整体推进农村环境整治和生态保护修复。全面开展农村治危拆违、"厕所革命"、污水治理、垃圾无害化处理,建设"四好农村路",改善农村人居环境。大力实施山水林田湖草生态保护修复工程。加强水环境治理和湿地保护修复,实施生态清洁小流域建设,消除黑臭水体。加强生物多样性保护,建设动物迁徙廊道和生态栖息地。推进水土流失综合治理,增强水土保持能力。加强乡村文化景观保护,鼓励有条件的乡村开展特色旅游。

⑥ 推进乡村国土绿化美化。大力建设森林乡村,推进村旁路旁宅旁水旁绿化,见缝插绿,增加乡村生态绿量。加强乡村原生植被和古树名木保护,建设乡村公共绿地、小微湿地和微景观,改善乡村自然生态。鼓励发展庭院经济、林下经济、森林旅游和森林康养等新型产业,培育农村发展新动能。大力推进荒山造林,对乡村裸露山体、采石取土创面等进行绿化美化。在不突破耕地保有量的前提下,稳步实施退耕还林还草、退田(境、渔)还湖还湿,修复还原自然生态。

结合文件要求以及全域国土综合整治试点项目,按照湖北省"一治理四整治一绿化"的整治任务分类,梳理了全域国土综合整治通常涉及的整治任务(表6.13)。

表 6.13 全域国土综合整治任务分类

整治任务		整治目标及途径
大类	小类	
建设用地整治	低效闲置建设用地整治为非建设用地	通过拆村并点、土地复垦等措施,结合增减挂钩等政策,将建设用地转换为非建设用地
	产业用地布局优化	结合闲置废弃的建设用地整治及批而未供、未建的存量建设用地整治,将居住等建设用地转换为产业用地或集体经营性建设用地
农用地综合整治	农用地规模质量提升/高标准农田建设	针对部分地区农用地质量低下、耕地破碎化严重、农业设施不完善等问题,通过地力提升、设施建设、权属调整等手段改善农用地生产能力
	农用地布局结构优化	通过地类调整、农业结构调整等措施形成高效集约、生态友好、有助于激活乡村发展的农用地利用格局
	农业设施建设	通过新建农渠、整治田间道路,提升农业设施水平
	低效林、草、园地整理	通过结构调整、地类调整改善林、草、园地
农村环境整治和生态保护修复	污染治理与生态环境修复	针对耕地利用强度过高、土壤污染、土壤退化、水质恶化、地下水超采严重等问题,通过土壤生态修复、节水灌溉设施建设、农业面源污染治理等措施促进乡村空间生态功能提升
	生态重要区规模质量提升	针对草地、林地、水源地等重要生态源地生态功能退化、布局破碎性、生物多样性下降等问题,通过优化生态空间土地利用结构,促进生态用地发挥规模效应,通过退化草原林地修复、河流湖泊治理等促进生态源地质量提升
矿山地质环境整治	工矿废弃地复垦利用	针对废弃工矿土地利用功能丧失、土地资源浪费等问题,通过土壤污染修复、工矿用地复垦实现基本农田再造,促进工矿废弃地生产功能恢复
	工矿废弃地生态修复	针对废弃工矿造成土壤污染、地质灾害风险、水土流失风险等问题,通过工矿用地复绿、还湿等措施恢复工矿用地生态功能,增加生态源地面积

农田整治项目:开展垦造耕地、建设用地复垦等保障耕地补充工程,对经评定符合永久基本农田划定标准的优先纳入永久基本农田储备库,保障永久基本农田补充;开展耕地质量提升、"旱改水"等保障耕地质量提升工程,提高耕地及永久基本农田质量;开展生态退耕、清洁田园建设等工程,提高生态质量水平;全面推进高标准农田建设,优化耕地和永久基本农田空间布局,完善农业生产设施配套。

建设用地整治项目:开展"三改一拆"、危房整治、外立面改造等工程,改善村庄居住环境;通过村庄搬迁集聚、一户多宅治理等,提升村庄公共服务设施配套水平,促进节约集约用地;优先盘活村庄存量土地、低效经营性建设用地再利用等,保障村庄公共服务设施用地和产业发展用地需求。

生态修复项目:统筹并差别化布局各功能分区各生态修复工程,如污染耕地修复、河道整治、矿山治理、重要生态廊道建设等,形成"点、线、面、网"相结合的工程要素布局,系统推进项目区山水林田湖草全要素整体保护、系统修复和综合治理。

(2) 各类村庄对应的整治重点(表6.14)

不同类型的村庄在未来发展中的规划对策存在差异,因此在落实永久基本农田、加强生态保育、实现建设用地集约利用和增减挂钩、提升宜居品质等方面,土地综合整治的引导重点也各有不同。

比如分布大量山体、林地资源的特色保护类村庄,国土空间综合整治应以生态保育修复为主,规划引导村庄以发展生态旅游为主要方向;以平原地貌、耕地资源为主的农耕传承类村庄,国土空间综合整治应以耕地保护与提质为主,规划应通过开展村湾集并在优化耕地布局的同时形成集中规模化的村庄聚居点;而靠近城镇建设区的城郊融合类村庄,则应以优化城镇周边环境、有效管控城镇拓展边界为主,实现村庄与城镇的融合发展。

表6.14 各类村庄重点整治任务

村庄类型	重点整治任务	整治工程
集聚提升类	建设用地布局优化	闲置低效建设用地整治 产业园区(用地)建设 农村人居环境整治 ……
城郊融合类	乡村国土空间绿化美化、农用地调整	农用地规模质量提升 郊区公园建设 ……
特色保护类	生态环境保护与修复、保留村落历史空间	水体、山体等修复 环境整治 ……
搬迁撤并类	搬迁撤并后的生态环境修复、矿山地质环境整治	宅基地复垦 废弃矿山整治 废弃地复绿 ……
农耕传承类	村湾集并、优化耕地布局、提升农用地质量	耕地规模质量提升 公路(道路)建设 ……

6.3 实用性村庄规划编制工作程序及编制成果

6.3.1 工作程序

结合国家及各省市政策要求,融入全域土地综合整治的村庄规划编制程序如下(图6.2):

(1) 在编制县级、镇(乡)级国土空间规划中,应开展全域国土综合整治与生态修复专题研究,明确全域土地综合整治的目标任务、整治区域、主要内容、空间布局等。

(2) 在编制村庄规划中,由乡镇政府组织统筹,将整治任务、指标和布局要求落实到具体地块,并明确组织管理、实施时序、项目安排、资金估算和投资来源等。

(3) 在编制全域国土综合整治实施方案中,乡镇或县级人民政府、自然资源等部门,依据县乡国土空间规划和村庄规划,编制项目实施方案。实施方案编制完成后,按照各省市的具体要求报(县)市级、省级自然资源主管部门评审。

涉及永久基本农田调整的,应编制整治区域永久基本农田调整方案,报省级自然资源主管部门会同农业农村主管部门审批。

(4) 在村庄规划修编中,全域国土综合整治涉及村庄规划调整的,在实施方案评审通过后,对村庄规划内容进行修改。

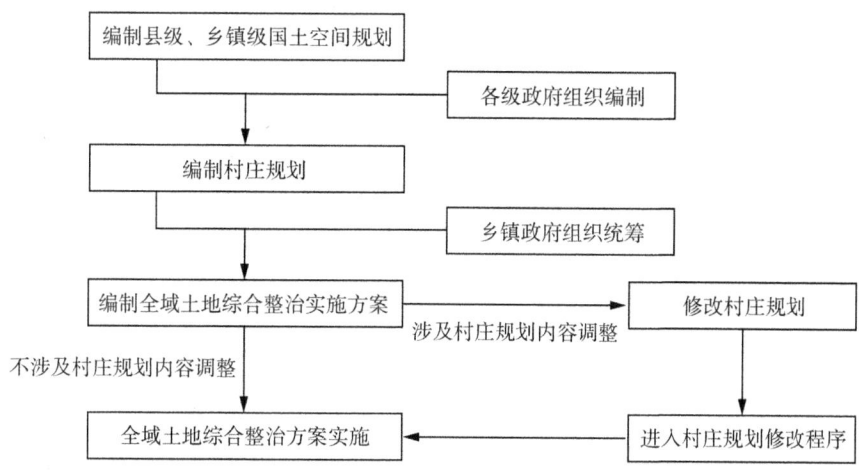

图 6.2 融入全域土地综合整治的村庄规划编制工作程序

6.3.2 编制成果

(1) 编制成果样式

规划最终要面向农户,村民是村庄的主人,村庄规划成果要使村民能够了解自己的房屋、承包地,以及本村的公共服务设施在哪里,了解自己的左邻右舍、宅前屋后是什么样子。但是村民不是专业的规划人员,对规划图纸的理解能力有限,因此要从便于村民使用的角度,在成果表达上面还是要尽量简明化和形象化,要让农民看得懂。

我们建议实用性村庄规划的编制成果应当包括"两图、两表、一库、一规则"。

① 两图。即村域综合规划图和全域国土综合整治规划图。村域综合规划图要标明村域生态保护红线、永久基本农田、村庄建设用地边界三条控制线;村庄建设用地边界范围内宅基地、公共服务设施、公用基础设施和产业空间等用地布局;全域国土综合整治项目布局及范围。

② 两表。包括国土空间用途结构调整表、全域国土综合整治重点项目一览表。

③ 一库。即规划数据库,纳入国土空间规划"一张图"统一管控。

④ 一规则。即规划管制规则,如实反映村庄规划中关于各类空间及其管制要求、约束性指标、村庄风貌、产业引导等内容。

根据最新的《国土空间调查、规划、用途管制用地用海分类指南(试行)》标准,对编制成果的图纸板式及内容进行了重新设计。将"两图"与"两表"相结合进行展示。在村域综合规划图中,除了表达村域内各地块情况,还增加了国土空间用途结构调整表。国土空间用途结构调整表包括全域土地综合整治面积,可以清楚地看出由于全域国土综合整治而引起的用地面积变化。在全域综合整治规划图中,明确表达了各个项目的空间位置,同时配合全域国土综合整治项目一览表,可以清楚地知道全域国土综合整治项目的具体内容、位置、规模、投资、建设时序等(图6.3、图6.4)。

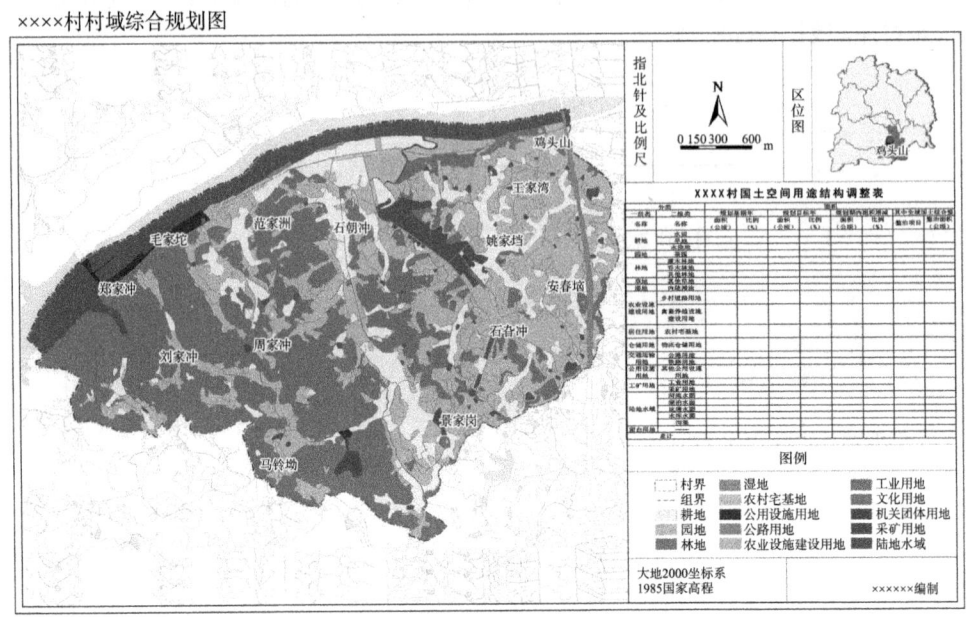

图6.3　村域综合规划图样式

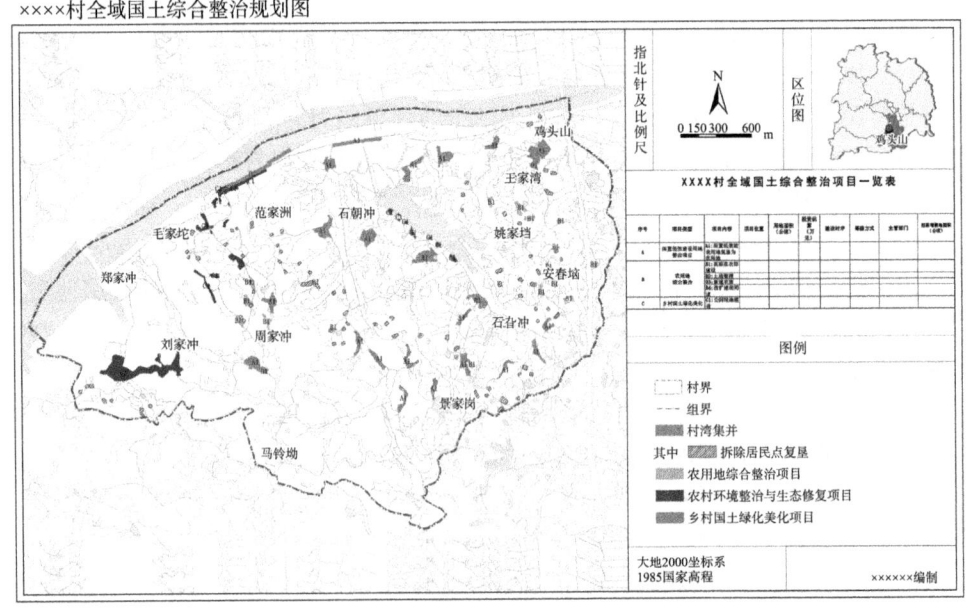

图6.4　全域国土综合整治规划图样式

(2) 数据入库要求

① 数据库内容

村庄规划数据库图层包括境界与政区、基期现状、地形图、目标年规划。

全域国土综合整治指导下的村庄规划编制成果应当将新增基础调研的数据、整治任务的数据全部纳入数据库中(表6.15)。

表6.15 入库数据内容

序号	层名	层要素
1	境界与政区	村级行政区
2	基期现状	现状地类图斑
		土地利用现状图斑
		永久基本农田
		生态保护红线
		村级调查区
		公共服务设施和基础设施
		历史文化保护区
3	地形图	地理名称
		等高线
		高程点
		房屋建筑
		其他地貌
4	目标年规划	规划地类图斑
		管控边界
		规划公共服务设施和基础设施
		规划历史文化保护区
		全域国土综合整治项目
		近期重点建设项目

② 定位基础

平面坐标采用"2000国家大地坐标系",高程基准采用"1985国家高程基准",地图投影采用"高斯-克吕格投影"、比例尺采用"1∶2 000—1∶10 000比例尺"。

③ 数据格式

File Geodatabase(.gdb)格式。

④ 数据库要素描述

村庄规划要素空间要素数据采用分层的方法进行组织管理,图层描述以及每个要素的基本属性参考《市级国土空间总体规划数据库规范(试行)》《湖北省村庄规划编制技术规程》《国土调查数据库标准》。

第七章

实践案例分析

7.1 乡镇国土空间规划实践案例

本章节选取四个对湖北省乡镇国土空间规划编制有启发的案例进行分析,分别为四川省广元市青溪镇国土空间规划、安徽省亳州市十九里镇国土空间规划、广西壮族自治区融水县香粉乡国土空间规划、湖南省衡南县宝盖镇国土空间规划。

7.1.1 四川省广元市青溪镇国土空间规划

7.1.1.1 基本情况

四川是乡镇的大省,山地旅游型乡镇占比较高。截至 2019 年,全国乡镇数量有 39 888 个,其中,四川省乡镇级行政单位(不含街道)数量达到 4 303 个,超过第二名河南(1 808 个)和第三名河北(1 957 个)的总和,占全国乡镇数量的 10.79%。四川省的乡镇不仅数量多,且因为旅游资源的不可移动性,旅游型乡镇占比高达 30% 左右,其中尤以山地旅游型居多,九寨沟、四姑娘山、峨眉山、青城山等世界级旅游资源多位于乡镇域范围内。

自 2019 年开始,四川省全面启动乡镇村行政区划的调整改革,这项改革走在全国前列。对于山地旅游型乡镇而言,平均面积从 100 km² 增加到 150 km²,村级建制减少 8 600 个,减幅达到 20%,乡镇域范围内的旅游资源与产业得到了一次经济地理重塑的契机,也给区划改革的后半篇文章提出包括资源家底摸查、空间资源整合、公共服务共享、空间布局调整及要素配置优化等一系列要求,乡镇国土空间规划作为国家空间治理的重要工具,需要在内容体系中对这些要求进行充分回应。

青溪镇位于古蜀道阴平古道,历来为商贾云集、兵家必争之地。它因三国时期邓艾偷渡阴平灭蜀以及李先念率红四方面军鏖战摩天岭而闻名于世。青溪镇距青川县城乔庄镇以西 59 km,距成都市区约 330 km,与大都市区时空距离在 3 小时左右。全镇面积

526 km², 总人口1.6万人。城内汉回民族杂居,佛、道、儒、伊斯兰教、天主教等多种宗教共存。境内北部的唐家河自然保护区是川东北生态明珠,也是国家级自然保护区,被誉为全球自然保护人士心中的生态圣地。2019年川陕甘大熊猫国家公园设立后,唐家河保护区全域被纳入大熊猫国家公园,青溪镇也因此成为国家公园的重要门户城镇。

7.1.1.2 编制内容

(1) 目标

搭建定位—策略—指标体系的战略框架,确立大熊猫栖息公园城、高品质生活宜居地的定位,并以定位为基础,提出高质量发展、高品质生活与高标准治理三个方向的空间策略。其中,高质量发展聚焦三生融合与蔓藤生长,以生态本底为基础构筑特色产业空间体系。高品质生活突出内控外放与系统支撑,重在构建疏密有致的镇村空间体系与外接内联共享的基础设施体系。高标准治理则着力于整治修复与纵横传导,旨在提升空间效能与构建单元主导的规划传导体系。基于空间策略,设置与之匹配的33项指标,其中高质量发展指标10项,高品质生活指标16项,高标准治理指标7项。

(2) 格局

刚性底线约束重在落实划定生态保护红线、永久基本农田、城乡开发边界三条控制线。首先,核准、落实市县上位规划划定的生态保护红线,调出生态保护红线内的永久基本农田,以及通过增减置换的方式鼓励原有建设用地逐步退出。永久基本农田的划定遵循数量不减少、质量有提升、布局有优化的原则,调出25度以上耕地、与非耕地重合的永久基本农田,将现状耕地与"三调"即可恢复地类划入永久基本农田,并酌情考虑"三调"工程恢复地类的划入,并以建设占用补划区域纳入永久基本农田储备区,且避免与生态保护红线、城镇开发边界存在冲突。城乡开发边界的划定包括乡镇驻地的城镇开发边界与村级行政单元的乡村建设管控边界,边界划定遵循"适宜空间—结构布局—要素配置"的技术逻辑,以基础分析中的建设适宜分析为基础,通过全域建设用地结构布局,确定城镇开发边界及其内部的集中建设区、弹性发展区和特殊用途区,乡村建设管控边界主要结合聚居点规划及乡村产业发展需求进行科学划定,并结合建设存量、增量与流量进行建设指标来源的要素优化配置。

(3) 要素

以空间刚性底线约束为基础,结合产业规划及综合配套需求,立足全域保护、平衡城乡开发,确定了"保护一园一江一城、发展一心两轴四片"的总体开发与保护结构。以总体结构为指引,突出划管结合,划定生态红线区、水源保护区、国家公益林、河流水域、自然保留地、重要设施绿色廊道等生态保护空间。突出占补平衡,划定耕地、园地、其他农用地等农业发展空间。

突出生态产业化导向的城乡融合:以生态产业化为出发点,构建产业生态圈,关注五大绿色动能,实现青溪镇新旧动能的转换,将青溪全域的绿水青山真正转换为金山银山。生态+教育研学:依托大熊猫国家公园和生物多样性优势,积极发展生物多样性基础研究,引进运营机构,发展自然研学与自然教育;生态+文旅度假:以唐家河、阴平道、青溪古镇及良好生态环境为基础,融入汉回民族文化,打造一个集生态度假、文化体验、运动休闲于一体的特色城镇;生态＋文创产业:依托古城镇与阴平道历史品牌及唐家河生态品牌,以风景小镇为依托,聚集微创企业和小型学院,发展文创、影视、剧场等新经济;生态＋都市农业:依托黑木耳、核桃、茶叶、香菇、野生蜂蜜等山珍资源,培育面向都市消费市场的现代都市农业;生态＋商贸物流:依托未来交通改善,积极培育青川生态门户,积极融入陆海新通道,发展商贸物流产业。

  国有建设用地与集体建设用地并存是乡镇层面用地权属的重要特征,乡镇国土空间规划需要对两块地的现状、规模、布局进行分类处理。在乡镇域国土空间规划中,以全域规划用地布局为基础,做优国有建设用地增量与存量的同时,区分集体建设的宅基地、经营性建设用地与公共设施用地三个类别,在保障一户一宅和城乡基本公共服务基础上,展开对集体经营性建设用地的专项研究。专项研究内容包括现状摸底、功能布局与要素配置三方面,现状摸底主要以"三调"、地形图、房地一体调查为基础,从用地边界性质、权属关系等方面建立基础数据台账,功能布局则结合总体布局,统筹集体经营性建设用地的功能安排,要素配置则以存量挖潜评估与结合土地增减挂的流量潜力评估为基础,分存量保留、存量改造、流量统筹三种方式落实空间布局的要素配置。

(4) 单元

  全域土地综合整治重在树立山水林田湖草生命共同体理念,以国土空间规划为引领,激活各类自然资源要素,探索城乡空间治理新样本。在避让空间底线基础上,让建设空间与山水田林共生互促,城镇空间适当紧凑,乡村空间融山如水,并以产业布局为导向,构筑乡镇域层面"全域服务中心—中心村(重要功能组团)—基层村"的镇村体系。与此同时,乡镇域国土空间规划的布局内容中,需要充分延续传统城乡规划的设施配置优势,围绕15分钟城乡生活圈的建设,强化交通体系的支撑、公共服务的共享与市政基础设施的保障。

  乡镇国土空间规划的规划传导除落实市县规划传导要求及制定专项规划(如全域土地综合整治、集体经营性建设用地专项实施方案)编制清单外,在向下的纵向传导上主要体现为单元规划传导管控,在乡村层面表现为郊野单元管控,乡镇政府驻地则体现为城镇控制性详细规划单元管控。在县级空间规划村庄分类基础上,识别村规划编制需求,指引功能相似、区位相近的村庄集中连片编制村规划,划分四个村庄规划编制单元,并通过单元指引规划图、发展指引一览表和名录管控一览表等"一图两表",将边界、用途、指标和名录管控等乡镇域规划要求传导至村庄。城镇单元的划分以功能分区为导向,结合公共服务半径、道路和自然地理界线进行单元划分,并明确单元范围边界、面积、功能定位、建设用地规模及单元内重要设施及公园绿地等的配建标准或空间布局要求,以及落实"四线"等强制性内容,城镇单元对应控规单元,在乡镇总体规划层面体现为城镇单元布局引导与总体引导一览表的"一图一表"。

(5) 地块

  乡镇政府驻地规划的内容与传统乡镇规划相比更多是传承性优化,四川省在2 km² 以下的乡镇驻地用地布局方案一般直接体现到控制性详细规划深度,2 km² 以上可以单独编制详细规划。在生态骨架与城镇空间结构确立的基础上,需要重点突出空间尺度、用地混合、休闲空间及道路交通四个方面内容。空间尺度上,突出低强度与高密度,与山水相融的同时,考虑尽量降低建筑高度,增强小镇的空间密度,在街区尺度的控制上体现街坊邻里的特色。用地高度混合是乡镇用地功能布局的一个重点,其中居住用地的兼容性与商业用地的复合性在镇区方案当中得到充分体现。街头巷尾及山边河边路边等非规整空间作为休闲空间的使用是小镇生活的特色,这些空间在用地方案当中需要得到细致梳理。同时,考虑到乡镇本身靠山近水的特点,市政公园绿地的比例不宜过高。在乡镇国土空间的道路交通规划层面,特别是对于山地小城镇而言,由于路网多采用自由式布局,且单位道路面积服务的其他功能用地有限,因此道路用地在镇区用地平衡中的占比可以适当提高。

7.1.2 安徽省亳州市十九里镇国土空间规划

7.1.2.1 基本情况

十九里镇为安徽省亳州市谯城区下辖的近郊型小镇,中药产业发展迅猛,人口集聚能力不断提升。在城乡融合、区域协调发展的大背景下,其发展思路和技术要点着重在三个方面发力:一是找准定位,着眼于亳州市全局发展,明确十九里镇的区域责任和发展定位,并提出相应的发展策略;二是着重解决发展的关键问题,强化全域范围内的空间和资源等要素的统筹,综合性地考虑"城—镇—村"的发展、开发与保护的协调,深度挖掘自身特色与资源;三是强化针对性和实施性,把握小城镇的发展核心,厚植产业发展根基,提出项目建设的行动计划,将十九里镇打造成为亳州都市圈中以休闲旅游、中医药文化特色为主导的生态经济发展示范名镇。

7.1.2.2 编制内容

(1)目标

联动中心城区一体化:以区域发展视角,梳理全域发展优势要素,突破传统发展路径,实现发展模式从"一隅"到"全域"的转变,构建新型城镇化新格局。一是主动承接中心城市功能外溢,做好周边工业区和职教园区的配套,并依托十九里镇人文和自然资源,适度发展教育科研,加快融入亳州市南部新区建设的步伐。二是强化国土空间用途管制,合理控制发展规模,推动产业向中心城区的园区集中,逐步实现镇区内的工业用地退出,加强土地集约高效利用,构建城镇一体化的绿色发展格局。

塑造地区门户:主动搭建交通平台,推动综合交通一体化建设,实现由"边缘"向"枢纽"的转型。一是依托济广高速出入口,做好城市车流接驳,树立城镇门户形象。二是依托镇区北部规划客运南站及公交枢纽站的区位优势,做好服务配套,有效引导城市人流。三是有效利用涡河四级航道、作业区及其配建旅游码头,形成涡河水上游览路线,与亳州市区构建便利的水运与陆运联系。

(2)格局

在双评估、双评价研究基础上,统筹协调生态空间、农业空间和城镇空间,明确土地用途并提出相应管控要求和管控措施,落实生态保护红线、永久基本农田保护红线和城镇开发边界,促进对国土资源的集约节约、高质高效利用。

(3) 要素

自然资源保护与利用：统筹山水林田湖草等要素管理，系统开展生态治理和修复，对一些生态敏感性较高、生态安全级别较高的区域，划定相应的生态廊道体系，增强自然资源承载力。

优化传统产业链条：做大做强以药为主题的专业化集镇，延伸产业链条，发展循环经济，提高产品附加值，推动主导型、扶植型、突破型产业分类发展，重点加强医药产业、农副产品加工业、中药材贸易、现代服务业等主导产业发展，扶植以中药材为主的现代农业，加快推动生态旅游、文化旅游、休闲产业等突破型产业发展。

强化项目策划推动一、二、三产融合发展：项目突破传统产业规划的方式，引入策划的手法，以中医药文化为主题，以"农业+旅游业"的模式，策划六大项目功能区，分别为中医药文化博览区、中医药养生体验区、中医药康复疗养区、生态休闲娱乐区、中草药基地观光区、酒文化展览区，并围绕功能区主题策划具体的实施项目，推动全域建成集种植、加工、研发、展示、教育、养生、治疗、观光、休闲娱乐于一体的生态旅游度假区。

(4) 单元

以高质量发展统筹全域空间布局：从全域规划的理念出发，对镇域用地整体进行布局，总体的思路分为纵三段、横三段。横向为城市用地功能三段式，分别为北部融入中心城区的区域、中部综合发展的老镇区、南部田园乡村区域，促进人口和产业在空间的合理布局，增强规模集聚效益。纵向三段式指从西向东引导开发强度的逐步降低，以及景观风貌由城镇向田园乡村的变化，全域形成"一轴三区，一带一楔"的空间布局结构，构建城景一体、互为依托、田园相间、协调发展的城乡格局。

以乡村特色化统筹美丽村庄建设：实施资源整合、更新改造、集中居住，合理有序地推进美丽乡村建设，新村尽可能集中在现有村庄建设用地上，共享公共配套设施。有条件的按城市居住区标准统一规划建设，提高市政设施和公共服务设施配套水平，加强村庄绿化和环境建设，深度挖掘十九里的乡村旅游产业和中医药文化，推动集体经济发展和农民增收。

土地整理：对农村土地进行综合整治，合理划定补充耕地的规模和布局。开展存量低效用地评估，对"空心村"、工矿废弃地以及其他低效闲置建设用地进行整理，优化调整农村建设用地布局，对低效的林草地和园地、耕地等进行提质改造，完善农林基础设施，改善农林生态环境。

(5) 地块

着眼品质提升城镇建设水平：以满足人民群众日益增长的美好生活需要为目标，以品质为导向优化城镇国土空间布局，提升服务功能，与中心城区建立一体化的公共交通、公共服务、基础设施、生态廊道等支撑体系。处理好生态环境保护与发展过程中的矛盾，保护好具有公共性和唯一性的重要资源，深度挖掘空间特色，塑造独具魅力的小城镇景观风貌，强化多层次、多样化的公共开放空间体系的构建，提升近郊型乡镇的宜居度。

7.1.3 广西壮族自治区融水县香粉乡国土空间规划

7.1.3.1 基本情况

香粉乡位于广西柳州市融水县中部，地处湘黔桂、风情柳州、大桂林三大旅游圈的交界处，下辖8个行政村，面积为151 km²；生态环境优美，森林覆盖率达81%；地形以"八山一水一分田"为特色，主要农作物包括毛竹、水稻、杉木、茶叶和药材等，有"毛竹之乡"的美称。2018年全乡总人口为14 206人，其中苗、瑶、侗等少数民族占80%。香粉乡自然风光绮丽，民族风情浓郁，旅游资源丰富，是2019年柳州市唯一入选全国农业产业强镇建设名单的乡镇。香粉乡国土空间总体规划被列入广西四个乡(镇)级国土空间规划先行先试之一，与融水县级国土空间总体规划同步编制，将为广西乃至全国的乡镇国土空间总体规划编制提供试点参考[①]。

7.1.3.2 编制内容

(1) 目标

坚持以问题为导向与目标导向相结合的原则，围绕"解读香粉、谋划香粉、行动香粉"三条主线展开。具体工作内容包括"转底图、控底线、保生态、谋发展、重品质、强实施、数据库"七个方面。在落实县级"三区三线"规划的基础上，重点规划内容为土地整治与生态修复、要素配置、乡村发展和集镇区建设、实施保障等。规划提出了"底线管控、结构效率、生活品质"三类指标，共计25项。具体包括：底线管控指标(落实生态保护红线、基本农田保护、河湖水面保护等约束性指标)，结构效率指标(乡域与集镇的人口规模、土地利用效率等预期性指标)，生活品质指标(农村生活垃圾处理率、污水处理率、农村水质达标率等)。

(2) 格局

坚持开发与保护并重的原则，优化全域空间格局。以"生态立镇、旅游兴乡、城建塑镇、产业富民"为核心理念，依托现代特色农业和生态风情旅游业两大产业抓手，明确香粉乡的发展定位为"广西北部宜业宜居的农业产业强镇、融水县环元宝山旅游圈的重要节点"。乡域层面，规划构建了"一核、两轴、两区"的全域国土空间保护和开发格局。其中，"一核"指的是以集镇为中心的核心发展区，"两轴"则分别指农旅发展主轴和农旅发展次轴，"两区"则包括西北部的水源涵养及生态保护区和南部的特色农业发展区。

规划衔接并落实了县级"双评价""生态保护红线和基本农田保护研究"以及"城镇开发边界划定"等专题成果。在此基础上，对县级划定的香粉乡"三区三线"进行了优化调整，最终确定了生态空间、农业空间和城镇空间的面积及占比。

(3) 要素

香粉乡地处元宝山国家自然保护区的核心区域，60%的区域被纳入保护范围，农林资源和旅游资源丰富，同时生态地位和旅游开发价值高。生产生活、旅游开发与生态保护之

---

① 王志玲,董彦,张琳,等. 乡镇国土空间总体规划编制重点及对策：以广西融水县香粉乡国土空间总体规划为例[J]. 规划师, 2020, 36 (11): 40-48.

间存在矛盾。因此,香粉乡的发展规划策略包括:秉持生态优先理念,严格控制建设用地总量,确保生态安全。结合生态和旅游资源优势,推动产业转型升级,提升特色旅游品质。合理调整生态保护红线,预留产业发展空间,实现发展与保护的动态平衡。重点发展农林旅相结合的"菌·旅"经济,深度开发食用菌相关的旅游产品,丰富旅游资源内涵。构建以现代特色农业和生态风情旅游业为主导,竹木加工和风电能源为辅助的"2+2"现代产业体系。形成"一核、两区、三基地"的产业发展空间结构,即以集镇区为核心,北部旅游经济区和南部农林经济区为两翼,林下食用菌种植基地、特色养殖基地和风情旅游示范基地为支撑的产业发展格局。

对于村庄发展引导,规划综合考虑各村的人口数量、耕作半径、交通条件、经济水平、设施配套、生态保护红线、历史遗产保护和增减挂钩项目等因素,从行政村和自然村两个层面将村庄划分为集聚提升、城郊融合、特色保护、搬迁撤并和保留改善五种类型。

(4) 单元

针对香粉乡山、水、林、田、湖、草各要素存在的问题和环境条件,在大保护、小修复的理念指导下,统筹推进全域国土综合整治和生态修复,构建"山水林田湖草生命共同体"。国土综合整治按农村、城镇和矿区分类进行,其中农村土地整治包括旱改水、坡改梯、永久基本农田恢复、低效耕地整治、低效园地整治、易地扶贫搬迁和增减挂钩土地复垦六大整治工程,共约 350.48 hm^2;城镇土地整治主要为旧城镇、旧厂房、旧村三类低效用地的整治,涉及面积为 5.13 hm^2;矿区整治位于香粉乡东北部,面积约为 0.69 hm^2。国土生态修复主要包括六甲河流域生态保护及环境治理、水尾屯和木棒山水源地保护、落久水利枢纽生态修复、林地抚育、速生桉相林改造五大修复工程,涉及面积约为 1 380.7 hm^2。

(5) 地块

提升空间品质,建设苗乡集镇:在集镇区层面,以"重点向北挺进,积极向南延伸,严控向东发展,优化向西拓展"为发展方向,规划形成"一轴、三心、三片区"的布局结构。其中,"一轴"指由六甲河形成的滨江发展轴;"三心"包括综合服务中心、旅游服务中心和文化核心;"三片区"为综合服务片区、居住片区和特色产业片区。

7.1.4 湖南省衡南县宝盖镇国土空间规划

7.1.4.1 基本情况

宝盖镇位于湖南省衡阳市衡南县东部,东接郴州安仁县和衡东县,南连耒阳市,北靠花桥镇,西临冠市镇,有"一鸡鸣四县"之说,截至 2020 年 6 月下辖 2 个社区与 16 个行政村。2020 年,宝盖镇共有户籍人口 51 397 人,非农业人口 9 401 人,镇区常住人口约 4 600 人,土地总面积 17 651 hm^2,其中耕地占比 25.46%、林地占比 54%、建设用地占比 6.74%。产业方面,宝盖以农业种植和养殖为主导,无工业企业。种植业以水稻、烟叶、茶叶、银杏、油茶等为主,养殖业以生猪、生牛养殖为主。镇域共有茶场 2 家,养殖企业 3 家,种植企业 1 家。旅游业方面,银杏公园、黄金海公园等近年来年接待游客量超10万人次,旅游发展态势较好①。

7.1.4.2 编制内容

(1) 目标

规划编制过程牢固树立和贯彻落实创新、协调、绿色、开放、共享的新发展理念,在资源环境承载能力和国土空间开发适宜性评价的基础上,结合衡阳市与衡南县的国土空间规划目标,从社会发展、底线管控、结构效率、生活品质、整治修复等方面制定了《宝盖镇国土空间总体规划(2020—2035)》的发展目标体系。规划对宝盖镇的基础条件、生态重要性、农业开发适宜性、建设开发适宜性以及特征风险进行了详细评估,并建立了宝盖镇基础评估体系。在此基础上,规划结合衡南县国土空间规划、十四五发展规划、土地利用规划等上位规划及相关规划,依据基础现状评估,考虑宝盖镇自身的特色与基础,提出了宝盖镇"湖南省旅游文化名镇·衡南县特色农业强镇"的总体发展定位。

(2) 格局

宝盖镇通过传导落实县级国土空间规划指标,严格管控 3 429 hm² 永久基本农田和 1 478 hm² 生态保护红线,并根据湖南省自然资源厅统一下发的 63 hm² 城镇建设用地指标,合理划定 94 hm² 的城镇开发边界,三条控制线达到了边界不交叉、空间不重叠、功能不冲突的要求。在此基础上,规划制定了宝盖镇城镇开发边界内外的开发管控措施。镇集中建设区内采用"用途管控单元划分详细规划引导"的规划传导形式,划分了用途管控单元,并以此引导详细规划。开发边界外则划定了自然保护地、重要水源地、文物保护地等具有特殊保护与利用价值或意义的区域,并相应制定了管控措施。

(3) 要素

规划以生态优先为发展理念,明确了宝盖镇重要的生态廊道、生态屏障和网络,构建了连续、完整、系统的生态保护格局,划定了"一水一屏,多廊多点"的生态保护空间,即以沙河为主体构建河湖水网生态系统,以天光山作为生态保护屏障,打造多条溪流生态廊道、绿色防护廊及水库、水源保护地等多个生态资源节点。以宝盖镇内"一屏一带"地形地貌(由东部天光山生态屏障、沙河生态保护带组成的镇域地理保护格局)的基本特征为基础,结合衡南县"双评价"成果,以生态廊道、交通网络、镇(乡)村结构为基础,划定了宝盖镇域"两核四心,三轴三区,多廊多点"的总体格局。

宝盖风景秀丽,山清水秀,自然人文旅游资源丰富,具有较高的生态地位和旅游开发潜力。但由于旅游业发展处于起步阶段且具有季节性等特征,旅游业对就业的带动能力较弱,还未形成高附加值产业链,经济效益还未显现。宝盖镇在国土空间规划开发的过程中秉持着特色导向的思路,结合生态和旅游资源优势,以银杏、古建筑旅游为特色,合理调整生态保护红线、永久基本农田和城镇开发边界,预留产业发展空间,丰富旅游资源内涵,以求最大化发挥旅游资源经济价值。

(4) 单元

在前述基础上,规划将 6 个村 5 141.4 hm² 划定为土地整治重点片区,对农用地、建

---

① 刘伍洋,刘静,张成智,等. 基于"精明收缩"的乡镇"收缩型规划"转型路径及趋势研究:以衡南县宝盖镇国土空间规划为例[J]. 小城镇建设,2021,39(9):45-55.

设用地进行整理,实施生态修复,并以此提高土地集约利用率。

(5) 地块

在前述基础上,结合宝盖镇的人口规模与结构、交通格局以及未来产业发展,确定了城乡建设用地,并依据宝盖镇特色,合理布局了交通、市政、公共服务、旅游等配套服务设施,以人为本,以期提高镇域常住人口生活与生产的便利性。

7.1.5 小结

通过对四个案例的梳理,为开展乡镇国土空间总体规划的编制和相关技术导则的制定提供了实践支撑与佐证案例。我们可以总结出乡镇国土空间总体规划的编制重点与对策:

(1) 构建乡镇国土空间规划内容体系,强化指标落实

对案例编制内容按照五级编制框架进行梳理,可以看出,五级编制框架基本覆盖了乡镇国土空间规划的重要内容,而构建简洁实用的乡镇空间规划体系,对于乡镇国土空间规划编制具有引领作用。同时,乡镇国土空间规划指标体系强调纵向传导落实,包括逐级落实和逐级细化两种方式:前者指每一层级规划都设置相应指标,上下联动、协调制定并各自落实;后者指部分指标在上级规划中不做要求,在下级规划中细分。简化非空间性要素的内容,强化"定量化、坐标化、可监管、可传导",重点明确县市级国土空间总体规划约束性指标和刚性管控要求的传导落实,加强规划传导的强制性。

(2) 生态优先,落实底线管控,推进生态修复

在乡镇国土空间规划中,生态优先是根本的指导思想。衔接和落实县级"双评价"成果,以县级三类空间结果为基础,根据乡镇实际优化调整县级划定结果,最终确定生态、农业和城镇空间。同时衔接和落实县级"生态保护红线和基本农田保护研究""城镇开发边界"等专题成果,对县级划定的乡域三条控制线进行正向优化调整。

衔接县级"国土综合整治和生态修复"专题,分类明确农村土地整治、城镇土地整治和矿区综合整治的重点工程,系统制定山体、水源、水库、林业生态和土壤等生态修复措施。同时建立整治项目库和生态修复项目库,落实建设地点、建设内容、年限、规模、资金预算和来源,增强规划的可操作性。

(3) 构建乡镇国土空间总体格局,优化乡镇三类国土空间

按照乡镇总体定位和发展目标,落实上位规划划定的生态、农业、历史文化等重要保护区域,因地制宜确定乡镇国土空间保护、开发、利用、修复、治理的总体格局,统筹三大类用地。

乡镇三类空间布局应遵行核验落实、微调反馈的基本原则,保持县市国土空间总体规划划定三类空间总体格局不变,在省(自治区)、市等上级下发"双评价"成果中的三类空间结果的基础上进行校核调整。

(4) 谋划乡镇产业经济等发展目标,重点提升人居环境品质

落实县级规划的战略和目标任务,根据乡镇的特色资源禀赋、经济社会发展状况、历史文化特色和城乡发展诉求等,确定不同时段的发展定位和目标。明确产业发展方向,制定乡村禁止和限制发展产业目录,引导产业空间高效集聚利用,推动城乡融合发展。结合

生态和旅游资源优势,推进农林旅结合,实现产业转型升级和特色旅游提升。打造宜业宜居的产业强镇,切实平衡发展与保护的关系。

保证集镇区建设用地指标,挖掘增存量用地。首先是盘活存量空间、已供未建用地(闲置用地)和增减挂钩(批而未建)用地指标;重点识别旧厂房、旧村(含水库移民搬迁和其他撤村并点)建设用地指标。配置符合人群特性的公共设施,实现高品质生活。结合广场、河流水域、公园绿地和文化场所等重要景观节点,营造具有地域特色和民族特征的标志性公共活动空间,提升人居环境质量。统筹自然历史文化传承与保护,尊重乡村山水格局和自然脉络,顺应乡村地形地貌、河湖水系等自然环境,延续乡村传统空间格局、街巷肌理和建筑格局。深入挖掘和梳理乡村历史文化资源,明确和制定文物古迹、传统村落、民族村寨、传统建筑等的保护措施。

(5)"一张图"无缝衔接,落实近期实施重点项目

构建全域"一张图"是乡镇层级国土空间规划编制的首要任务,必须实现与县级"一张图"的无缝衔接。落实县市级国土空间规划近期实施要求,制定并分解乡镇五年发展目标计划和项目库。项目库应明确项目名称、建设性质、建设内容、用地规模、投资估算、涉及区域、建设年限和项目业主等内容。同时,落实乡镇土地储备、土地整治、分年度计划的空间落实等实施任务。

7.2 村庄规划实践案例

在湖北省的村庄中,选取五种类型的典型代表,开展实证研究,按照本研究的要求,重新编制规划成果,以期为各类村庄规划实践提供参考。

选取集聚提升类村庄:鸡头山村;城郊融合类村庄:黄荆塘村;农耕传承类村庄:新河口村;特色保护类村庄:青林寺村;搬迁撤并类村庄:十里桥二村。

重新绘制的编制成果包括:各村的全域国土综合整治规划图、村域综合规划图、国土空间用途结构调整表以及全域国土综合整治重点项目一览表。

7.2.1 集聚提升类村庄规划编制实证研究——以鸡头山村为例

(1)鸡头山村村庄规划概况

村庄总体概况:鸡头山村位于宜都市五眼泉镇清江南岸,紧临高坝洲电站,气候宜人,人居环境良好。地势以丘陵为主,西高东低呈梯形分布。境内水源较为丰富,长江在鄂西北最大的支流——清江,流经鸡头山村北部。

全村辖 8 个村民小组 984 户 2 990 人,外出务工 538 人。村域面积约 1 272 hm^2,紧邻陆渔一级公路,交通便利。产业以第一产业(柑橘种植、鱼塘养殖业)为主,并形成一定规模,村内有专门的柑橘合作社。村内公共服务设施基本完善,基础设施基本完善,生活供水供电得到有效保障。

通过现状调研开展 SWOT 分析,最终确定村庄定位:五福四美,鸡鸣东方。鸡头山村定位为聚集提升类村庄,科学定位村庄发展方向,优化产业结构,美化环境,积极发展旅游产业,建设文明宜居的美丽村庄(图 7.1)。

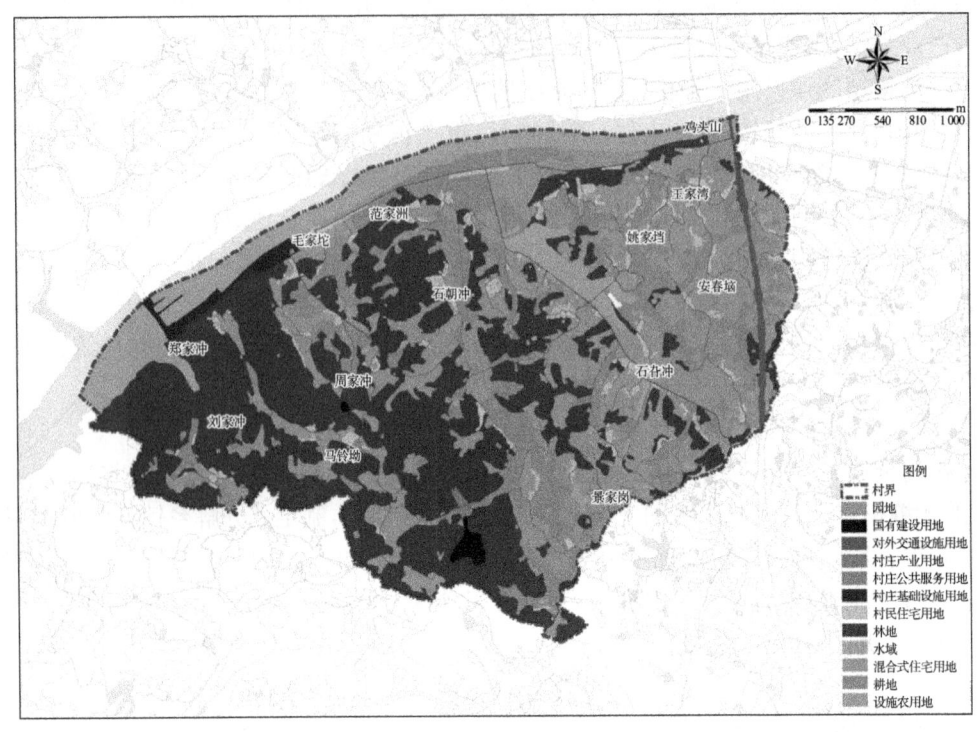

图 7.1 鸡头山村土地利用规划图

村庄规划编制成果中缺少与全域国土综合整治有关的内容,村庄规划实施缺少指导,在"实用性"上有所欠缺。

(2)鸡头山村村庄规划编制成果(图 7.2)

根据基础调研,可以看出鸡头山村位于清江南岸,毗邻清江高坝洲水电站,山村环境优美,自然资源丰富,是"全国文明村"。地处丘陵地带,水源充足,农业发展基础优良,现有四大支柱产业,村内经济状况环境状况良好。

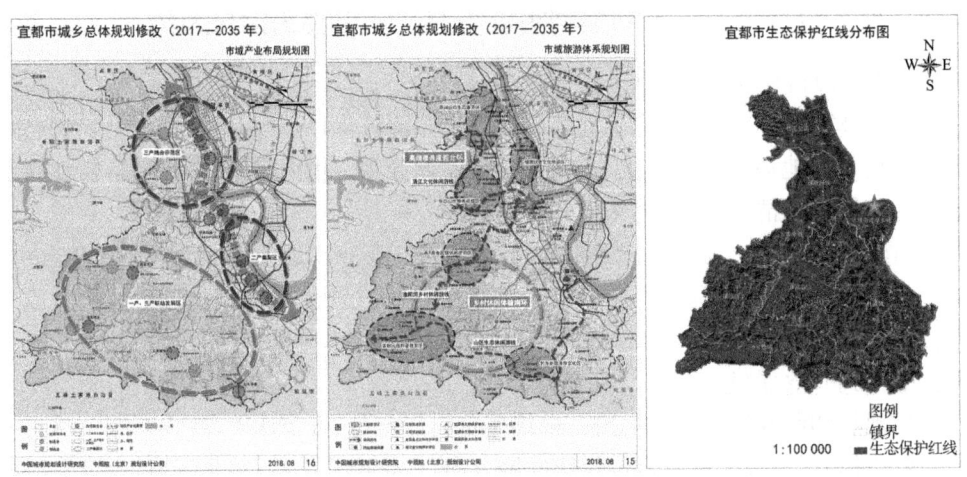

图 7.2 鸡头山村上位规划图

根据宜都市城乡总体规划（上位规划），鸡头山村位于一产、三产融合示范区内，地理位置优越。规划中明确将鸡头山作为农业休闲观光产业的核心点，且该区域不在生态保护红线范围内。

综合现状情况及上位规划，按照村庄规划分类指标进行分类，鸡头山村不位于生态保护红线范围内，缺少地方特色，距离城区有一定距离，但是产业基础条件好，村庄规模较大。符合集聚提升类村庄特点：现有规模较大、距离城镇较远、资源禀赋优越、产业基础条件较好。

在村庄空间布局中，通过村湾撤并对建设用地进行布局优化，结合土地复垦等全域国土综合整治项目来开展实施。通过国土空间绿化美化，增加广场绿地，打造沿清江景观带，美化村庄环境。结合全域国土综合整治对农用地布局进行梳理，推进农业生产规模化。

在编制成果中，按照两图（村域综合规划图、全域国土综合整治规划图）、两表（国土空间用途结构调整表、全域国土综合整治重点项目一览表）进行重新编制，最新成果如图7.3所示。

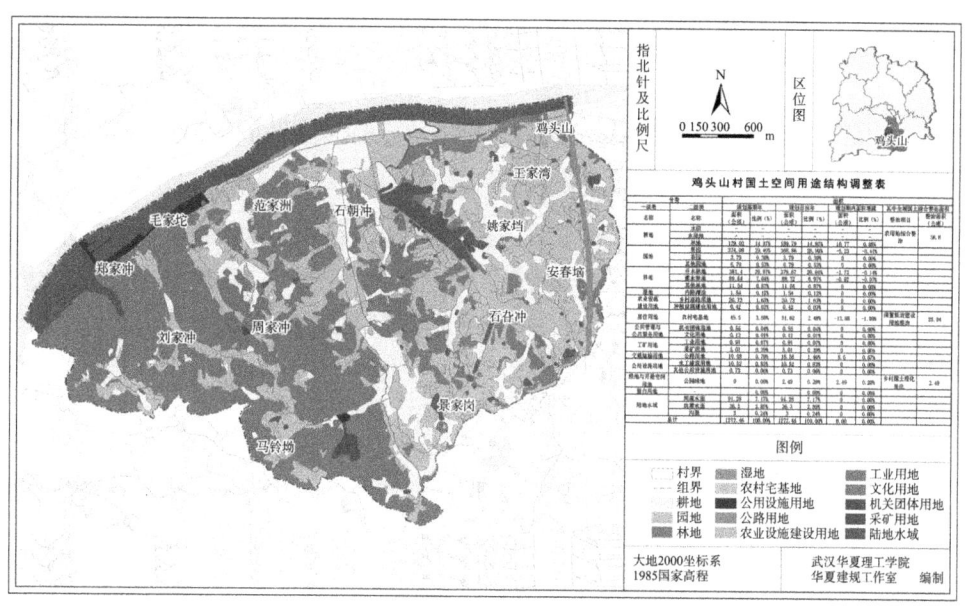

图7.3 鸡头山村村域综合规划图

在编制过程中，按照最新的《国土空间调查、规划、用途管制用地用海分类指南（试行）》，对"三调"数据进行重新分类整理（图7.4）。

华中地域乡镇村国土空间规划编制研究——以湖北省为例

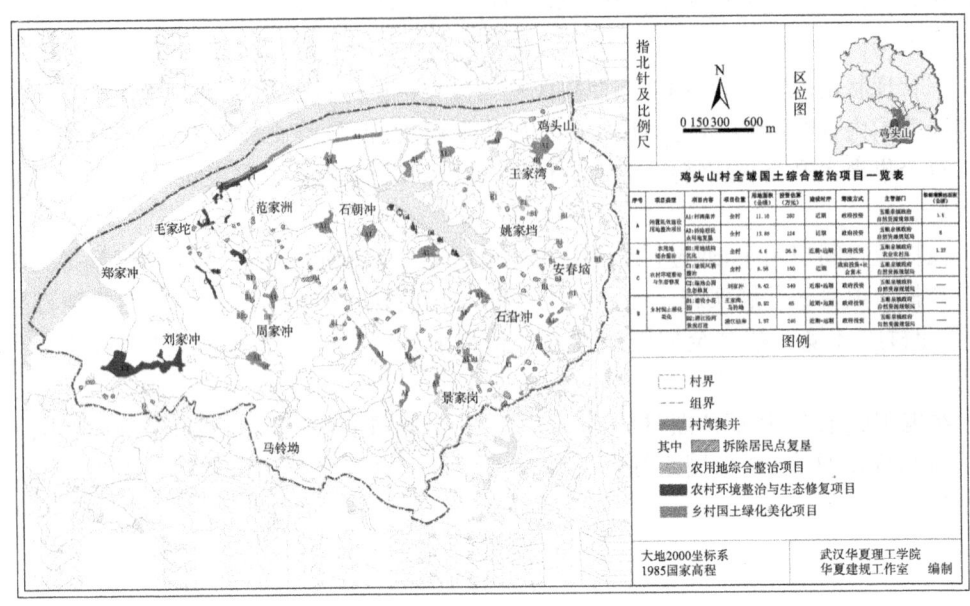

图7.4 鸡头山村全域国土综合整治规划图

7.2.2 城郊融合类村庄规划编制实证研究——以黄荆塘村为例

(1) 黄荆塘村村庄规划概况(图7.5、图7.6)

村庄总体概况：黄荆塘村位于咸宁市咸安区汀泗桥镇北部，毗邻镇区，且村内有G107穿过，交通区位优势明显。村庄版图面积约为10.07 km²，现有16个村民小组，农户420户，总人口1 904人。黄荆塘村处于丘陵地带中，地形起伏较大。

村民主要收入来源为务农、村内茶叶合作社分红和外出务工。村内目前茶叶种植加工产业发展前景较好，是咸安区首个茶叶专业重点村。

黄荆塘内各村组的公共服务设施基本齐全，能够保障居民基本的娱乐生活需求。基础设施大部分齐全，现有的设施无损坏和污染，未影响居民生产生活。但村域也存在道路系统不够完善且未通自来水等问题。

村庄定位发展为：多彩黄荆塘，农旅宜居村。打造为发展茶叶生产、生态旅游观光，宜人宜居的城郊融合类村庄。

(2) 黄荆塘村村庄规划编制成果

黄荆塘村紧邻咸宁市咸安区，距离集中建设区的距离小于5 km，不在生态保护红线范围内，符合城郊融合类村庄特点。

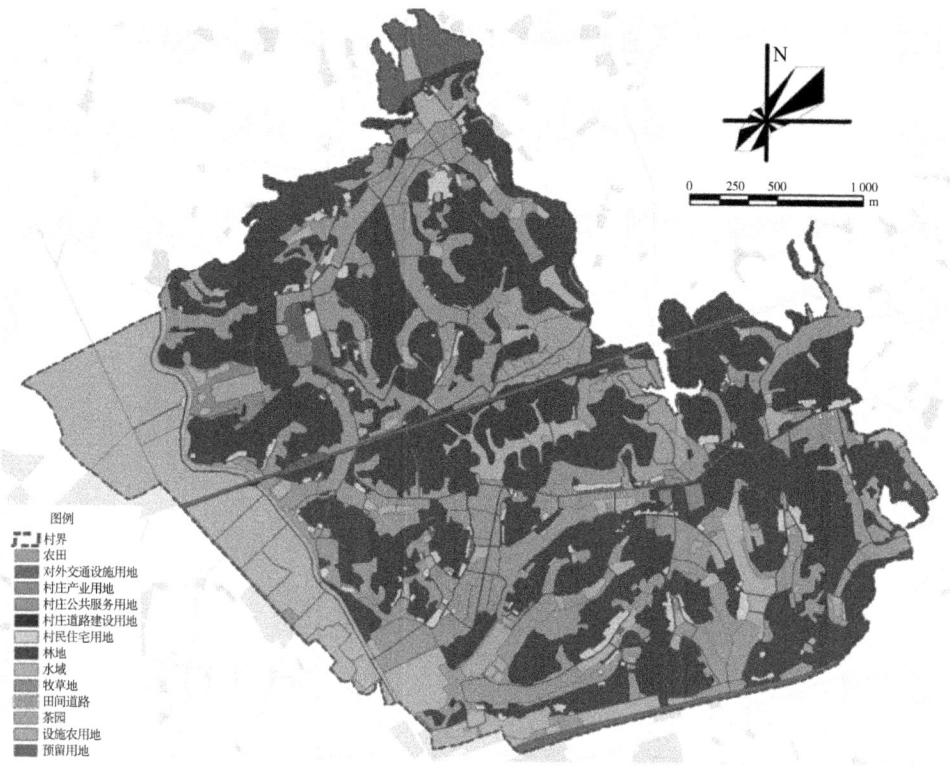

图 7.5 黄荆塘村土地利用规划图

图 7.6 黄荆塘村区位图

在村庄空间布局中,通过优化闲置土地和低效建设用地的布局,预留产业用地,推动城乡产业融合发展的加速。通过国土空间的绿化美化,在保留乡村风貌的基础上,进一步提升村庄环境的美观度。在编制成果方面,按照两图两表进行重新编制,最新成果图如图7.7、图7.8所示。

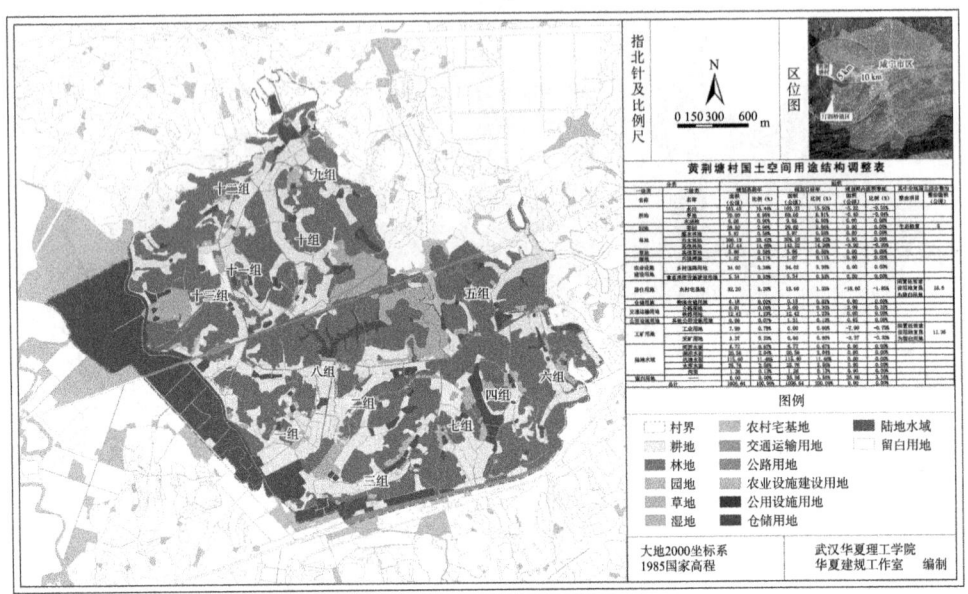

图 7.7 黄荆塘村村域综合规划图

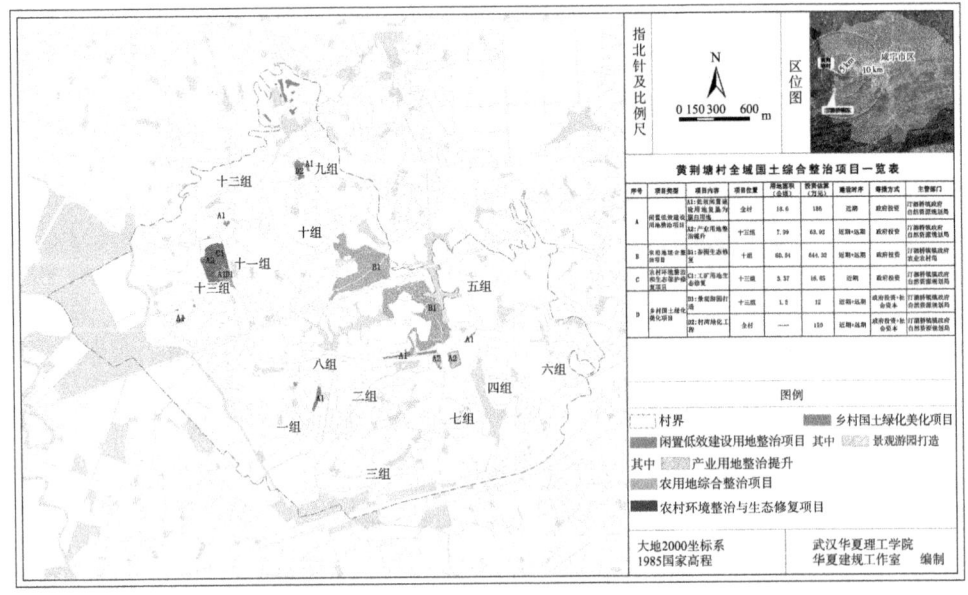

图 7.8 黄荆塘村全域国土综合整治规划图

7.2.3 农耕传承类村庄规划编制实证研究——以新河口村为例

(1) 新河口村村庄规划概况(图7.9)

村庄总体概况:新河口村位于监利县周老嘴镇西南部,村庄版图面积约为8.12 km²。现辖有10个村民小组,户数693户,村域人口3 245人。

村内经济水平位于监利县中等水平,村民主要收入来源为务农、外出务工。新河口村现状产业主要为水稻种植,是传统的小农经济,一产为主,产业附加值不高,未形成特色化。建设用地占比不高;非建设用地呈现农田为底,水系发达的特点。车辆通行主要以沿蛤蟆口河的主干路为主,村庄内干路及支路道路狭窄,需要等待拓宽,部分生产道路品质较差,需要拓宽、新建碎石路。村内整体公共服务设施较完善,但教育设施、农贸市场和老年设施不足。

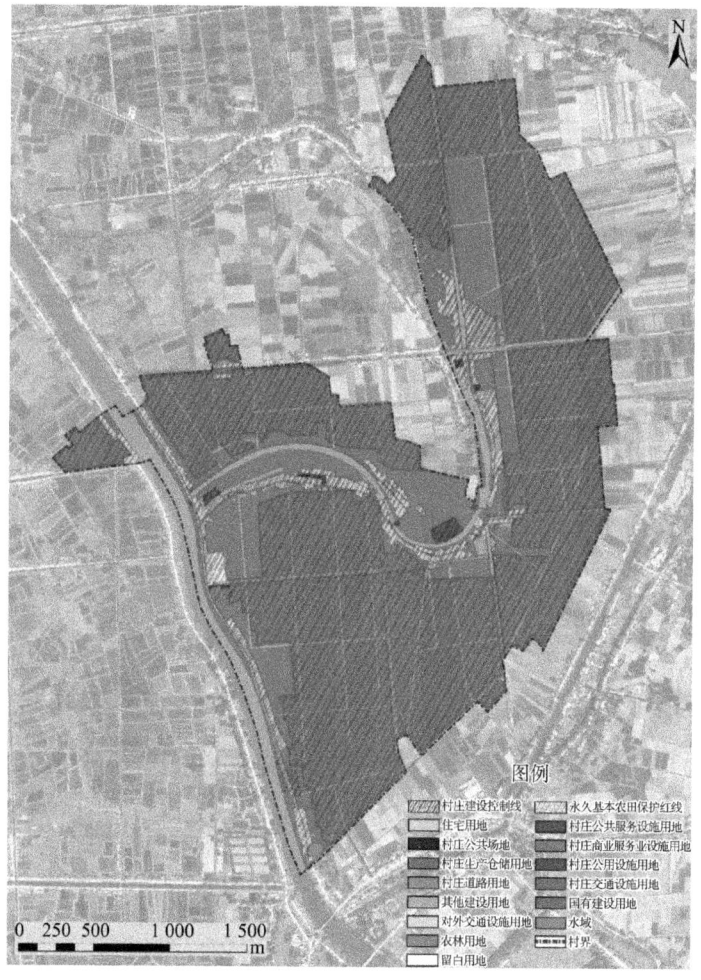

图7.9 新河口村土地利用规划图

新河口村定位为农耕传承类村庄,规划依托新河口村良好的农业基础和交通区位优势,与镇域副中心——周沟集镇联动发展,以"绿色农业、美丽村居、生态建设"为原则,推进村庄人居环境整治,探索乡村生态型产业发展,将新河口村打造成为:集美丽宜居、休闲娱乐、田园风光、生态建设为一体的周老嘴镇乃至监利县内的"生态宜居高产农田样板村"。

（2）新河口村村庄规划编制成果

新河口位于湖北荆州市江汉平原腹地，村域用地未划入生态保护红线范围，距离镇区约9 km，没有明显的地方特色，是传统的小农经济，以一产为主，是非常典型的农耕传承类村庄。

在村庄规划中，通过对闲置低效建设用地进行布局优化，增加耕地面积，重点对农用地进行整治，完善农业设施用地，进一步推进规模化生产。在编制成果中，按照两图两表进行重新编制，最新成果图如图7.10、图7.11所示。

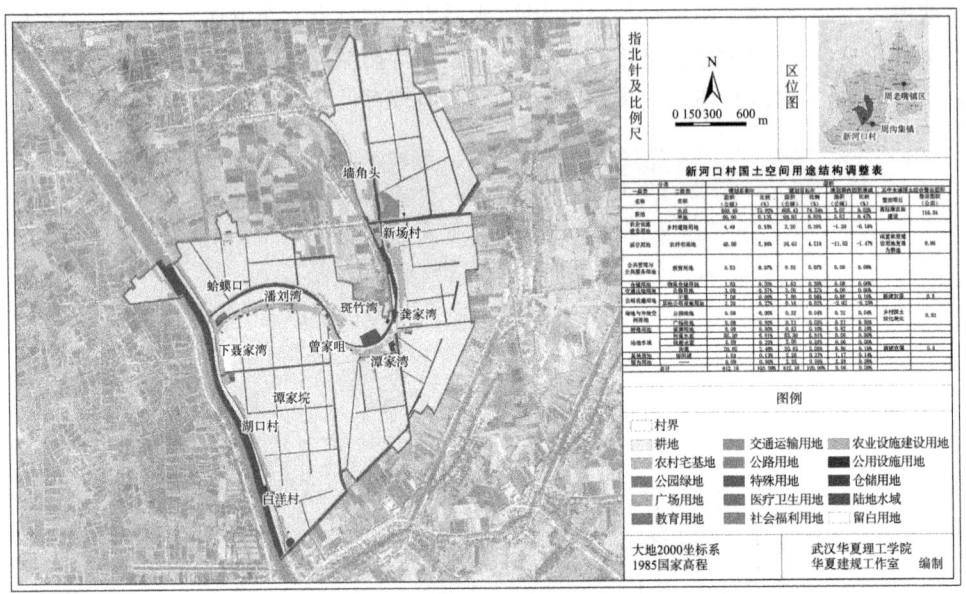

图7.10 新河口村村域综合规划图

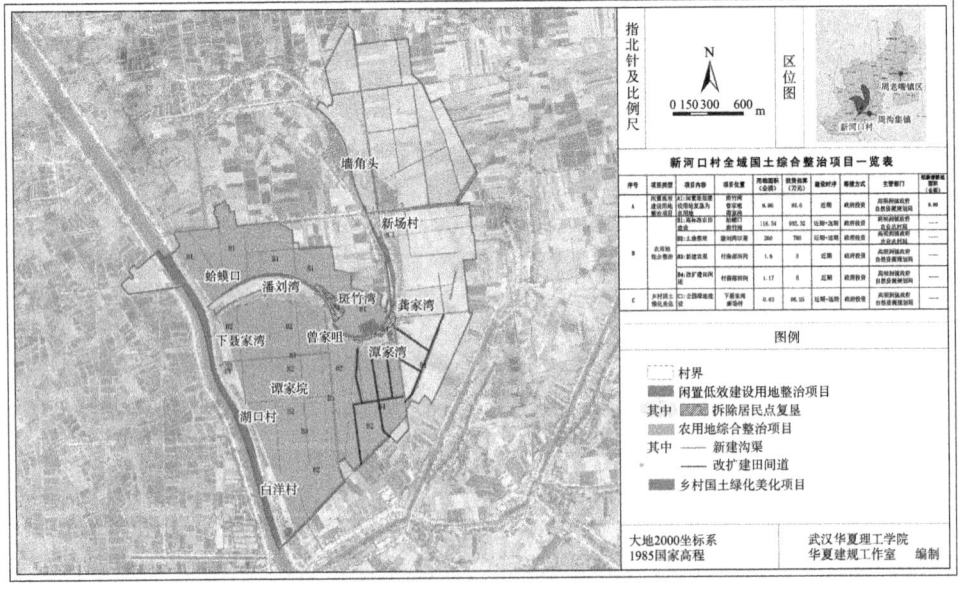

图7.11 新河口村全域国土综合整治规划图

7.2.4 特色保护类村庄规划编制实证研究——以青林寺村为例

(1) 青林寺村村庄规划概况(图 7.12)

村庄总体概况：青林寺村坐落在湖北省高坝洲镇清江高坝洲库区北岸，村庄版图面积约 910 hm²，2019 年辖有 5 个居民小组，全村户数 327 户，村域人口 1 089 人。紧邻 318 国道，宜(昌)岳(阳)高速公路穿村而过。

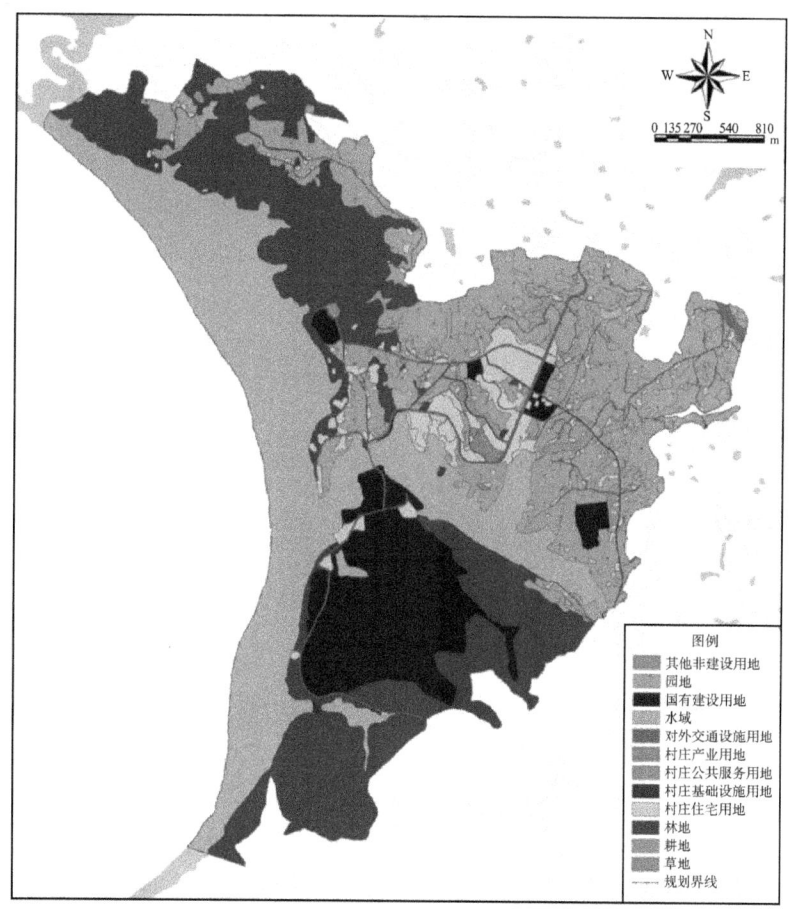

图 7.12 青林寺村土地利用规划图

村内经济水平位于宜都市中上等水平，村内目前建设的项目有康养镇、天龙湾国际高尔夫俱乐部、半开放式军事文化主题公园。该村由古寺、宝塔、碑林等组成的青林古寺景点群，由亭台楼阁、码头、乌篷船、茶坊酒肆组成的明清水街景点群，由谜语宫、谜语长廊、民俗文化广场等组成的民俗文化景点群，以及港湾风情景点群、渔耕文化及美食文化景点群等项目正在规划建设中。

该村设有老年活动中心、卫生室，多处设公厕，安置小区中多处设有健身运动设施，公共服务设施较完善。村内水、电、路、天然气、光纤等基础设施配套齐全。

发展定位：该村属于特色保护村庄，村域四周遍布古人类遗址，村名源自历史上曾经存在的青林寺寺庙，如今村内仍有青林寺的遗迹。青林寺流传着上万则民间谜语，是中国第一部以村落为题材的谜语谜歌集的诞生地。2003年，青林寺村被中国民间文艺家协会命名为"中国谜语村"；2006年，青林寺谜语入选第一批国家非物质文化遗产保护名录。该村也凭借天然的山水资源，正从种植养殖产业向康养产业转型，致力于打造青林寺村康养小镇。

（2）青林寺村村庄规划编制成果

青林寺村属低岗丘陵地貌，最低处为村西，村南方向沿清江水岸线，村域用地未划入生态保护红线范围，该村离高坝洲镇约13 km。村庄特色非常明显：青林古镇是清江（宜昌）康养产业试验区的核心区，是国家发改委认定的第一批康养小镇；特警训练基地是宜昌市公安局投资建设的训练基地和半开放式军事文化主题公园；等等。青林寺村属于特色保护类村庄。

在村庄规划中，对产业布局进行优化，重点对生态敏感区进行修复整治，尽可能地保留村庄特色。在编制成果中，按照两图两表进行重新编制，最新成果如图7.13、图7.14所示。

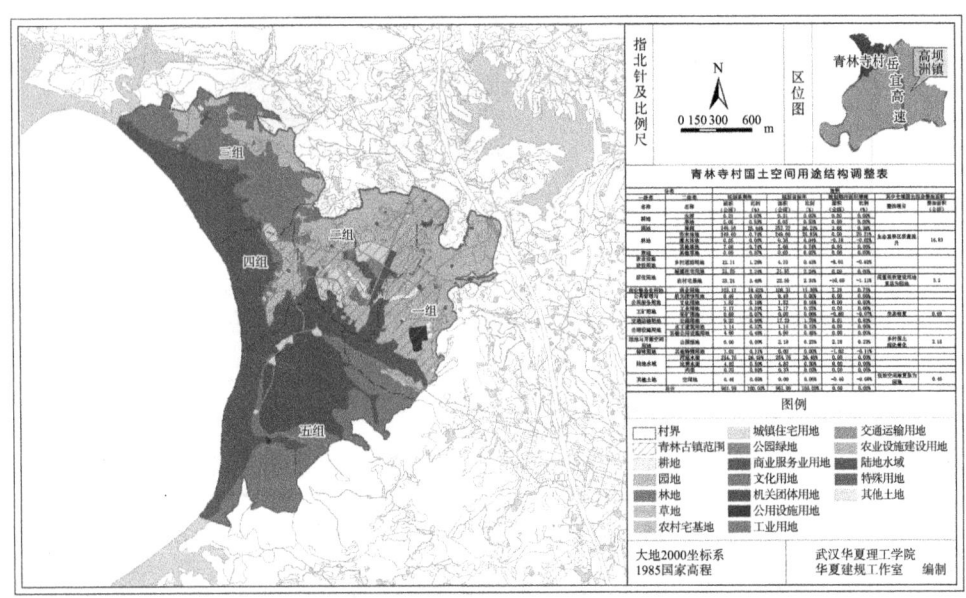

图7.13　青林寺村村域综合规划图

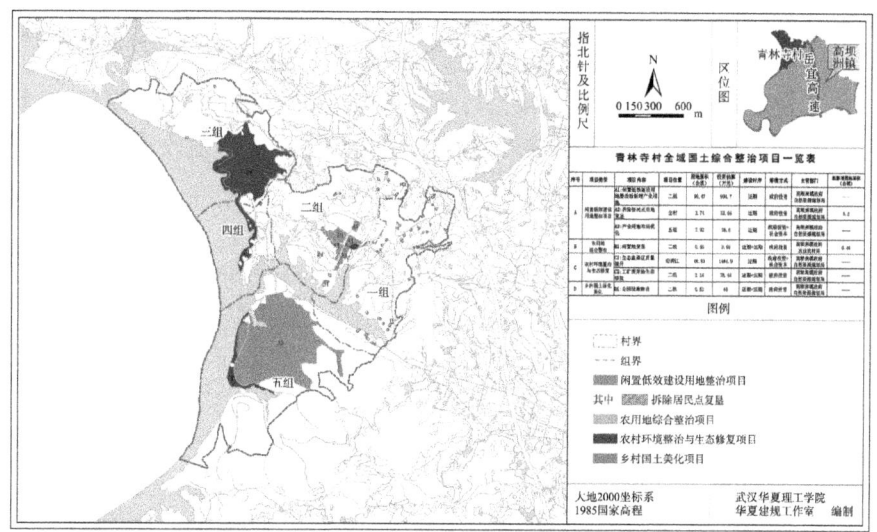

图 7.14 青林寺村全域国土综合整治规划图

7.2.5 搬迁撤并类村庄规划编制实证研究——以十里桥二村为例

（1）十里桥二村村庄规划概况（图 7.15）

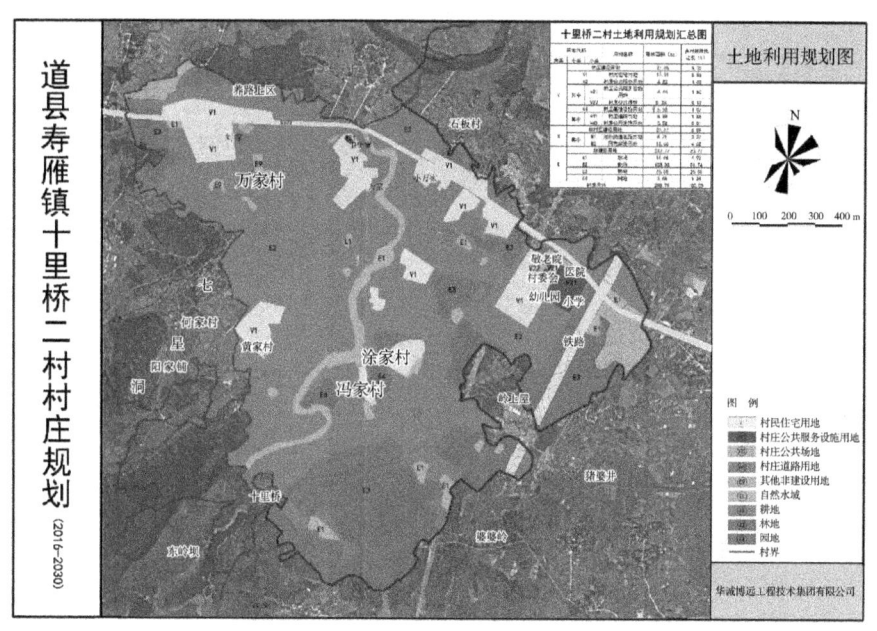

图 7.15 十里桥二村土地利用规划图

村庄总体概况：十里桥二村位于湖南省永州市道县寿雁镇的东部，S323 穿村而过，距离寿雁镇镇区 3.45 km。村落东南侧为丘陵，中西部主要为基本农田。十里桥二村现状户数 395 户，现状总人口 1 985 人，人均经济收入为 2 830 元，村民的主要经济收入来源以水稻、油茶、红薯、玉米、花生、大豆等种植为主,村庄产业发展动力不足。十里桥二村总面积 2.96 km²,耕地 160.66 hm²。规划总用地面积 295.78 hm²。

村庄未来发展定位:通过对十里桥二村的产业升级、建筑整治、道路序化、公共设施建设、环境改善、市政管线建设等综合规划,使村庄整体风貌得到明显改善。以特色种植(水稻、油茶)为基础,推动经济整体发展,打造宜居美丽乡村。

(2)十里桥二村村庄规划编制成果

十里桥二村由原涂家村、万家村两个村合并而成,涂家村原村委会所在村湾由于生态环境急剧恶化,整体搬迁至新农村选址处,是典型的搬迁撤并类村庄。

在村庄规划中,重点对搬迁地区进行生态修复整治。在编制成果中,按照两图两表进行重新编制,最新成果图如图 7.16、图 7.17 所示。

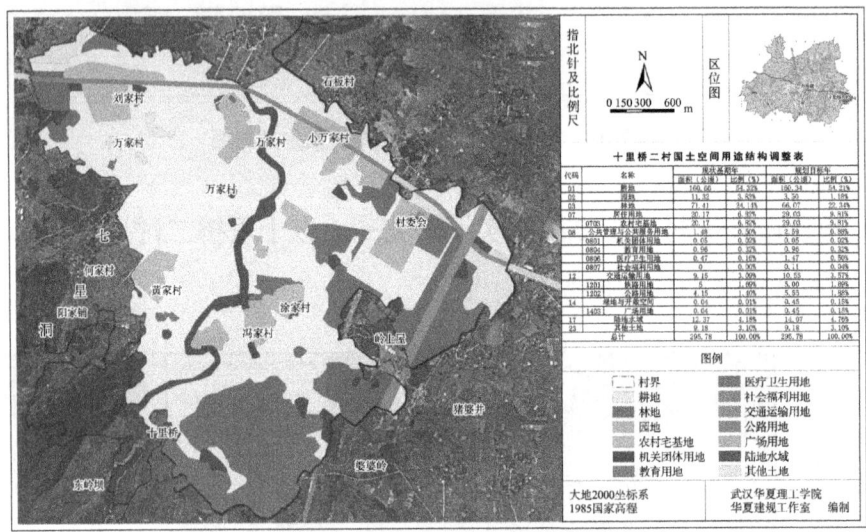

图 7.16 十里桥二村村域综合规划图

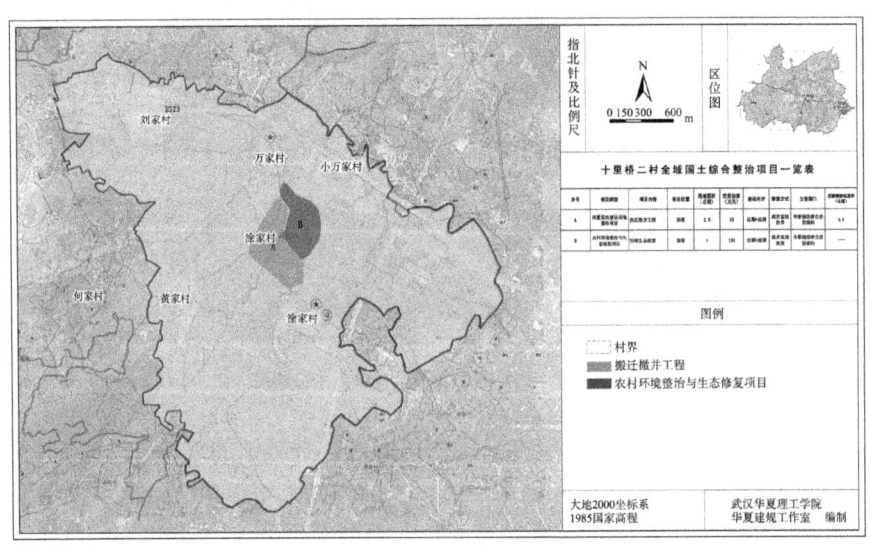

图 7.17 十里桥二村全域国土综合整治规划图

附件

湖北省各乡镇分类情况及碳源、碳汇、碳排放数据

湖北省各乡镇分类情况及碳源、碳汇、碳排放情况一览表

序号	所属市/区/州	所属市/县/区	乡镇	碳源/吨	碳汇/吨	碳排放/吨	乡镇类型	发展指引
1	天门市	天门市	多宝镇	22 411.900 4	−547.416 992	21 864.5	现代农业	重点发展
2	天门市	天门市	多祥镇	11 590.099 6	−407.484 009	11 182.599 6	均衡发展	重点发展
3	天门市	天门市	佛子山镇	9 269.599 61	−560.744 995	8 708.860 35	现代农业	优化提升
4	天门市	天门市	干驿镇	6 441.149 9	−422.324 005	6 018.819 82	均衡发展	优化提升
5	天门市	天门市	横林镇	10 951.599 6	−196.343 002	10 755.200 2	现代农业	重点发展
6	天门市	天门市	胡市镇	5 386.540 04	−616.390 015	4 770.149 9	现代农业	重点发展
7	天门市	天门市	黄潭镇	9 488.570 31	−101.737	9 386.830 08	现代农业	城郊融合
8	天门市	天门市	蒋场镇	8 221.419 92	−117.335 999	8 104.080 08	现代农业	优化提升
9	天门市	天门市	净潭乡	5 598.450 2	−101.835 999	5 496.620 12	现代农业	重点发展
10	天门市	天门市	九真镇	12 963.5	−987.257 019	11 976.299 8	现代农业	重点发展
11	天门市	天门市	卢市镇	10 672.5	−222.384 003	10 450.099 6	现代农业	优化提升
12	天门市	天门市	麻洋镇	7 684.569 82	−220.117 004	7 464.459 96	现代农业	优化提升
13	天门市	天门市	马湾镇	6 269.620 12	−502.428 009	5 767.189 94	现代农业	优化提升
14	天门市	天门市	彭市镇	8 748.690 43	−230.253 998	8 518.440 43	现代农业	优化提升
15	天门市	天门市	石家河镇	20 604.800 8	−909.325 012	19 695.400 4	旅游带动	重点发展
16	天门市	天门市	拖市镇	14 585	−56.662 700 7	14 528.299 8	均衡发展	优化提升
17	天门市	天门市	汪场镇	6 941.330 08	−18.282 400 1	6 923.049 8	现代农业	优化提升
18	天门市	天门市	小板镇	7 956.720 21	−77.298 103 3	7 879.430 18	现代农业	重点发展
19	天门市	天门市	渔薪镇	10 034.900 4	−117.352 997	9 917.549 8	均衡发展	重点发展

续表

序号	所属市/区/州	所属市/县/区	乡镇	碳源/吨	碳汇/吨	碳排放/吨	乡镇类型	发展指引
20	天门市	天门市	岳口镇	17 581.900 4	−272.507 996	17 309.400 4	均衡发展	重点发展
21	天门市	天门市	皂市镇	13 985	−814.513 001	13 170.5	旅游带动	重点发展
22	天门市	天门市	张港镇	16 970.800 8	−181.914 993	16 788.800 8	现代农业	优化提升
23	十堰市	丹江口市	丁家营镇	1 858.709 96	−4 288.799 8	−2 430.090 1	生态资源	优化提升
24	十堰市	丹江口市	官山镇	2 114.810 06	−13 694.700 2	−11 579.9	生态资源	优化提升
25	十堰市	丹江口市	蒿坪镇	2 672.199 95	−5 644.700 2	−2 972.5	均衡发展	优化提升
26	十堰市	丹江口市	均县镇	4 255.689 94	−10 253.200 2	−5 997.549 8	均衡发展	保留改善
27	十堰市	丹江口市	浪河镇	2 701.149 9	−6 661.520 02	−3 960.370 1	生态资源	重点发展
28	十堰市	丹江口市	凉水河镇	8 434.570 31	−7 857.270 02	577.299 011	均衡发展	优化提升
29	十堰市	丹江口市	六里坪镇	8 246.080 08	−8 872.969 73	−626.890 99	旅游带动	优化提升
30	十堰市	丹江口市	龙山镇	3 016.310 06	−6 070.459 96	−3 054.149 9	均衡发展	城郊融合
31	十堰市	丹江口市	石鼓镇	4 312.339 84	−7 730.470 21	−3 418.129 9	生态资源	优化提升
32	十堰市	丹江口市	土关垭镇	2 122.409 91	−6 021.189 94	−3 898.79	生态资源	优化提升
33	十堰市	丹江口市	习家店镇	7 358.779 79	−12 503.700 2	−5 144.890 1	均衡发展	优化提升
34	十堰市	丹江口市	盐池河镇	1 136.88	−10 050.599 6	−8 913.719 7	生态资源	保留改善
35	十堰市	房县	白鹤镇	5 248.990 23	−12 491.099 6	−7 242.060 1	生态资源	保留改善
36	十堰市	房县	城关镇	6 953.089 84	−1 567	5 386.089 84	工业主导	城郊融合
37	十堰市	房县	大木厂镇	4 039.889 89	−20 516.199 2	−16 476.301	生态资源	保留改善
38	十堰市	房县	红塔镇	8 410.290 04	−7 844.580 08	565.713 989	工业主导	保留改善
39	十堰市	房县	化龙堰镇	4 417.290 04	−6 515.25	−2 097.96	工业主导	城郊融合
40	十堰市	房县	回龙乡	406.846 985	−4 636.870 12	−4 230.02	生态资源	保留改善
41	十堰市	房县	九道乡	2 234.739 99	−14 418.400 4	−12 183.7	生态资源	保留改善
42	十堰市	房县	军店镇	5 834.450 2	−6 067.839 84	−233.389 01	均衡发展	城郊融合
43	十堰市	房县	门古寺镇	5 466.850 1	−18 030.699 2	−12 563.9	生态资源	保留改善
44	十堰市	房县	青峰镇	5 124.399 9	−17 061.099 6	−11 936.7	生态资源	保留改善
45	十堰市	房县	沙河乡	630.546 997	−10 870	−10 239.5	生态资源	保留改善
46	十堰市	房县	上龛乡	1 103.479 98	−16 476.400 4	−15 372.9	生态资源	保留改善
47	十堰市	房县	土城镇	3 419.979 98	−14 225.900 4	−10 805.9	生态资源	保留改善
48	十堰市	房县	万峪河乡	1 348.930 05	−9 868.450 2	−8 519.519 5	生态资源	保留改善
49	十堰市	房县	五台乡	536.872 009	−4 853.720 21	−4 316.850 1	生态资源	保留改善

附件　湖北省各乡镇分类情况及碳源、碳汇、碳排放数据

续表

序号	所属市/区/州	所属市/县/区	乡镇	碳源/吨	碳汇/吨	碳排放/吨	乡镇类型	发展指引
50	十堰市	房县	姚坪乡	2 678.850 1	−9 580.809 57	−6 901.970 2	生态资源	重点发展
51	十堰市	房县	窑淮镇	2 680.729 98	−11 992	−9 311.259 8	生态资源	保留改善
52	十堰市	房县	野人谷镇	2 042.420 04	−16 975.099 6	−14 932.7	生态资源	保留改善
53	十堰市	房县	尹吉甫镇	2 304.050 05	−6 715.75	−4 411.700 2	生态资源	保留改善
54	十堰市	房县	中坝乡	1 866.359 99	−10 614	−8 747.650 4	生态资源	保留改善
55	十堰市	茅箭区	大川镇	348.015 015	−2 283.239 99	−1 935.23	均衡发展	保留改善
56	十堰市	茅箭区	茅塔乡	1 178.180 05	−8 978.860 35	−7 800.689 9	生态资源	城郊融合
57	十堰市	茅箭区	鸳鸯乡	7 686.140 14	−1 233.709 96	6 452.430 18	工业主导	优化提升
58	十堰市	郧西县	安家乡	2 505.899 9	−12 741.5	−10 235.6	生态资源	优化提升
59	十堰市	郧西县	城关镇	6 953.089 84	−1 567	5 386.089 84	工业主导	优化提升
60	十堰市	郧西县	店子镇	2 849.389 89	−10 282.400 4	−7 433.029 8	生态资源	保留改善
61	十堰市	郧西县	关防乡	2 131.659 91	−10 059.200 2	−7 927.529 8	生态资源	保留改善
62	十堰市	郧西县	观音镇	5 017.970 21	−8 478.240 23	−3 460.27	生态资源	保留改善
63	十堰市	郧西县	河夹镇	4 828.600 1	−12 534.700 2	−7 706.100 1	生态资源	保留改善
64	十堰市	郧西县	湖北口回族乡	3 102.419 92	−12 343.5	−9 241.070 3	均衡发展	保留改善
65	十堰市	郧西县	夹河镇	6 033.600 1	−8 880.809 57	−2 847.2	均衡发展	保留改善
66	十堰市	郧西县	润池乡	2 379.840 09	−5 108.259 77	−2 728.419 9	生态资源	保留改善
67	十堰市	郧西县	景阳乡	4 607.950 2	−12 721.5	−8 113.589 8	生态资源	保留改善
68	十堰市	郧西县	六郎乡	3 767.179 93	−9 761.650 39	−5 994.470 2	均衡发展	城郊融合
69	十堰市	郧西县	马安镇	3 112.080 08	−9 245.290 04	−6 133.21	生态资源	保留改善
70	十堰市	郧西县	上津镇	4 815.979 98	−9 946.089 84	−5 130.100 1	旅游带动	优化提升
71	十堰市	郧西县	土门镇	3 847.600 1	−11 691.900 4	−7 844.29	生态资源	保留改善
72	十堰市	郧西县	香口乡	3 327.399 9	−15 166.799 8	−11 839.4	生态资源	优化提升
73	十堰市	郧西县	羊尾镇	3 958.979 98	−6 972.109 86	−3 013.139 9	生态资源	优化提升
74	十堰市	郧阳区	安阳镇	5 627.899 9	−8 287.089 84	−2 659.179 9	均衡发展	优化提升
75	十堰市	郧阳区	白浪镇	2 347.800 05	−2 614.659 91	−266.856 99	均衡发展	优化提升
76	十堰市	郧阳区	白桑关镇	5 393.279 79	−10 534.5	−5 141.180 2	均衡发展	城郊融合
77	十堰市	郧阳区	鲍峡镇	4 169.700 2	−21 152.300 8	−16 982.6	生态资源	重点发展
78	十堰市	郧阳区	茶店镇	7 709.450 2	−3 406.020 02	4 303.430 18	生态资源	重点发展
79	十堰市	郧阳区	城关镇	6 953.089 84	−1 567	5 386.089 84	工业主导	优化提升

续表

序号	所属市/区/州	所属市/县/区	乡镇	碳源/吨	碳汇/吨	碳排放/吨	乡镇类型	发展指引
80	十堰市	郧阳区	大柳乡	1 955.88	−21 520	−19 564.1	生态资源	重点发展
81	十堰市	郧阳区	胡家营镇	2 275.100 1	−12 484.5	−10 209.4	生态资源	重点发展
82	十堰市	郧阳区	刘洞镇	3 985.739 99	−2 996.520 02	989.215 027	均衡发展	重点发展
83	十堰市	郧阳区	柳陂镇	7 793.479 98	−7 237.879 88	555.604 004	生态资源	优化提升
84	十堰市	郧阳区	梅铺镇	5 155.390 14	−4 041.979 98	1 113.420 04	均衡发展	保留改善
85	十堰市	郧阳区	南化塘镇	8 637.400 39	−20 041.199 2	−11 403.8	均衡发展	保留改善
86	十堰市	郧阳区	青曲镇	4 686.799 8	−8 457.969 73	−3 771.179 9	均衡发展	优化提升
87	十堰市	郧阳区	青山镇	3 562.899 9	−6 112.490 23	−2 549.590 1	均衡发展	保留改善
88	十堰市	郧阳区	谭家湾镇	4 195.549 8	−7 017.569 82	−2 822.01	均衡发展	保留改善
89	十堰市	郧阳区	谭山镇	5 780.089 84	−4 108.640 14	1 671.459 96	工业主导	优化提升
90	十堰市	郧阳区	五峰乡	3 742.229 98	−11 708.799 8	−7 966.580 1	生态资源	保留改善
91	十堰市	郧阳区	杨溪铺镇	6 157.220 21	−5 472.609 86	684.614 014	均衡发展	保留改善
92	十堰市	郧阳区	叶大乡	1 432.75	−17 495.5	−16 062.8	生态资源	保留改善
93	十堰市	张湾区	柏林镇	1 518.910 03	−5 469.169 92	−3 950.26	生态资源	城郊融合
94	十堰市	张湾区	方滩乡	675.049 988	−3 811.939 94	−3 136.889 9	生态资源	城郊融合
95	十堰市	张湾区	黄龙镇	2 508.530 03	−6 275.600 1	−3 767.070 1	现代农业	优化提升
96	十堰市	张湾区	西沟乡	998.367 004	−6 148.879 88	−5 150.52	生态资源	城郊融合
97	十堰市	竹山县	宝丰镇	11 553.900 4	−6 882.540 04	4 671.330 08	均衡发展	保留改善
98	十堰市	竹山县	城关镇	6 953.089 84	−1 567	5 386.089 84	均衡发展	城郊融合
99	十堰市	竹山县	大庙乡	1 584.319 95	−6 783.009 77	−5 198.689 9	生态资源	保留改善
100	十堰市	竹山县	得胜镇	4 175.529 79	−14 559.5	−10 384	生态资源	保留改善
101	十堰市	竹山县	官渡镇	2 891.840 09	−16 563.599 6	−13 671.8	生态资源	保留改善
102	十堰市	竹山县	擂鼓镇	6 507.589 84	−3 864.409 91	2 643.189 94	均衡发展	保留改善
103	十堰市	竹山县	柳林乡	1 904.260 01	−23 170.900 4	−21 266.6	生态资源	保留改善
104	十堰市	竹山县	楼台乡	4 610.370 12	−16 181	−11 570.7	生态资源	城郊融合
105	十堰市	竹山县	麻家渡镇	5 282.919 92	−10 387.5	−5 104.549 8	生态资源	保留改善
106	十堰市	竹山县	潘口乡	4 383.279 79	−2 809.699 95	1 573.579 96	生态资源	城郊融合
107	十堰市	竹山县	秦古镇	5 682.830 08	−3 811.649 9	1 871.189 94	均衡发展	保留改善
108	十堰市	竹山县	上庸镇	2 873.840 09	−9 647.719 73	−6 773.879 9	生态资源	保留改善
109	十堰市	竹山县	深河乡	2 198.370 12	−7 901.339 84	−5 702.970 2	生态资源	保留改善

附件　湖北省各乡镇分类情况及碳源、碳汇、碳排放数据

续表

序号	所属市/区/州	所属市/县/区	乡镇	碳源/吨	碳汇/吨	碳排放/吨	乡镇类型	发展指引
110	十堰市	竹山县	双台乡	2 653.489 99	−19 545.300 8	−16 891.801	生态资源	保留改善
111	十堰市	竹山县	文峰乡	3 097.429 93	−7 904.770 02	−4 807.350 1	生态资源	保留改善
112	十堰市	竹山县	溢水镇	3 959.459 96	−8 395.75	−4 436.279 8	生态资源	城郊融合
113	十堰市	竹山县	竹坪乡	3 240.939 94	−8 466.900 39	−5 225.96	生态资源	保留改善
114	十堰市	竹溪县	兵营镇	1 892.849 98	−9 206.240 23	−7 313.399 9	生态资源	保留改善
115	十堰市	竹溪县	城关镇	6 953.089 84	−1 567	5 386.089 84	旅游带动	优化提升
116	十堰市	竹溪县	鄂坪乡	1 509.530 03	−8 737.679 69	−7 228.160 2	生态资源	保留改善
117	十堰市	竹溪县	丰溪镇	1 761.510 01	−18 293.400 4	−16 531.9	生态资源	保留改善
118	十堰市	竹溪县	汇湾镇	3 189.080 08	−8 381.620 12	−5 192.529 8	均衡发展	保留改善
119	十堰市	竹溪县	蒋家堰镇	5 180.970 21	−5 279.740 23	−98.770 104	均衡发展	保留改善
120	十堰市	竹溪县	龙坝镇	2 710.090 09	−6 991.939 94	−4 281.839 8	生态资源	保留改善
121	十堰市	竹溪县	泉溪镇	2 043.780 03	−11 915.299 8	−9 871.490 2	生态资源	城郊融合
122	十堰市	竹溪县	水坪镇	9 924.379 88	−7 090.029 79	2 834.360 11	旅游带动	保留改善
123	十堰市	竹溪县	桃源乡	1 112.160 03	−16 116.700 2	−15 004.6	生态资源	保留改善
124	十堰市	竹溪县	天宝乡	2 464.969 97	−13 143.599 6	−10 678.6	生态资源	城郊融合
125	十堰市	竹溪县	县河镇	3 833.469 97	−4 741.140 14	−907.672	均衡发展	保留改善
126	十堰市	竹溪县	向坝乡	984.700 989	−6 211.240 23	−5 226.54	生态资源	保留改善
127	十堰市	竹溪县	新洲镇	2 958.419 92	−7 994.549 8	−5 036.140 1	生态资源	保留改善
128	十堰市	竹溪县	中峰镇	5 651.640 14	−1 791.709 96	3 859.929 93	旅游带动	保留改善
129	黄石市	大冶市	保安镇	10 024.299 8	−2 171.030 03	7 853.279 79	工业主导	重点发展
130	黄石市	大冶市	陈贵镇	12 267.400 4	−2 381.110 11	9 886.290 04	工业主导	城郊融合
131	黄石市	大冶市	大箕铺镇	10 035.5	−2 161.520 02	7 874.009 77	旅游带动	优化提升
132	黄石市	大冶市	还地桥镇	19 067.5	−2 636.860 11	16 430.699 2	工业主导	城郊融合
133	黄石市	大冶市	金牛镇	11 575.599 6	−2 805.530 03	8 770.089 84	旅游带动	重点发展
134	黄石市	大冶市	金山店镇	6 930.140 14	−917.890 015	6 012.25	均衡发展	城郊融合
135	黄石市	大冶市	灵乡镇	9 143.530 27	−5 478.459 96	3 665.070 07	工业主导	优化提升
136	黄石市	大冶市	刘仁八镇	6 578.839 84	−3 584.129 88	2 994.709 96	工业主导	优化提升
137	黄石市	大冶市	茗山乡	7 775.390 14	−1 165.020 02	6 610.370 12	均衡发展	城郊融合
138	黄石市	大冶市	汪仁镇	9 042.559 57	−2 055.889 89	6 986.669 92	工业主导	城郊融合
139	黄石市	大冶市	殷祖镇	6 398.520 02	−4 384.459 96	2 014.060 06	均衡发展	保留改善

续表

序号	所属市/区/州	所属市/县/区	乡镇	碳源/吨	碳汇/吨	碳排放/吨	乡镇类型	发展指引
140	黄石市	西塞山区	河口镇	3 270.989 99	−957.267 029	2 313.719 97	现代农业	优化提升
141	黄石市	阳新县	白沙镇	6 538.970 21	−185.785 996	6 353.180 18	旅游带动	重点发展
142	黄石市	阳新县	大王镇	6 688.629 88	−1 942.719 97	4 745.919 92	旅游带动	重点发展
143	黄石市	阳新县	枫林镇	7 496.330 08	−11 674.099 6	−4 177.799 8	旅游带动	城郊融合
144	黄石市	阳新县	浮屠镇	15 772.299 8	−4 232.950 2	11 539.400 4	旅游带动	重点发展
145	黄石市	阳新县	富池镇	6 847.939 94	−3 848.469 97	2 999.469 97	均衡发展	优化提升
146	黄石市	阳新县	黄颡口镇	7 112.990 23	−2 143.669 92	4 969.319 82	旅游带动	重点发展
147	黄石市	阳新县	龙港镇	13 691.599 6	−8 950.190 43	4 741.390 14	均衡发展	优化提升
148	黄石市	阳新县	木港镇	8 721.700 2	−9 152.799 8	−431.103	旅游带动	重点发展
149	黄石市	阳新县	排市镇	7 385.009 77	−6 220.410 16	1 164.589 97	均衡发展	优化提升
150	黄石市	阳新县	三溪镇	6 815.620 12	−4 744.759 77	2 070.860 11	均衡发展	优化提升
151	黄石市	阳新县	太子镇	7 609.169 92	−3 434.419 92	4 174.75	均衡发展	优化提升
152	黄石市	阳新县	陶港镇	5 108.520 02	−3 638.270 02	1 470.25	旅游带动	优化提升
153	黄石市	阳新县	王英镇	6 826.870 12	−11 001.900 4	−4 175	均衡发展	城郊融合
154	黄石市	阳新县	韦源口镇	7 460.430 18	−1 070.310 06	6 390.109 86	旅游带动	重点发展
155	黄石市	阳新县	兴国镇	15 888.299 8	−2 983.699 95	12 904.599 6	均衡发展	优化提升
156	黄石市	阳新县	洋港镇	5 648.160 16	−4 925.569 82	722.588 989	均衡发展	重点发展
157	黄冈市	红安县	八里湾镇	6 559.270 02	−2 547.850 1	4 011.419 92	工业主导	重点发展
158	黄冈市	红安县	城关镇	6 953.089 84	−1 567	5 386.089 84	均衡发展	保留改善
159	黄冈市	红安县	二程镇	6 834.479 98	−3 342.800 05	3 491.679 93	均衡发展	优化提升
160	黄冈市	红安县	高桥镇	3 723.939 94	−3 394.929 93	329.010 01	生态资源	优化提升
161	黄冈市	红安县	华家河镇	8 338.009 77	−5 404.680 18	2 933.330 08	旅游带动	重点发展
162	黄冈市	红安县	觅儿寺镇	9 987.639 65	−1 818.189 94	8 169.439 94	均衡发展	重点发展
163	黄冈市	红安县	七里坪镇	14 537.099 6	−14 838.900 4	−301.752 99	旅游带动	重点发展
164	黄冈市	红安县	上新集镇	5 426.839 84	−2 008.5	3 418.340 09	工业主导	重点发展
165	黄冈市	红安县	太平桥镇	4 577.990 23	−1 809.280 03	2 768.709 96	均衡发展	城郊融合
166	黄冈市	红安县	杏花乡	11 656.5	−8 046.729 98	3 609.790 04	旅游带动	优化提升
167	黄冈市	红安县	永佳河镇	10 381.400 4	−7 668.149 9	2 713.229 98	现代农业	优化提升
168	黄冈市	黄梅县	蔡山镇	10 171.5	−703.309 021	9 468.169 92	生态资源	保留改善
169	黄冈市	黄梅县	大河镇	8 348.110 35	−3 940.810 06	4 407.290 04	旅游带动	重点发展

附件　湖北省各乡镇分类情况及碳源、碳汇、碳排放数据

续表

序号	所属市/区/州	所属市/县/区	乡镇	碳源/吨	碳汇/吨	碳排放/吨	乡镇类型	发展指引
170	黄冈市	黄梅县	独山镇	6 297.700 2	−1 485.550 05	4 812.149 9	均衡发展	优化提升
171	黄冈市	黄梅县	分路镇	7 311.910 16	−631.228 027	6 680.680 18	均衡发展	城郊融合
172	黄冈市	黄梅县	黄梅镇	12 971.799 8	−629.293 03	12 342.5	现代农业	重点发展
173	黄冈市	黄梅县	孔垄镇	10 563	−584.924 011	9 978.099 61	工业主导	优化提升
174	黄冈市	黄梅县	苦竹乡	3 848.840 09	−3 202.659 91	646.181 03	均衡发展	优化提升
175	黄冈市	黄梅县	刘佐乡	3 607.050 05	−410.476 99	3 196.570 07	生态资源	保留改善
176	黄冈市	黄梅县	柳林乡	1 904.260 01	−23 170.900 4	−21 266.6	均衡发展	重点发展
177	黄冈市	黄梅县	杉木乡	7 213.629 88	−777.320 007	6 436.310 06	均衡发展	优化提升
178	黄冈市	黄梅县	停前镇	5 325.229 98	−2 071.139 89	3 254.090 09	生态资源	优化提升
179	黄冈市	黄梅县	五祖镇	2 742.979 98	−3 651.790 04	−908.806 03	旅游带动	重点发展
180	黄冈市	黄梅县	下新镇	4 205.959 96	−3 496.800 05	709.155 029	工业主导	重点发展
181	黄冈市	黄梅县	小池镇	15 009.799 8	−948.075 989	14 061.799 8	均衡发展	优化提升
182	黄冈市	黄梅县	新开镇	7 468.520 02	−754.127 991	6 714.390 14	均衡发展	城郊融合
183	黄冈市	黄梅县	濯港镇	12 390.700 2	−1 222.939 94	11 167.799 8	旅游带动	城郊融合
184	黄冈市	黄州区	陈策楼镇	6 126.899 9	−444.256 989	5 682.640 14	现代农业	城郊融合
185	黄冈市	黄州区	堵城镇	4 864.509 77	−246.048 996	4 618.459 96	均衡发展	保留改善
186	黄冈市	黄州区	路口镇	5 957.770 02	−10 183.200 2	−4 225.419 9	均衡发展	城郊融合
187	黄冈市	黄州区	陶店乡	5 256.520 02	−443.937 988	4 812.580 08	均衡发展	保留改善
188	黄冈市	罗田县	白莲河乡	6 228.160 16	−4 413.029 79	1 815.13	生态资源	优化提升
189	黄冈市	罗田县	白庙河镇	6 323.700 2	−8 079.810 06	−1 756.1	均衡发展	城郊融合
190	黄冈市	罗田县	大河岸镇	7 783.629 88	−5 621.490 23	2 162.139 89	均衡发展	保留改善
191	黄冈市	罗田县	大崎镇	6 231.529 79	−5 379.890 14	851.632 019	均衡发展	优化提升
192	黄冈市	罗田县	凤山镇	19 692.400 4	−9 567.200 2	10 125.200 2	均衡发展	优化提升
193	黄冈市	罗田县	河铺镇	9 343.5	−9 157.690 43	185.811 997	生态资源	优化提升
194	黄冈市	罗田县	九资河镇	6 067.620 12	−9 594.740 23	−3 527.129 9	均衡发展	优化提升
195	黄冈市	罗田县	匡河镇	11 961.599 6	−6 724.879 88	5 236.75	均衡发展	保留改善
196	黄冈市	罗田县	骆驼坳镇	7 385.479 98	−2 540.909 91	4 844.569 82	均衡发展	城郊融合
197	黄冈市	罗田县	平湖乡	3 505.820 07	−3 882.909 91	−377.092 99	生态资源	重点发展
198	黄冈市	罗田县	三里畈镇	12 144.299 8	−5 961.910 16	6 182.399 9	均衡发展	优化提升
199	黄冈市	罗田县	胜利镇	8 281.230 47	−8 067.209 96	214.016 007	工业主导	重点发展

续表

序号	所属市/区/州	所属市/县/区	乡镇	碳源/吨	碳汇/吨	碳排放/吨	乡镇类型	发展指引
200	黄冈市	麻城市	白果镇	16 779.199 2	−2 223.5	14 555.700 2	均衡发展	优化提升
201	黄冈市	麻城市	乘马岗镇	13 600	−9 952.160 16	3 647.879 88	生态资源	重点发展
202	黄冈市	麻城市	夫子河镇	5 760.850 1	−3 938.169 92	1 822.680 05	均衡发展	保留改善
203	黄冈市	麻城市	福田河镇	9 360.75	−10 753	−1 392.23	均衡发展	保留改善
204	黄冈市	麻城市	龟山镇	9 510.929 69	−10 736	−1 225.03	旅游带动	重点发展
205	黄冈市	麻城市	黄土岗镇	9 571.040 04	−10 389.900 4	−818.846 01	均衡发展	优化提升
206	黄冈市	麻城市	木子店镇	10 146	−10 198.900 4	−52.942 101	生态资源	重点发展
207	黄冈市	麻城市	歧亭镇	4 858.330 08	−2 468.729 98	2 389.600 1	生态资源	优化提升
208	黄冈市	麻城市	三河口镇	9 289.169 92	−16 178.5	−6 889.330 1	生态资源	优化提升
209	黄冈市	麻城市	顺河镇	12 188.900 4	−12 274.400 4	−85.586 8	均衡发展	重点发展
210	黄冈市	麻城市	宋埠镇	9 879.759 77	−4 411.740 23	5 468.020 02	现代农业	优化提升
211	黄冈市	麻城市	铁门岗乡	13 258.900 4	−1 488.270 02	11 770.599 6	均衡发展	保留改善
212	黄冈市	麻城市	盐田河镇	6 104.180 18	−5 004.100 1	1 100.079 96	均衡发展	城郊融合
213	黄冈市	麻城市	阎家河镇	8 304.469 73	−2 864.449 95	5 440.020 02	均衡发展	优化提升
214	黄冈市	麻城市	张家畈镇	8 311.179 69	−7 977.029 79	334.152 008	工业主导	重点发展
215	黄冈市	麻城市	中馆驿镇	15 945.400 4	−3 328.879 88	12 616.5	旅游带动	重点发展
216	黄冈市	蕲春县	漕河镇	20 961.800 8	−3 544.070 07	17 417.699 2	工业主导	重点发展
217	黄冈市	蕲春县	赤东镇	15 020.299 8	−1 959.770 02	13 060.5	生态资源	优化提升
218	黄冈市	蕲春县	大同镇	4 544.319 82	−5 723.430 18	−1 179.11	工业主导	优化提升
219	黄冈市	蕲春县	管窑镇	7 865.109 86	−1 543.63	6 321.479 98	均衡发展	重点发展
220	黄冈市	蕲春县	横车镇	20 384.099 6	−3 924.899 9	16 459.199 2	均衡发展	城郊融合
221	黄冈市	蕲春县	刘河镇	16 437.099 6	−7 596.310 06	8 840.780 27	均衡发展	优化提升
222	黄冈市	蕲春县	彭思镇	9 165.040 04	−1 741.290 04	7 423.740 23	旅游带动	重点发展
223	黄冈市	蕲春县	蕲州镇	10 348.799 8	−4 143.140 14	6 205.629 88	生态资源	优化提升
224	黄冈市	蕲春县	青石镇	12 011.5	−7 716.609 86	4 294.890 14	均衡发展	保留改善
225	黄冈市	蕲春县	狮子镇	12 191.599 6	−9 541.370 12	2 650.260 01	均衡发展	保留改善
226	黄冈市	蕲春县	檀林镇	7 311.919 92	−7 093.459 96	218.457 001	均衡发展	保留改善
227	黄冈市	蕲春县	向桥乡	6 805.299 8	−6 728.370 12	76.933 502 2	均衡发展	保留改善
228	黄冈市	蕲春县	张榜镇	9 141.169 92	−7 904.759 77	1 236.400 02	均衡发展	保留改善
229	黄冈市	蕲春县	株林镇	10 043.299 8	−4 966.200 2	5 077.129 88	均衡发展	重点发展

续表

序号	所属市/区/州	所属市/县/区	乡镇	碳源/吨	碳汇/吨	碳排放/吨	乡镇类型	发展指引
230	黄冈市	团风县	但店镇	8 552.339 84	−3 482.179 93	5 070.160 16	均衡发展	城郊融合
231	黄冈市	团风县	杜皮乡	3 416.489 99	−3 217.899 9	198.582 993	均衡发展	城郊融合
232	黄冈市	团风县	方高坪镇	4 627.169 92	−505.701 996	4 121.470 21	均衡发展	重点发展
233	黄冈市	团风县	回龙山镇	6 288.970 21	−803.737 976	5 485.229 98	旅游带动	城郊融合
234	黄冈市	团风县	贾庙乡	3 525.120 12	−4 030.790 04	−505.673	均衡发展	优化提升
235	黄冈市	团风县	淋山河镇	8 216.339 84	−2 393.679 93	5 822.660 16	均衡发展	城郊融合
236	黄冈市	团风县	马曹庙镇	4 404.770 02	−1 023.780 03	3 381	均衡发展	优化提升
237	黄冈市	团风县	上巴河镇	6 069.529 79	−745.004 028	5 324.520 02	均衡发展	重点发展
238	黄冈市	团风县	团风镇	12 770	−882.364 99	11 887.599 6	均衡发展	城郊融合
239	黄冈市	团风县	总路咀镇	5 293.279 79	−948.465 027	4 344.819 82	均衡发展	优化提升
240	黄冈市	武穴市	大法寺镇	9 392.730 47	−2 449.800 05	6 942.919 92	均衡发展	城郊融合
241	黄冈市	武穴市	大金镇	6 423.049 8	−1 098.849 98	5 324.200 2	均衡发展	重点发展
242	黄冈市	武穴市	花桥镇	12 412.200 2	−1 873.979 98	10 538.200 2	生态资源	保留改善
243	黄冈市	武穴市	龙坪镇	1 394.099 98	−9 394.990 23	−8 000.890 1	均衡发展	重点发展
244	黄冈市	武穴市	梅川镇	18 997.699 2	−6 573.390 14	12 424.299 8	均衡发展	城郊融合
245	黄冈市	武穴市	石佛寺镇	10 417	−1 115.449 95	9 301.570 31	均衡发展	城郊融合
246	黄冈市	武穴市	四望镇	6 909.799 8	−1 917.75	4 992.049 8	生态资源	重点发展
247	黄冈市	武穴市	余川镇	8 514.730 47	−6 176.560 06	2 338.169 92	工业主导	重点发展
248	黄冈市	浠水县	巴河镇	18 360.199 2	−3 765.520 02	14 594.700 2	均衡发展	保留改善
249	黄冈市	浠水县	白莲镇	3 752.479 98	−1 398.699 95	2 353.780 03	均衡发展	保留改善
250	黄冈市	浠水县	蔡河镇	8 839.019 53	−9 039	−199.973 01	均衡发展	优化提升
251	黄冈市	浠水县	丁司垱镇	9 292.389 65	−3 489.139 89	5 803.240 23	均衡发展	优化提升
252	黄冈市	浠水县	关口镇	20 178.400 4	−5 300.209 96	14 878.200 2	均衡发展	优化提升
253	黄冈市	浠水县	兰溪镇	9 595.009 77	−1 694.25	7 900.75	均衡发展	保留改善
254	黄冈市	浠水县	绿杨乡	5 318.520 02	−4 953.839 84	364.679 993	均衡发展	城郊融合
255	黄冈市	浠水县	清泉镇	30 196.599 6	−5 073.310 06	25 123.300 8	均衡发展	重点发展
256	黄冈市	浠水县	散花镇	16 661.099 6	−1 564.089 97	15 097	均衡发展	保留改善
257	黄冈市	浠水县	团陂镇	17 162	−4 530.529 79	12 631.400 4	均衡发展	优化提升
258	黄冈市	浠水县	汪岗镇	9 939.5	−897.645 02	9 041.860 35	均衡发展	优化提升
259	黄冈市	浠水县	洗马镇	13 161	−3 715.270 02	9 445.700 2	均衡发展	优化提升

续表

序号	所属市/区/州	所属市/县/区	乡镇	碳源/吨	碳汇/吨	碳排放/吨	乡镇类型	发展指引
260	黄冈市	浠水县	竹瓦镇	13 740.200 2	−1 608.729 98	12 131.5	生态资源	优化提升
261	黄冈市	英山县	草盘地镇	4 699.799 8	−6 477.620 12	−1 777.819 9	工业主导	城郊融合
262	黄冈市	英山县	红山镇	5 068.589 84	−2 558.820 07	2 509.780 03	旅游带动	优化提升
263	黄冈市	英山县	金家铺镇	4 834.919 92	−3 833.389 89	1 001.530 03	生态资源	重点发展
264	黄冈市	英山县	孔家坊乡	5 310.220 21	−4 023.760 01	1 286.469 97	均衡发展	城郊融合
265	黄冈市	英山县	雷家店镇	5 543.259 77	−6 448.870 12	−905.609 99	均衡发展	优化提升
266	黄冈市	英山县	南河镇	2 326.300 05	−12 828.599 6	−10 502.3	生态资源	优化提升
267	黄冈市	英山县	石头咀镇	6 243.100 1	−11 222.799 8	−4 979.73	生态资源	保留改善
268	黄冈市	英山县	陶家河乡	1 702.520 02	−4 339.370 12	−2 636.850 1	均衡发展	重点发展
269	黄冈市	英山县	万家咀乡	6 517.600 1	−525.244 995	5 992.350 1	均衡发展	优化提升
270	黄冈市	英山县	温泉镇	11 802.900 4	−5 840.680 18	5 962.169 92	均衡发展	城郊融合
271	黄冈市	英山县	杨柳湾镇	9 400	−8 065	1 334.989 99	均衡发展	优化提升
272	宜昌市	当阳市	半月镇	18 470	−1 240.459 96	17 229.5	均衡发展	优化提升
273	宜昌市	当阳市	草埠湖镇	7 211.729 98	−341.574 005	6 870.149 9	均衡发展	重点发展
274	宜昌市	当阳市	河溶镇	16 801	−1 312.75	15 488.200 2	均衡发展	优化提升
275	宜昌市	当阳市	两河镇	8 708.530 27	−123.059 998	8 585.469 73	生态资源	优化提升
276	宜昌市	当阳市	庙前镇	12 427.5	−12 463.099 6	−35.618 698	均衡发展	优化提升
277	宜昌市	当阳市	王店镇	7 058.5	−527.377 014	6 531.120 12	旅游带动	重点发展
278	宜昌市	当阳市	育溪镇	16 233.299 8	−10 060.200 2	6 173.100 1	均衡发展	城郊融合
279	宜昌市	点军区	艾家镇	2 527.520 02	−2 589.770 02	−62.246 601	均衡发展	城郊融合
280	宜昌市	点军区	联棚乡	5 704.75	−4 193.450 2	1 511.310 06	均衡发展	城郊融合
281	宜昌市	点军区	桥边镇	10 643.799 8	−5 437.990 23	5 205.850 1	生态资源	优化提升
282	宜昌市	点军区	土城乡	7 987.390 14	−8 398.280 27	−410.894 01	生态资源	城郊融合
283	宜昌市	五峰土家族自治县	采花乡	6 009.129 88	−15 061.200 2	−9 052.080 1	均衡发展	优化提升
284	宜昌市	五峰土家族自治县	傅家堰乡	4 624.700 2	−6 573.759 77	−1 949.060 1	生态资源	保留改善
285	宜昌市	五峰土家族自治县	牛庄乡	1 527.089 97	−9 081.349 61	−7 554.259 8	生态资源	保留改善

续表

序号	所属市/区/州	所属市/县/区	乡镇	碳源/吨	碳汇/吨	碳排放/吨	乡镇类型	发展指引
286	宜昌市	五峰土家族自治县	仁和坪镇	9 153.209 96	－12 291.099 6	－3 137.889 9	生态资源	保留改善
287	宜昌市	五峰土家族自治县	湾潭镇	2 757.75	－17 607.300 8	－14 849.6	生态资源	保留改善
288	宜昌市	五峰土家族自治县	五峰镇	6 310.629 88	－26 123.300 8	－19 812.699	生态资源	优化提升
289	宜昌市	五峰土家族自治县	渔洋关镇	12 522.5	－18 906.5	－6 383.930 2	生态资源	保留改善
290	宜昌市	五峰土家族自治县	长乐坪镇	3 368.199 95	－19 988.699 2	－16 620.5	工业主导	城郊融合
291	宜昌市	伍家岗区	伍家乡	10 444.299 8	－966.812 988	9 477.440 43	生态资源	保留改善
292	宜昌市	兴山县	高桥乡	4 316.220 21	－8 186.270 02	－3 870.05	生态资源	保留改善
293	宜昌市	兴山县	古夫镇	6 775.359 86	－19 780.5	－13 005.2	旅游带动	城郊融合
294	宜昌市	兴山县	黄粮镇	6 712.680 18	－10 388.599 6	－3 675.95	生态资源	优化提升
295	宜昌市	兴山县	南阳镇	2 403.219 97	－12 902.099 6	－10 498.9	生态资源	优化提升
296	宜昌市	兴山县	水月寺镇	3 686.840 09	－21 234.599 6	－17 547.801	均衡发展	保留改善
297	宜昌市	兴山县	峡口镇	7 469.729 98	－9 079.549 8	－1 609.819 9	生态资源	重点发展
298	宜昌市	兴山县	昭君镇	4 896.209 96	－6 431.919 92	－1 535.71	生态资源	优化提升
299	宜昌市	兴山县	榛子乡	2 741.310 06	－15 362.5	－12 621.1	生态资源	保留改善
300	宜昌市	夷陵区	邓村乡	4 986.890 14	－14 832.900 4	－9 846.009 8	均衡发展	优化提升
301	宜昌市	夷陵区	分乡镇	11 006.299 8	－14 985.799 8	－3 979.5	旅游带动	城郊融合
302	宜昌市	夷陵区	黄花镇	12 850.5	－14 775.299 8	－1 924.75	生态资源	优化提升
303	宜昌市	夷陵区	乐天溪镇	5 618.220 21	－12 446.5	－6 828.279 8	工业主导	重点发展
304	宜昌市	夷陵区	龙泉镇	25 079.800 8	－6 711.029 79	18 368.800 8	生态资源	优化提升
305	宜昌市	夷陵区	三斗坪镇	5 641.990 23	－8 032.009 77	－2 390.02	生态资源	保留改善
306	宜昌市	夷陵区	太平溪镇	4 937.759 77	－6 597.649 9	－1 659.88	生态资源	保留改善
307	宜昌市	夷陵区	雾渡河镇	4 772.459 96	－21 179	－16 406.5	生态资源	保留改善
308	宜昌市	夷陵区	下堡坪乡	4 098.450 2	－13 905.099 6	－9 806.679 7	工业主导	重点发展
309	宜昌市	夷陵区	鸦鹊岭镇	32 076.599 6	－2 645.899 9	29 430.699 2	生态资源	保留改善
310	宜昌市	夷陵区	樟村坪镇	3 436.459 96	－23 881.300 8	－20 444.801	工业主导	优化提升

续表

序号	所属市/区/州	所属市/县/区	乡镇	碳源/吨	碳汇/吨	碳排放/吨	乡镇类型	发展指引
311	宜昌市	宜都市	高坝洲镇	11 106.799 8	−1 813.040 04	9 293.799 8	工业主导	优化提升
312	宜昌市	宜都市	红花套镇	11 835.799 8	−5 092.350 1	6 743.399 9	均衡发展	城郊融合
313	宜昌市	宜都市	聂家河镇	7 215.549 8	−4 834.330 08	2 381.209 96	均衡发展	优化提升
314	宜昌市	宜都市	潘家湾土家族乡	7 013.009 77	−7 169.569 82	−156.552	工业主导	保留改善
315	宜昌市	宜都市	松木坪镇	9 642.799 8	−5 729.439 94	3 913.360 11	工业主导	优化提升
316	宜昌市	宜都市	王家畈镇	11 375.299 8	−11 700.799 8	−325.535	旅游带动	城郊融合
317	宜昌市	宜都市	五眼泉镇	10 696.700 2	−3 334.790 04	7 361.879 88	工业主导	城郊融合
318	宜昌市	宜都市	姚家店镇	11 047.599 6	−1 540.069 95	9 507.509 77	旅游带动	重点发展
319	宜昌市	宜都市	枝城镇	23 917.199 2	−5 979.080 08	17 938.199 2	生态资源	保留改善
320	宜昌市	远安县	河口乡	4 220.890 14	−12 374.799 8	−8 153.870 1	生态资源	保留改善
321	宜昌市	远安县	荷花镇	7 360.270 02	−18 456.699 2	−11 096.5	生态资源	优化提升
322	宜昌市	远安县	花林寺镇	5 956.700 2	−10 580	−4 623.339 8	均衡发展	城郊融合
323	宜昌市	远安县	旧县镇	6 216.080 08	−7 246.299 8	−1 030.22	生态资源	优化提升
324	宜昌市	远安县	茅坪场镇	7 689.189 94	−22 970.800 8	−15 281.6	旅游带动	优化提升
325	宜昌市	远安县	鸣凤镇	7 452.279 79	−2 311.649 9	5 140.629 88	工业主导	城郊融合
326	宜昌市	远安县	洋坪镇	8 210.410 16	−10 063.700 2	−1 853.33	均衡发展	优化提升
327	宜昌市	长阳土家族自治县	大堰乡	10 807.599 6	−11 250.700 2	−443.113 01	生态资源	保留改善
328	宜昌市	长阳土家族自治县	都镇湾镇	11 126.400 4	−26 187.599 6	−15 061.2	生态资源	优化提升
329	宜昌市	长阳土家族自治县	高家堰镇	5 131.180 18	−10 579	−5 447.850 1	生态资源	优化提升
330	宜昌市	长阳土家族自治县	贺家坪镇	7 964.75	−19 695.5	−11 730.8	生态资源	保留改善
331	宜昌市	长阳土家族自治县	火烧坪乡	2 061.010 01	−4 015.080 08	−1 954.069 9	生态资源	优化提升
332	宜昌市	长阳土家族自治县	榔坪镇	10 600.599 6	−26 604.599 6	−16 004	旅游带动	重点发展

续表

序号	所属市/区/州	所属市/县/区	乡镇	碳源/吨	碳汇/吨	碳排放/吨	乡镇类型	发展指引
333	宜昌市	长阳土家族自治县	龙舟坪镇	16 099	－16 907	－807.950 01	均衡发展	保留改善
334	宜昌市	长阳土家族自治县	磨市镇	10 207.700 2	－8 250.299 8	1 957.359 99	生态资源	城郊融合
335	宜昌市	长阳土家族自治县	鸭子口乡	3 228.729 98	－10 581.700 2	－7 352.939 9	均衡发展	保留改善
336	宜昌市	长阳土家族自治县	渔峡口镇	12 875.5	－12 113.5	762.004 028	均衡发展	优化提升
337	宜昌市	长阳土家族自治县	资丘镇	9 971.099 61	－17 941.5	－7 970.390 1	工业主导	重点发展
338	宜昌市	枝江市	安福寺镇	27 792.5	－684.921 997	27 107.599 6	工业主导	优化提升
339	宜昌市	枝江市	白洋镇	17 206.300 8	－1 522.979 98	15 683.299 8	现代农业	优化提升
340	宜昌市	枝江市	百里洲镇	22 309.800 8	－863.447 022	21 446.300 8	工业主导	重点发展
341	宜昌市	枝江市	董市镇	20 065.400 4	－393.005 005	19 672.400 4	工业主导	优化提升
342	宜昌市	枝江市	顾家店镇	10 913.099 6	－485.528 015	10 427.599 6	均衡发展	优化提升
343	宜昌市	枝江市	七星台镇	14 321.900 4	－567.658 997	13 754.200 2	均衡发展	重点发展
344	宜昌市	枝江市	问安镇	14 963.099 6	－680.921 997	14 282.200 2	旅游带动	城郊融合
345	宜昌市	枝江市	仙女镇	20 988	－329.292 999	20 658.699 2	均衡发展	优化提升
346	宜昌市	秭归县	归州镇	6 067.160 16	－3 087.709 96	2 979.449 95	均衡发展	城郊融合
347	宜昌市	秭归县	郭家坝镇	10 818.299 8	－11 894.700 2	－1 076.46	生态资源	优化提升
348	宜昌市	秭归县	九畹溪镇	6 313.220 21	－11 046.799 8	－4 733.580 1	均衡发展	保留改善
349	宜昌市	秭归县	两河口镇	7 427.410 16	－9 611.209 96	－2 183.8	旅游带动	重点发展
350	宜昌市	秭归县	茅坪镇	11 514.299 8	－7 475.430 18	4 038.879 88	均衡发展	保留改善
351	宜昌市	秭归县	梅家河乡	4 393.069 82	－3 631.419 92	761.642 029	生态资源	保留改善
352	宜昌市	秭归县	磨坪乡	2 846.040 04	－6 827.729 98	－3 981.7	生态资源	保留改善
353	宜昌市	秭归县	屈原镇	3 700.810 06	－10 156.5	－6 455.649 9	均衡发展	保留改善
354	宜昌市	秭归县	沙镇溪镇	10 146.099 6	－7 824.819 82	2 321.300 05	均衡发展	保留改善
355	宜昌市	秭归县	水田坝乡	8 130.729 98	－8 882.650 39	－751.916 99	均衡发展	保留改善
356	宜昌市	秭归县	泄滩乡	3 947.719 97	－5 692.520 02	－1 744.79	均衡发展	优化提升
357	宜昌市	秭归县	杨林桥镇	6 689.899 9	－10 983.700 2	－4 293.810 1	均衡发展	优化提升

续表

序号	所属市/区/州	所属市/县/区	乡镇	碳源/吨	碳汇/吨	碳排放/吨	乡镇类型	发展指引
358	恩施土家族苗族自治州	巴东县	茶店子镇	8 508.299 8	−11 794.700 2	−3 286.360 1	生态资源	保留改善
359	恩施土家族苗族自治州	巴东县	大支坪镇	3 350.300 05	−11 170.5	−7 820.220 2	均衡发展	优化提升
360	恩施土家族苗族自治州	巴东县	东瀼口镇	7 609.75	−3 789.350 1	3 820.399 9	均衡发展	保留改善
361	恩施土家族苗族自治州	巴东县	官渡口镇	11 149.700 2	−13 548.400 4	−2 398.7	均衡发展	保留改善
362	恩施土家族苗族自治州	巴东县	金果坪乡	5 542.640 14	−8 716.75	−3 174.110 1	生态资源	城郊融合
363	恩施土家族苗族自治州	巴东县	绿葱坡镇	5 364.689 94	−12 808.099 6	−7 443.439 9	生态资源	保留改善
364	恩施土家族苗族自治州	巴东县	清太坪镇	6 951.879 88	−14 246.099 6	−7 294.240 2	均衡发展	优化提升
365	恩施土家族苗族自治州	巴东县	水布垭镇	12 340.5	−15 083.5	−2 743.060 1	均衡发展	优化提升
366	恩施土家族苗族自治州	巴东县	溪丘湾乡	12 868.299 8	−11 351.299 8	1 517	旅游带动	重点发展
367	恩施土家族苗族自治州	巴东县	信陵镇	4 698.319 82	−3 570.689 94	1 127.63	生态资源	重点发展
368	恩施土家族苗族自治州	巴东县	沿渡河镇	13 955.599 6	−21 833.599 6	−7 877.990 2	旅游带动	重点发展

续表

序号	所属市/区/州	所属市/县/区	乡镇	碳源/吨	碳汇/吨	碳排放/吨	乡镇类型	发展指引
369	恩施土家族苗族自治州	巴东县	野三关镇	15 219.400 4	−26 468.400 4	−11 249	旅游带动	重点发展
370	恩施土家族苗族自治州	恩施市	芭蕉侗族乡	12 103.799 8	−13 719.400 4	−1 615.62	生态资源	优化提升
371	恩施土家族苗族自治州	恩施市	白果乡	4 595.149 9	−16 464.099 6	−11 869	旅游带动	重点发展
372	恩施土家族苗族自治州	恩施市	白杨坪镇	15 706.900 4	−11 425	4 281.859 86	生态资源	保留改善
373	恩施土家族苗族自治州	恩施市	板桥镇	4 336.359 86	−11 909.599 6	−7 573.189 9	旅游带动	优化提升
374	恩施土家族苗族自治州	恩施市	崔家坝镇	8 414.299 8	−10 475.400 4	−2 061.120 1	旅游带动	保留改善
375	恩施土家族苗族自治州	恩施市	红土乡	8 535.150 39	−9 206.320 31	−671.171 02	旅游带动	城郊融合
376	恩施土家族苗族自治州	恩施市	龙凤镇	15 239	−12 253.599 6	2 985.360 11	旅游带动	优化提升
377	恩施土家族苗族自治州	恩施市	三岔镇	9 888.900 39	−10 143.700 2	−254.823	旅游带动	优化提升
378	恩施土家族苗族自治州	恩施市	沙地乡	9 622.870 12	−8 064.930 18	1 557.939 94	生态资源	优化提升
379	恩施土家族苗族自治州	恩施市	盛家坝镇	7 258.75	−17 199.900 4	−9 941.129 9	生态资源	保留改善

续表

序号	所属市/区/州	所属市/县/区	乡镇	碳源/吨	碳汇/吨	碳排放/吨	乡镇类型	发展指引
380	恩施土家族苗族自治州	恩施市	太阳河乡	3 818.909 91	−13 053.599 6	−9 234.740 2	均衡发展	优化提升
381	恩施土家族苗族自治州	恩施市	屯堡乡	10 984.400 4	−11 877.599 6	−893.168 03	均衡发展	保留改善
382	恩施土家族苗族自治州	恩施市	新塘镇	12 413.099 6	−17 704.599 6	−5 291.5	生态资源	优化提升
383	恩施土家族苗族自治州	鹤峰县	容美镇	6 573.490 23	−16 321.5	−9 748.030 3	均衡发展	优化提升
384	恩施土家族苗族自治州	鹤峰县	太平镇	21 212	−562.710 022	20 649.300 8	生态资源	保留改善
385	恩施土家族苗族自治州	鹤峰县	铁炉白族乡	2 948.189 94	−12 509	−9 560.809 6	生态资源	保留改善
386	恩施土家族苗族自治州	鹤峰县	邬阳乡	2 469.780 03	−10 009.599 6	−7 539.839 8	生态资源	保留改善
387	恩施土家族苗族自治州	鹤峰县	五里乡	4 222.169 92	−20 689	−16 466.801	生态资源	保留改善
388	恩施土家族苗族自治州	鹤峰县	下坪乡	3 082.639 89	−8 672.940 43	−5 590.299 8	生态资源	城郊融合
389	恩施土家族苗族自治州	鹤峰县	燕子镇	4 053.280 03	−19 701.900 4	−15 648.6	生态资源	优化提升
390	恩施土家族苗族自治州	鹤峰县	中营镇	5 018.549 8	−20 410.5	−15 392	生态资源	优化提升

附件　湖北省各乡镇分类情况及碳源、碳汇、碳排放数据

续表

序号	所属市/区/州	所属市/县/区	乡镇	碳源/吨	碳汇/吨	碳排放/吨	乡镇类型	发展指引
391	恩施土家族苗族自治州	鹤峰县	走马镇	10 768.099 6	−25 615.400 4	−14 847.3	均衡发展	优化提升
392	恩施土家族苗族自治州	建始县	高坪镇	13 101.5	−11 915.200 2	1 186.25	均衡发展	保留改善
393	恩施土家族苗族自治州	建始县	官店镇	10 064.299 8	−17 113.5	−7 049.279 8	均衡发展	城郊融合
394	恩施土家族苗族自治州	建始县	红岩寺镇	4 401.990 23	−3 459.75	942.234 985	生态资源	优化提升
395	恩施土家族苗族自治州	建始县	花坪镇	9 746.240 23	−19 870	−10 123.8	均衡发展	保留改善
396	恩施土家族苗族自治州	建始县	景阳镇	11 125.299 8	−6 579.020 02	4 546.330 08	生态资源	保留改善
397	恩施土家族苗族自治州	建始县	龙坪乡	4 796.020 02	−10 474.700 2	−5 678.680 2	生态资源	优化提升
398	恩施土家族苗族自治州	建始县	茅田乡	4 536.990 23	−10 772.700 2	−6 235.700 2	均衡发展	城郊融合
399	恩施土家族苗族自治州	建始县	三里乡	10 549.5	−7 412.569 82	3 136.909 91	工业主导	优化提升
400	恩施土家族苗族自治州	建始县	业州镇	19 995.300 8	−16 557.599 6	3 437.709 96	均衡发展	保留改善
401	恩施土家族苗族自治州	建始县	长梁镇	16 369.599 6	−18 770	−2 400.439 9	生态资源	优化提升

续表

序号	所属市/区/州	所属市/县/区	乡镇	碳源/吨	碳汇/吨	碳排放/吨	乡镇类型	发展指引
402	恩施土家族苗族自治州	来凤县	百福司镇	3 856.110 11	−8 382.120 12	−4 526.009 8	旅游带动	优化提升
403	恩施土家族苗族自治州	来凤县	大河镇	8 348.110 35	−3 940.810 06	4 407.290 04	生态资源	优化提升
404	恩施土家族苗族自治州	来凤县	革勒车镇	3 054.570 07	−5 447.120 12	−2 392.55	生态资源	城郊融合
405	恩施土家族苗族自治州	来凤县	旧司镇	5 690.410 16	−8 879.780 27	−3 189.360 1	均衡发展	城郊融合
406	恩施土家族苗族自治州	来凤县	绿水镇	4 747.160 16	−6 172.330 08	−1 425.17	生态资源	优化提升
407	恩施土家族苗族自治州	来凤县	漫水乡	3 356.860 11	−7 498.75	−4 141.899 9	旅游带动	重点发展
408	恩施土家族苗族自治州	来凤县	三胡乡	5 256.279 79	−5 535	−278.717 99	工业主导	优化提升
409	恩施土家族苗族自治州	来凤县	翔凤镇	16 700.699 2	−5 671.629 88	11 029.099 6	旅游带动	优化提升
410	恩施土家族苗族自治州	利川市	柏杨坝镇	14 214.200 2	−26 007.800 8	−11 793.6	均衡发展	保留改善
411	恩施土家族苗族自治州	利川市	建南镇	9 126.530 27	−16 622.900 4	−7 496.359 9	生态资源	城郊融合
412	恩施土家族苗族自治州	利川市	凉雾乡	11 039.299 8	−19 171.099 6	−8 131.870 1	生态资源	优化提升

续表

序号	所属市/区/州	所属市/县/区	乡镇	碳源/吨	碳汇/吨	碳排放/吨	乡镇类型	发展指引
413	恩施土家族苗族自治州	利川市	毛坝镇	7 921.939 94	−17 383.199 2	−9 461.259 8	旅游带动	重点发展
414	恩施土家族苗族自治州	利川市	谋道镇	12 292.799 8	−12 865.400 4	−572.583 01	旅游带动	优化提升
415	恩施土家族苗族自治州	利川市	南坪乡	9 974.799 8	−4 356.890 14	5 617.910 16	生态资源	保留改善
416	恩施土家族苗族自治州	利川市	沙溪乡	4 826.609 86	−14 403.700 2	−9 577.080 1	均衡发展	优化提升
417	恩施土家族苗族自治州	利川市	团堡镇	11 783.799 8	−21 020.5	−9 236.71	均衡发展	重点发展
418	恩施土家族苗族自治州	利川市	汪营镇	16 760	−12 970.299 8	3 789.669 92	均衡发展	保留改善
419	恩施土家族苗族自治州	利川市	文斗镇	9 522.990 23	−19 709.400 4	−10 186.4	生态资源	保留改善
420	恩施土家族苗族自治州	利川市	元堡乡	5 909.930 18	−12 087.200 2	−6 177.259 8	生态资源	保留改善
421	恩施土家族苗族自治州	利川市	忠路镇	10 780.700 2	−22 837.400 4	−12 056.7	均衡发展	保留改善
422	恩施土家族苗族自治州	咸丰县	朝阳寺镇	1 860.599 98	−2 566.679 93	−706.086	生态资源	优化提升
423	恩施土家族苗族自治州	咸丰县	高乐山镇	11 452.299 8	−15 116	−3 663.639 9	生态资源	保留改善

续表

序号	所属市/区/州	所属市/县/区	乡镇	碳源/吨	碳汇/吨	碳排放/吨	乡镇类型	发展指引
424	恩施土家族苗族自治州	咸丰县	黄金洞乡	5 285.850 1	−10 942	−5 656.149 9	生态资源	保留改善
425	恩施土家族苗族自治州	咸丰县	活龙坪乡	6 486.640 14	−15 146.700 2	−8 660.070 3	生态资源	重点发展
426	恩施土家族苗族自治州	咸丰县	坪坝营镇	7 813.140 14	−14 744.299 8	−6 931.129 9	旅游带动	优化提升
427	恩施土家族苗族自治州	咸丰县	清坪镇	9 438.629 88	−14 334.400 4	−4 895.75	均衡发展	优化提升
428	恩施土家族苗族自治州	咸丰县	曲江镇	6 933.310 06	−8 480.730 47	−1 547.42	生态资源	城郊融合
429	恩施土家族苗族自治州	咸丰县	唐崖镇	7 218.709 96	−14 891.799 8	−7 673.089 8	生态资源	保留改善
430	恩施土家族苗族自治州	咸丰县	小村乡	4 548.899 9	−11 485.099 6	−6 936.240 2	生态资源	优化提升
431	恩施土家族苗族自治州	咸丰县	忠堡镇	3 119.899 9	−7 531.830 08	−4 411.939 9	生态资源	保留改善
432	恩施土家族苗族自治州	宣恩县	椿木营乡	1 868.859 99	−8 548.089 84	−6 679.23	生态资源	优化提升
433	恩施土家族苗族自治州	宣恩县	高罗镇	6 913.240 23	−14 072.5	−7 159.27	旅游带动	重点发展
434	恩施土家族苗族自治州	宣恩县	椒园镇	6 726.439 94	−8 678.629 88	−1 952.189 9	均衡发展	优化提升

续表

序号	所属市/区/州	所属市/县/区	乡镇	碳源/吨	碳汇/吨	碳排放/吨	乡镇类型	发展指引
435	恩施土家族苗族自治州	宣恩县	李家河镇	8 653.740 23	−10 146.299 8	−1 492.52	生态资源	重点发展
436	恩施土家族苗族自治州	宣恩县	沙道沟镇	10 043.299 8	−33 255	−23 211.801	旅游带动	重点发展
437	恩施土家族苗族自治州	宣恩县	万寨乡	7 026.680 18	−8 759.980 47	−1 733.3	生态资源	优化提升
438	恩施土家族苗族自治州	宣恩县	晓关侗族乡	8 311.830 08	−21 261.400 4	−12 949.6	生态资源	保留改善
439	恩施土家族苗族自治州	宣恩县	长潭河侗族乡	7 028.069 82	−21 900.900 4	−14 872.8	均衡发展	城郊融合
440	恩施土家族苗族自治州	宣恩县	珠山镇	6 830.089 84	−7 433.209 96	−603.129 03	均衡发展	重点发展
441	仙桃市	仙桃市	陈场镇	11 806.799 8	−809.966 003	10 996.799 8	现代农业	优化提升
442	仙桃市	仙桃市	剅河镇	12 860.400 4	−1 200.640 01	11 659.799 8	均衡发展	优化提升
443	仙桃市	仙桃市	郭河镇	8 246.769 53	−1 154.819 95	7 091.950 2	均衡发展	优化提升
444	仙桃市	仙桃市	胡场镇	11 909.099 6	−961.348 023	10 947.799 8	均衡发展	重点发展
445	仙桃市	仙桃市	毛嘴镇	11 643.099 6	−390.213 013	11 252.900 4	现代农业	优化提升
446	仙桃市	仙桃市	沔城回族镇	2 991.110 11	−187.612	2 803.5	均衡发展	重点发展
447	仙桃市	仙桃市	彭场镇	11 599.200 2	−1 380.260 01	10 218.900 4	现代农业	优化提升
448	仙桃市	仙桃市	三伏潭镇	11 395.599 6	−453.983 002	10 941.599 6	现代农业	重点发展
449	仙桃市	仙桃市	沙湖镇	7 548.279 79	−1 686.829 96	5 861.450 2	现代农业	优化提升
450	仙桃市	仙桃市	通海口镇	8 010.649 9	−995.323 975	7 015.330 08	均衡发展	优化提升
451	仙桃市	仙桃市	西流河镇	13 514.599 6	−2 289.360 11	11 225.299 8	均衡发展	优化提升
452	仙桃市	仙桃市	杨林尾镇	12 711.099 6	−2 503.919 92	10 207.200 2	均衡发展	城郊融合
453	仙桃市	仙桃市	张沟镇	10 114	−1 438.300 05	8 675.650 39	均衡发展	优化提升

续表

序号	所属市/区/州	所属市/县/区	乡镇	碳源/吨	碳汇/吨	碳排放/吨	乡镇类型	发展指引
454	仙桃市	仙桃市	长埫口镇	16 942.900 4	−816.468 018	16 126.400 4	现代农业	重点发展
455	仙桃市	仙桃市	郑场镇	10 684.299 8	−245.621 002	10 438.599 6	现代农业	优化提升
456	潜江市	潜江市	高石碑镇	8 828.309 57	−759.617 004	8 068.689 94	均衡发展	重点发展
457	潜江市	潜江市	浩口镇	8 488.580 08	−3 163.610 11	5 324.970 21	均衡发展	重点发展
458	潜江市	潜江市	积玉口镇	7 620.450 2	−1 701.280 03	5 919.169 92	均衡发展	优化提升
459	潜江市	潜江市	老新镇	8 509.5	−1 659	6 850.5	均衡发展	优化提升
460	潜江市	潜江市	龙湾镇	6 806.430 18	−2 247.449 95	4 558.979 98	旅游带动	优化提升
461	潜江市	潜江市	王场镇	10 089.799 8	−380.787 994	9 708.990 23	旅游带动	城郊融合
462	潜江市	潜江市	熊口镇	6 793.919 92	−1 552.920 04	5 241	均衡发展	优化提升
463	潜江市	潜江市	渔洋镇	10 892.400 4	−1 449.410 03	9 442.990 23	均衡发展	重点发展
464	潜江市	潜江市	张金镇	9 144.139 65	−2 401.419 92	6 742.729 98	现代农业	重点发展
465	潜江市	潜江市	竹根滩镇	11 137.5	−185.085 007	10 952.400 4	现代农业	优化提升
466	荆州市	公安县	斑竹垱镇	13 167.5	−844.481 995	12 323	旅游带动	重点发展
467	荆州市	公安县	埠河镇	21 163	−1 078.050 05	20 085	旅游带动	重点发展
468	荆州市	公安县	斗湖堤镇	12 679	−1 242.319 95	11 436.599 6	旅游带动	重点发展
469	荆州市	公安县	甘家厂乡	7 547.089 84	−561.369 019	6 985.720 21	旅游带动	重点发展
470	荆州市	公安县	黄山头镇	6 400.359 86	−1 242.069 95	5 158.290 04	旅游带动	城郊融合
471	荆州市	公安县	夹竹园镇	9 513.339 84	−1 257.319 95	8 256.019 53	旅游带动	重点发展
472	荆州市	公安县	麻豪口镇	9 089.230 47	−3 156.870 12	5 932.350 1	旅游带动	重点发展
473	荆州市	公安县	毛家港镇	14 152.5	−1 536.510 01	12 616	旅游带动	城郊融合
474	荆州市	公安县	孟家溪镇	9 556.150 39	−637.804 016	8 918.349 61	旅游带动	优化提升
475	荆州市	公安县	南平镇	7 788.200 2	−632.155 029	7 156.040 04	旅游带动	重点发展
476	荆州市	公安县	藕池镇	6 322.490 23	−1 413.520 02	4 908.970 21	旅游带动	重点发展
477	荆州市	公安县	狮子口镇	12 159.400 4	−1 040.959 96	11 118.5	旅游带动	重点发展
478	荆州市	公安县	杨家厂镇	12 602.799 8	−1 345.310 06	11 257.5	旅游带动	城郊融合
479	荆州市	公安县	闸口镇	5 597.890 14	−1 907.229 98	3 690.659 91	旅游带动	重点发展
480	荆州市	公安县	章田寺乡	7 796.580 08	−705.877 991	7 090.700 2	旅游带动	重点发展
481	荆州市	公安县	章庄铺镇	16 313.400 4	−908.75	15 404.700 2	旅游带动	优化提升
482	荆州市	松滋市	八宝镇	19 116.300 8	−436.683 991	18 679.599 6	旅游带动	重点发展
483	荆州市	松滋市	陈店镇	15 720.099 6	−1 781.790 04	13 938.299 8	旅游带动	城郊融合

附件 湖北省各乡镇分类情况及碳源、碳汇、碳排放数据

续表

序号	所属市/区/州	所属市/县/区	乡镇	碳源/吨	碳汇/吨	碳排放/吨	乡镇类型	发展指引
484	荆州市	松滋市	街河市镇	8 969.839 84	−726.442 017	8 243.400 39	旅游带动	优化提升
485	荆州市	松滋市	老城镇	11 449.200 2	−402.865 997	11 046.299 8	旅游带动	重点发展
486	荆州市	松滋市	刘家场镇	12 749.5	−10 665.299 8	2 084.120 12	旅游带动	优化提升
487	荆州市	松滋市	南海镇	17 352.599 6	−1 091.599 98	16 261	旅游带动	重点发展
488	荆州市	松滋市	沙道观镇	6 829.950 2	−186.313 995	6 643.640 14	旅游带动	城郊融合
489	荆州市	松滋市	斯家场镇	7 942.649 9	−2 402.459 96	5 540.189 94	旅游带动	重点发展
490	荆州市	松滋市	涴市镇	12 800.900 4	−472.428 986	12 328.5	旅游带动	优化提升
491	荆州市	松滋市	万家乡	6 517.600 1	−525.244 995	5 992.350 1	旅游带动	城郊融合
492	荆州市	松滋市	王家桥镇	16 479.099 6	−1 717.780 03	14 761.299 8	生态资源	重点发展
493	荆州市	松滋市	洈水镇	18 562.699 2	−8 494.969 73	10 067.700 2	旅游带动	重点发展
494	荆州市	松滋市	卸甲坪土家族乡	3 317.860 11	−4 433.410 16	−1 115.55	旅游带动	优化提升
495	荆州市	松滋市	杨林市镇	12 672.099 6	−584.184 998	12 087.900 4	旅游带动	重点发展
496	荆州市	松滋市	纸厂河镇	8 963.629 88	−765.640 015	8 197.990 23	旅游带动	城郊融合
497	荆州市	江陵县	白马寺镇	8 324.190 43	−1 184.209 96	7 139.979 98	旅游带动	城郊融合
498	荆州市	江陵县	郝穴镇	6 477.040 04	−96.285 202	6 380.75	现代农业	重点发展
499	荆州市	江陵县	马家寨乡	10 742.700 2	−503.934 998	10 238.799 8	现代农业	重点发展
500	荆州市	江陵县	普济镇	5 378.569 82	−479.954 01	4 898.609 86	现代农业	优化提升
501	荆州市	江陵县	秦市乡	4 020.149 9	−410.042 999	3 610.110 11	现代农业	重点发展
502	荆州市	江陵县	沙岗镇	7 139.109 86	−1 749.479 98	5 389.640 14	旅游带动	优化提升
503	荆州市	江陵县	滩桥镇	6 184.729 98	−248.834	5 935.899 9	现代农业	城郊融合
504	荆州市	江陵县	熊河镇	12 196.299 8	−480.545 013	11 715.799 8	现代农业	重点发展
505	荆州市	江陵县	资市镇	6 345.959 96	−476.109 009	5 869.850 1	旅游带动	城郊融合
506	荆州市	沙市区	岑河镇	9 178.169 92	−1 568.829 96	7 609.339 84	工业主导	重点发展
507	荆州市	沙市区	关沮镇	4 922.310 06	−209.654 999	4 712.649 9	现代农业	城郊融合
508	荆州市	沙市区	观音垱镇	8 862.580 08	−3 063.149 9	5 799.430 18	旅游带动	城郊融合
509	荆州市	沙市区	联合乡	3 123.159 91	−19.876 699 4	3 103.290 04	工业主导	城郊融合
510	荆州市	沙市区	锣场镇	4 363.379 88	−322.355 011	4 041.030 03	均衡发展	优化提升
511	荆州市	洪湖市	曹市镇	8 650.879 88	−600.469 971	8 050.410 16	现代农业	优化提升
512	荆州市	洪湖市	汊河镇	6 303.419 92	−2 376.979 98	3 926.449 95	现代农业	优化提升
513	荆州市	洪湖市	戴家场镇	5 668.160 16	−1 165.37	4 502.790 04	现代农业	重点发展

续表

序号	所属市/区/州	所属市/县/区	乡镇	碳源/吨	碳汇/吨	碳排放/吨	乡镇类型	发展指引
514	荆州市	洪湖市	峰口镇	11 409.799 8	−1 062.439 94	10 347.299 8	均衡发展	重点发展
515	荆州市	洪湖市	府场镇	2 975.560 06	−115.544 998	2 860.010 01	现代农业	优化提升
516	荆州市	洪湖市	黄家口镇	5 693.740 23	−2 077.120 12	3 616.620 12	旅游带动	优化提升
517	荆州市	洪湖市	老湾回族乡	2 449.489 99	−354.694	2 094.790 04	现代农业	优化提升
518	荆州市	洪湖市	龙口镇	5 411.310 06	−1 231.550 05	4 179.770 02	均衡发展	优化提升
519	荆州市	洪湖市	螺山镇	5 488.520 02	−3 502.320 07	1 986.199 95	旅游带动	优化提升
520	荆州市	洪湖市	瞿家湾镇	1 450.400 02	−697.317 993	753.086 975	旅游带动	城郊融合
521	荆州市	洪湖市	沙口镇	4 243.080 08	−3 036.669 92	1 206.410 03	现代农业	重点发展
522	荆州市	洪湖市	万全镇	7 870.220 21	−2 069.879 88	5 800.339 84	现代农业	优化提升
523	荆州市	洪湖市	乌林镇	7 703.540 04	−1 107.479 98	6 596.060 06	现代农业	重点发展
524	荆州市	洪湖市	新滩镇	9 603.530 27	−1 245.510 01	8 358.019 53	现代农业	优化提升
525	荆州市	洪湖市	燕窝镇	7 932.259 77	−1 306.290 04	6 625.970 21	现代农业	重点发展
526	荆州市	监利县	白螺镇	7 939.25	−1 976.439 94	5 962.810 06	旅游带动	城郊融合
527	荆州市	监利县	汴河镇	5 189.939 94	−3 993.209 96	1 196.729 98	旅游带动	重点发展
528	荆州市	监利县	程集镇	8 359	−1 039.140 01	7 319.859 86	旅游带动	优化提升
529	荆州市	监利县	尺八镇	10 932	−1 617.729 98	9 314.259 77	旅游带动	优化提升
530	荆州市	监利县	分盐镇	7 477.450 2	−2 516.989 99	4 960.459 96	旅游带动	优化提升
531	荆州市	监利县	福田寺镇	4 089.449 95	−1 927.260 01	2 162.189 94	旅游带动	重点发展
532	荆州市	监利县	龚场镇	6 701.080 08	−1 333.329 96	5 367.75	旅游带动	重点发展
533	荆州市	监利县	红城乡	16 956.099 6	−2 651.340 09	14 304.799 8	旅游带动	优化提升
534	荆州市	监利县	黄歇口镇	7 669.459 96	−2 459.889 89	5 209.569 82	旅游带动	重点发展
535	荆州市	监利县	毛市镇	8 581.360 35	−2 249.399 9	6 331.959 96	旅游带动	城郊融合
536	荆州市	监利县	棋盘乡	3 187.030 03	−3 264.5	−77.465 599	旅游带动	优化提升
537	荆州市	监利县	桥市镇	5 270.740 23	−2 862.169 92	2 408.570 07	旅游带动	优化提升
538	荆州市	监利县	容城镇	9 351.959 96	−1 057.089 97	8 294.870 12	旅游带动	优化提升
539	荆州市	监利县	三洲镇	7 524.370 12	−2 634.699 95	4 889.669 92	旅游带动	重点发展
540	荆州市	监利县	上车湾镇	5 677.689 94	−560.327 026	5 117.359 86	旅游带动	重点发展
541	荆州市	监利县	汪桥镇	7 959.790 04	−2 405.659 91	5 554.129 88	旅游带动	重点发展
542	荆州市	监利县	网市镇	8 003.620 12	−617.572 022	7 386.049 8	旅游带动	重点发展
543	荆州市	监利县	新沟镇	14 215.200 2	−1 052.75	13 162.400 4	旅游带动	重点发展

附件　湖北省各乡镇分类情况及碳源、碳汇、碳排放数据

续表

序号	所属市/区/州	所属市/县/区	乡镇	碳源/吨	碳汇/吨	碳排放/吨	乡镇类型	发展指引
544	荆州市	监利县	柘木乡	10 615.299 8	−2 306.219 97	8 309.120 12	旅游带动	重点发展
545	荆州市	监利县	周老嘴镇	8 696.759 77	−2 340.209 96	6 356.549 8	旅游带动	城郊融合
546	荆州市	监利县	朱河镇	10 376.700 2	−1 451.420 04	8 925.25	旅游带动	重点发展
547	荆州市	石首市	大垸镇	9 357.469 73	−1 320.180 05	8 037.290 04	旅游带动	城郊融合
548	荆州市	石首市	东升镇	10 711.200 2	−2 153.330 08	8 557.900 39	旅游带动	优化提升
549	荆州市	石首市	高基庙镇	7 515.560 06	−885.945 984	6 629.609 86	旅游带动	优化提升
550	荆州市	石首市	高陵镇	6 032.689 94	−426.329 987	5 606.359 86	旅游带动	重点发展
551	荆州市	石首市	横沟市镇	4 402.109 86	−793.291 992	3 608.820 07	旅游带动	优化提升
552	荆州市	石首市	久合垸乡	4 233.020 02	−528.929 993	3 704.080 08	旅游带动	重点发展
553	荆州市	石首市	南口镇	6 915.410 16	−547.335 022	6 368.069 82	旅游带动	保留改善
554	荆州市	石首市	桃花山镇	4 959.5	−2 976.520 02	1 982.979 98	旅游带动	优化提升
555	荆州市	石首市	调关镇	6 874.950 2	−2 077.760 01	4 797.189 94	旅游带动	重点发展
556	荆州市	石首市	团山寺镇	5 171.189 94	−502.635 01	4 668.549 8	旅游带动	优化提升
557	荆州市	石首市	小河口镇	6 866.229 98	−1 537.689 94	5 328.540 04	旅游带动	重点发展
558	荆州市	石首市	新厂镇	7 271.569 82	−449.161 011	6 822.410 16	旅游带动	城郊融合
559	荆州市	荆州区	八岭山镇	11 159.5	−925.692 993	10 233.799 8	旅游带动	重点发展
560	荆州市	荆州区	川店镇	14 868.5	−1 474.579 96	13 394	现代农业	重点发展
561	荆州市	荆州区	纪南镇	14 646.799 8	−1 204.12	13 442.599 6	旅游带动	优化提升
562	荆州市	荆州区	李埠镇	8 950.509 77	−451.463 989	8 499.049 8	现代农业	重点发展
563	荆州市	荆州区	马山镇	8 577.620 12	−960.807 007	7 616.810 06	旅游带动	重点发展
564	荆州市	荆州区	弥市镇	16 103	−472.729 004	15 630.200 2	均衡发展	重点发展
565	荆州市	荆州区	郢城镇	7 123.810 06	−222.649 994	6 901.160 16	旅游带动	城郊融合
566	鄂州市	华容区	蒲团乡	5 536.540 04	−1 332.719 97	4 203.819 82	工业主导	城郊融合
567	鄂州市	华容区	临江乡	6 367.25	−495.799 988	5 871.450 2	工业主导	优化提升
568	鄂州市	华容区	段店镇	6 538.020 02	−847.463 989	5 690.560 06	工业主导	城郊融合
569	鄂州市	华容区	葛店经济技术开发区	10 867.900 4	−847.245 972	10 020.700 2	工业主导	城郊融合
570	鄂州市	华容区	华容镇	9 838.139 65	−736.336 975	9 101.799 8	均衡发展	优化提升
571	鄂州市	华容区	庙岭镇	7 980.149 9	−1 973.689 94	6 006.459 96	现代农业	优化提升
572	鄂州市	梁子湖区	东沟镇	1 840.859 99	−249.414 002	1 591.439 94	均衡发展	城郊融合
573	鄂州市	梁子湖区	梁子镇	11 397.900 4	−13 538	−2 140.169 9	均衡发展	重点发展

续表

序号	所属市/区/州	所属市/县/区	乡镇	碳源/吨	碳汇/吨	碳排放/吨	乡镇类型	发展指引
574	鄂州市	梁子湖区	太和镇	6 094.729 98	−1 986.459 96	4 108.270 02	均衡发展	城郊融合
575	鄂州市	梁子湖区	涂家垴镇	6 774.020 02	−4 409.680 18	2 364.340 09	均衡发展	城郊融合
576	鄂州市	梁子湖区	沼山镇	6 089.950 2	−1 864.599 98	4 225.359 86	均衡发展	城郊融合
577	鄂州市	鄂城区	沙窝乡	5 087.140 14	−1 285.680 05	3 801.459 96	工业主导	城郊融合
578	鄂州市	鄂城区	碧石渡镇	3 997.429 93	−494.506 989	3 502.929 93	旅游带动	重点发展
579	鄂州市	鄂城区	杜山镇	3 858.100 1	−664.031 982	3 194.070 07	工业主导	城郊融合
580	鄂州市	鄂城区	花湖镇	7 208.540 04	−992.942 993	6 215.600 1	工业主导	城郊融合
581	鄂州市	鄂城区	汀祖镇	9 020.389 65	−1 885.75	7 134.640 14	工业主导	城郊融合
582	鄂州市	鄂城区	新庙镇	5 389.370 12	−364.240 997	5 025.129 88	工业主导	城郊融合
583	鄂州市	鄂城区	燕矶镇	8 538.320 31	−735.763 977	7 802.549 8	工业主导	城郊融合
584	鄂州市	鄂城区	杨叶镇	3 791.489 99	−270.335 999	3 521.149 9	工业主导	城郊融合
585	鄂州市	鄂城区	泽林镇	8 464.070 31	−1 278.060 06	7 186.009 77	现代农业	重点发展
586	鄂州市	鄂城区	长港镇	2 988.840 09	−470.311 005	2 518.530 03	旅游带动	保留改善
587	神农架林区	神农架林区	大九湖镇	1 059.88	−13 800.599 6	−12 740.7	均衡发展	保留改善
588	神农架林区	神农架林区	红坪镇	1 281.829 96	−33 980.398 4	−32 698.5	生态资源	重点发展
589	神农架林区	神农架林区	木鱼镇	1 622.349 98	−19 992.699 2	−18 370.301	生态资源	优化提升
590	神农架林区	神农架林区	松柏镇	3 426.550 05	−14 576.400 4	−11 149.8	生态资源	保留改善
591	神农架林区	神农架林区	宋洛乡	1 784.209 96	−29 202.5	−27 418.301	生态资源	保留改善
592	神农架林区	神农架林区	下谷坪土家族乡	953.065 979	−10 693.5	−9 740.389 6	生态资源	保留改善
593	神农架林区	神农架林区	新华镇	1 029.739 99	−10 208.099 6	−9 178.379 9	生态资源	保留改善
594	神农架林区	神农架林区	阳日镇	2 831.25	−11 179.299 8	−8 348.070 3	现代农业	城郊融合
595	荆门市	沙洋县	曾集镇	16 544	−542.965 027	16 001	现代农业	优化提升
596	荆门市	沙洋县	高阳镇	16 556.199 2	−736.120 972	15 820.099 6	均衡发展	重点发展
597	荆门市	沙洋县	官垱镇	11 696.700 2	−650.547 974	11 046.099 6	均衡发展	重点发展
598	荆门市	沙洋县	后港镇	16 859.900 4	−2 131.030 03	14 728.900 4	均衡发展	优化提升
599	荆门市	沙洋县	纪山镇	7 386.609 86	−648.700 989	6 737.910 16	现代农业	优化提升

续表

序号	所属市/区/州	所属市/县/区	乡镇	碳源/吨	碳汇/吨	碳排放/吨	乡镇类型	发展指引
600	荆门市	沙洋县	李市镇	8 458.290 04	−445.843 994	8 012.450 2	生态资源	优化提升
601	荆门市	沙洋县	马良镇	10 963	−807.568 97	10 155.400 4	现代农业	优化提升
602	荆门市	沙洋县	毛李镇	8 689.860 35	−1 615.390 01	7 074.470 21	工业主导	优化提升
603	荆门市	沙洋县	沙洋镇	8 877.450 2	−193.371 002	8 684.080 08	现代农业	优化提升
604	荆门市	沙洋县	沈集镇	16 622.5	−620.203 003	16 002.299 8	现代农业	优化提升
605	荆门市	沙洋县	十里铺镇	12 074.400 4	−877.664 978	11 196.700 2	均衡发展	优化提升
606	荆门市	沙洋县	拾回桥镇	10 086.599 6	−309.890 015	9 776.700 2	均衡发展	优化提升
607	荆门市	沙洋县	五里铺镇	15 657.099 6	−643.25	15 013.900 4	现代农业	优化提升
608	荆门市	钟祥市	九里回族乡	9 021.129 88	−1 079.430 05	7 941.700 2	均衡发展	重点发展
609	荆门市	钟祥市	柴湖镇	22 869.599 6	−533.205 994	22 336.400 4	现代农业	优化提升
610	荆门市	钟祥市	东桥镇	12 436.099 6	−6 128.240 23	6 307.839 84	均衡发展	优化提升
611	荆门市	钟祥市	丰乐镇	14 752.700 2	−600.755 981	14 152	均衡发展	重点发展
612	荆门市	钟祥市	胡集镇	31 169.599 6	−4 159.379 88	27 010.199 2	均衡发展	重点发展
613	荆门市	钟祥市	旧口镇	27 564.099 6	−474.312 012	27 089.800 8	生态资源	保留改善
614	荆门市	钟祥市	客店镇	3 714.570 07	−13 019.200 2	−9 304.599 6	生态资源	优化提升
615	荆门市	钟祥市	冷水镇	20 619.099 6	−4 051.449 95	16 567.699 2	均衡发展	优化提升
616	荆门市	钟祥市	磷矿镇	12 950.900 4	−2 324.649 9	10 626.299 8	旅游带动	优化提升
617	荆门市	钟祥市	石牌镇	24 473.099 6	−997.851 99	23 475.199 2	均衡发展	优化提升
618	荆门市	钟祥市	双河镇	16 689.900 4	−2 038.050 05	14 651.799 8	现代农业	优化提升
619	荆门市	钟祥市	文集镇	11 850.299 8	−489.671 997	11 360.599 6	均衡发展	优化提升
620	荆门市	钟祥市	洋梓镇	28 289.300 8	−2 935.840 09	25 353.5	现代农业	优化提升
621	荆门市	钟祥市	张集镇	6 774.270 02	−15 022.599 6	−8 248.370 1	现代农业	重点发展
622	荆门市	钟祥市	长寿镇	18 788	−1 418.739 99	17 369.199 2	现代农业	优化提升
623	荆门市	钟祥市	长滩镇	11 768.799 8	−1 227.390 01	10 541.400 4	现代农业	优化提升
624	荆门市	京山市	曹武镇	11 788	−3 132.679 93	8 655.349 61	均衡发展	优化提升
625	荆门市	京山市	罗店镇	20 078.099 6	−2 896.479 98	17 181.599 6	生态资源	保留改善
626	荆门市	京山市	绿林镇	3 312.510 01	−13 095.099 6	−9 782.620 1	均衡发展	优化提升
627	荆门市	京山市	坪坝镇	4 212.270 02	−2 573.939 94	1 638.329 96	工业主导	重点发展
628	荆门市	京山市	钱场镇	14 850.299 8	−4 192.580 08	10 657.799 8	均衡发展	优化提升
629	荆门市	京山市	三阳镇	7 297.060 06	−9 751.610 35	−2 454.55	均衡发展	优化提升

续表

序号	所属市/区/州	所属市/县/区	乡镇	碳源/吨	碳汇/吨	碳排放/吨	乡镇类型	发展指引
630	荆门市	京山市	石龙镇	12 375	−4 598.569 82	7 776.419 92	工业主导	重点发展
631	荆门市	京山市	宋河镇	13 287.200 2	−10 008.700 2	3 278.5	工业主导	优化提升
632	荆门市	京山市	孙桥镇	13 968.5	−8 915.559 57	5 052.939 94	均衡发展	优化提升
633	荆门市	京山市	雁门口镇	15 380.599 6	−3 712.419 92	11 668.200 2	生态资源	保留改善
634	荆门市	京山市	杨集镇	4 126.120 12	−13 833	−9 706.929 7	均衡发展	优化提升
635	荆门市	京山市	永漋镇	10 381.5	−75.428 497 3	10 306.099 6	均衡发展	优化提升
636	荆门市	东宝区	仙居乡	7 812.350 1	−3 536.639 89	4 275.700 2	均衡发展	保留改善
637	荆门市	东宝区	栗溪镇	5 357.830 08	−18 591.900 4	−13 234.1	生态资源	优化提升
638	荆门市	东宝区	马河镇	2 711.129 88	−7 772.700 2	−5 061.569 8	均衡发展	优化提升
639	荆门市	东宝区	牌楼镇	10 126.400 4	−219.925 003	9 906.459 96	均衡发展	优化提升
640	荆门市	东宝区	石桥驿镇	11 147.799 8	−2 338.270 02	8 809.5	均衡发展	重点发展
641	荆门市	东宝区	漳河镇	19 654.900 4	−6 659.279 79	12 995.599 6	工业主导	重点发展
642	荆门市	东宝区	子陵铺镇	23 563.199 2	−6 361.640 14	17 201.599 6	均衡发展	城郊融合
643	荆门市	掇刀区	麻城镇	13 911.5	−396.369 995	13 515.099 6	现代农业	城郊融合
644	荆门市	掇刀区	团林铺镇	19 732	−706.421 997	19 025.5	均衡发展	重点发展
645	随州市	曾都区	府河镇	9 484.980 47	−6 097.390 14	3 387.590 09	均衡发展	优化提升
646	随州市	曾都区	何店镇	13 916.700 2	−8 064.950 2	5 851.799 8	均衡发展	优化提升
647	随州市	曾都区	洛阳镇	6 316.370 12	−11 515.099 6	−5 198.720 2	均衡发展	优化提升
648	随州市	曾都区	万店镇	13 032.599 6	−5 679.689 94	7 352.930 18	工业主导	城郊融合
649	随州市	曾都区	淅河镇	22 747.400 4	−4 354.310 06	18 393.099 6	旅游带动	重点发展
650	随州市	随县	安居镇	11 742.099 6	−941.762 024	10 800.400 4	均衡发展	保留改善
651	随州市	随县	草店镇	6 530.649 9	−13 130.299 8	−6 599.640 1	均衡发展	优化提升
652	随州市	随县	高城镇	6 365.319 82	−6 697.870 12	−332.544 01	旅游带动	重点发展
653	随州市	随县	洪山镇	13 729	−19 270.599 6	−5 541.649 9	旅游带动	重点发展
654	随州市	随县	淮河镇	6 167.759 77	−12 598.5	−6 430.79	工业主导	优化提升
655	随州市	随县	澴潭镇	12 914.599 6	−16 150.099 6	−3 235.52	均衡发展	优化提升
656	随州市	随县	均川镇	13 027	−6 484.089 84	6 542.939 94	工业主导	重点发展
657	随州市	随县	厉山镇	16 195.900 4	−6 272.390 14	9 923.5	均衡发展	优化提升
658	随州市	随县	柳林镇	3 881.580 08	−8 770.969 73	−4 889.390 1	工业主导	优化提升
659	随州市	随县	三里岗镇	9 000.769 53	−14 556.299 8	−5 555.52	现代农业	优化提升

续表

序号	所属市/区/州	所属市/县/区	乡镇	碳源/吨	碳汇/吨	碳排放/吨	乡镇类型	发展指引
660	随州市	随县	尚市镇	14 519.200 2	−3 189.310 06	11 329.900 4	现代农业	重点发展
661	随州市	随县	唐县镇	18 618	−5 138.620 12	13 479.400 4	现代农业	优化提升
662	随州市	随县	万福店镇	5 247.509 77	−752.171 021	4 495.339 84	工业主导	优化提升
663	随州市	随县	万和镇	17 172.699 2	−28 684.599 6	−11 511.8	工业主导	优化提升
664	随州市	随县	吴山镇	11 397.900 4	−13 538	−2 140.169 9	均衡发展	优化提升
665	随州市	随县	小林镇	5 218.439 94	−3 811.439 94	1 407	工业主导	优化提升
666	随州市	随县	新街镇	5 822.810 06	−929.961 975	4 892.850 1	均衡发展	城郊融合
667	随州市	随县	殷店镇	14 809.400 4	−28 652.300 8	−13 842.9	均衡发展	优化提升
668	随州市	随县	长岗镇	4 540.520 02	−11 526.200 2	−6 985.669 9	均衡发展	重点发展
669	随州市	广水市	蔡河镇	8 839.019 53	−9 039	−199.973 01	均衡发展	优化提升
670	随州市	广水市	陈巷镇	8 053.339 84	−2 543.959 96	5 509.379 88	均衡发展	城郊融合
671	随州市	广水市	关庙镇	8 779.719 73	−3 488.870 12	5 290.839 84	均衡发展	优化提升
672	随州市	广水市	郝店镇	5 617.439 94	−9 839.849 61	−4 222.410 2	均衡发展	保留改善
673	随州市	广水市	李店镇	5 219.430 18	−173.414 993	5 046.009 77	现代农业	优化提升
674	随州市	广水市	骆店镇	7 792.180 18	−858.393 982	6 933.790 04	工业主导	优化提升
675	随州市	广水市	马坪镇	5 102.649 9	−2 833.370 12	2 269.280 03	均衡发展	优化提升
676	随州市	广水市	太平镇	21 212	−562.710 022	20 649.300 8	均衡发展	保留改善
677	随州市	广水市	吴店镇	23 915.699 2	−5 479.359 86	18 436.300 8	旅游带动	重点发展
678	随州市	广水市	武胜关镇	7 024.089 84	−8 078.479 98	−1 054.39	工业主导	重点发展
679	随州市	广水市	杨寨镇	8 731.629 88	−1 256.170 04	7 475.459 96	均衡发展	优化提升
680	随州市	广水市	余店镇	8 926.379 88	−7 588.759 77	1 337.62	均衡发展	重点发展
681	随州市	广水市	长岭镇	11 521.700 2	−6 277.529 79	5 244.189 94	均衡发展	保留改善
682	咸宁市	咸安区	大幕乡	4 706.959 96	−8 088.830 08	−3 381.879 9	旅游带动	重点发展
683	咸宁市	咸安区	高桥镇	3 723.939 94	−3 394.929 93	329.010 01	生态资源	重点发展
684	咸宁市	咸安区	官埠桥镇	14 257.400 4	−4 031.199 95	10 226.200 2	生态资源	重点发展
685	咸宁市	咸安区	桂花镇	4 863.990 23	−8 202.589 84	−3 338.600 1	工业主导	重点发展
686	咸宁市	咸安区	贺胜桥镇	5 642.770 02	−2 606.189 94	3 036.580 08	工业主导	城郊融合
687	咸宁市	咸安区	横沟桥镇	9 589.629 88	−2 885.379 88	6 704.259 77	工业主导	城郊融合
688	咸宁市	咸安区	马桥镇	7 035.25	−4 963.419 92	2 071.830 08	工业主导	优化提升
689	咸宁市	咸安区	双溪桥镇	10 339.599 6	−5 778.649 9	4 560.979 98	旅游带动	重点发展

续表

序号	所属市/区/州	所属市/县/区	乡镇	碳源/吨	碳汇/吨	碳排放/吨	乡镇类型	发展指引
690	咸宁市	咸安区	汀泗桥镇	6 748.830 08	−7 220.189 94	−471.358	生态资源	重点发展
691	咸宁市	咸安区	向阳湖镇	7 982.129 88	−2 601.600 1	5 380.529 79	工业主导	重点发展
692	咸宁市	嘉鱼县	渡普镇	4 556.379 88	−1 914.589 97	2 641.790 04	工业主导	优化提升
693	咸宁市	嘉鱼县	高铁岭镇	6 415.680 18	−3 443.909 91	2 971.770 02	工业主导	城郊融合
694	咸宁市	嘉鱼县	官桥镇	8 675.030 27	−4 449.330 08	4 225.700 2	生态资源	重点发展
695	咸宁市	嘉鱼县	陆溪镇	3 795.270 02	−1 587.62	2 207.649 9	均衡发展	城郊融合
696	咸宁市	嘉鱼县	簰洲湾镇	7 992.229 98	−1 001.400 02	6 990.830 08	均衡发展	重点发展
697	咸宁市	嘉鱼县	潘家湾镇	10 575.400 4	−470.321 991	10 105.099 6	现代农业	重点发展
698	咸宁市	嘉鱼县	新街镇	5 822.810 06	−929.961 975	4 892.850 1	工业主导	城郊融合
699	咸宁市	嘉鱼县	鱼岳镇	9 505.219 73	−1 369.650 02	8 135.580 08	均衡发展	优化提升
700	咸宁市	通城县	大坪乡	12 184.900 4	−3 401.179 93	8 783.679 69	生态资源	优化提升
701	咸宁市	通城县	四庄乡	5 832.080 08	−4 874.129 88	957.952 026	均衡发展	保留改善
702	咸宁市	通城县	北港镇	4 947.020 02	−1 702.849 98	3 244.169 92	均衡发展	城郊融合
703	咸宁市	通城县	关刀镇	7 717.270 02	−3 881.120 12	3 836.149 9	工业主导	优化提升
704	咸宁市	通城县	隽水镇	12 660.400 4	−1 590.609 99	11 069.799 8	生态资源	优化提升
705	咸宁市	通城县	马港镇	8 005.589 84	−7 591.5	414.092 987	均衡发展	重点发展
706	咸宁市	通城县	麦市镇	5 287.040 04	−3 417.209 96	1 869.829 96	均衡发展	城郊融合
707	咸宁市	通城县	沙堆镇	5 447.830 08	−1 644.310 06	3 803.520 02	均衡发展	优化提升
708	咸宁市	通城县	石南镇	7 491.790 04	−2 101.949 95	5 389.839 84	均衡发展	城郊融合
709	咸宁市	通城县	塘湖镇	7 911.220 21	−3 395	4 516.229 98	均衡发展	保留改善
710	咸宁市	通城县	五里镇	6 500.640 14	−3 746.929 93	2 753.709 96	均衡发展	保留改善
711	咸宁市	崇阳县	港口乡	3 472.75	−11 726	−8 253.269 5	均衡发展	保留改善
712	咸宁市	崇阳县	高枧乡	812.596 008	−2 428.310 06	−1 615.72	旅游带动	城郊融合
713	咸宁市	崇阳县	铜钟乡	3 699.729 98	−3 276.379 88	423.350 006	均衡发展	优化提升
714	咸宁市	崇阳县	肖岭乡	7 645.390 14	−2 989.209 96	4 656.189 94	旅游带动	重点发展
715	咸宁市	崇阳县	白霓镇	9 675.150 39	−5 545.220 21	4 129.930 18	生态资源	优化提升
716	咸宁市	崇阳县	桂花泉镇	2 193.919 92	−6 698.25	−4 504.330 1	均衡发展	保留改善
717	咸宁市	崇阳县	金塘镇	2 345.800 05	−11 941.400 4	−9 595.610 4	工业主导	城郊融合
718	咸宁市	崇阳县	路口镇	5 957.770 02	−10 183.200 2	−4 225.419 9	生态资源	城郊融合
719	咸宁市	崇阳县	青山镇	3 562.899 9	−6 112.490 23	−2 549.590 1	均衡发展	优化提升

附件 湖北省各乡镇分类情况及碳源、碳汇、碳排放数据

续表

序号	所属市/区/州	所属市/县/区	乡镇	碳源/吨	碳汇/吨	碳排放/吨	乡镇类型	发展指引
720	咸宁市	崇阳县	沙坪镇	4 807.740 23	−5 015.680 18	−207.940 99	均衡发展	优化提升
721	咸宁市	崇阳县	石城镇	8 680.219 73	−6 993.569 82	1 686.650 02	工业主导	重点发展
722	咸宁市	崇阳县	天城镇	15 008.5	−7 628.930 18	7 379.589 84	均衡发展	保留改善
723	咸宁市	通山县	慈口乡	2 638.600 1	−5 508.120 12	−2 869.51	均衡发展	优化提升
724	咸宁市	通山县	大路乡	7 976.370 12	−3 195.850 1	4 780.520 02	均衡发展	优化提升
725	咸宁市	通山县	燕厦乡	4 730.020 02	−6 569.379 88	−1 839.36	均衡发展	保留改善
726	咸宁市	通山县	杨芳林乡	2 221.379 88	−6 344.350 1	−4 122.970 2	旅游带动	保留改善
727	咸宁市	通山县	闯王镇	2 677.25	−8 454.809 57	−5 777.560 1	均衡发展	优化提升
728	咸宁市	通山县	大畈镇	4 372.439 94	−7 725.479 98	−3 353.04	生态资源	保留改善
729	咸宁市	通山县	洪港镇	3 996.149 9	−12 359	−8 362.849 6	均衡发展	优化提升
730	咸宁市	通山县	黄沙铺镇	5 966.330 08	−11 879.799 8	−5 913.48	工业主导	城郊融合
731	咸宁市	通山县	九宫山镇	4 694.560 06	−9 765.089 84	−5 070.529 8	旅游带动	优化提升
732	咸宁市	通山县	南林桥镇	5 669.270 02	−8 018.229 98	−2 348.96	生态资源	保留改善
733	咸宁市	通山县	厦铺镇	2 273.5	−15 841.200 2	−13 567.7	工业主导	城郊融合
734	咸宁市	通山县	通羊镇	10 317.900 4	−8 126.569 82	2 191.320 07	均衡发展	优化提升
735	咸宁市	赤壁市	余家桥乡	2 689.510 01	−3 571.949 95	−882.437 01	旅游带动	优化提升
736	咸宁市	赤壁市	茶庵岭镇	3 578.760 01	−2 973.360 11	605.403 015	工业主导	优化提升
737	咸宁市	赤壁市	车埠镇	6 217.430 18	−4 561.600 1	1 655.829 96	旅游带动	重点发展
738	咸宁市	赤壁市	赤壁镇	4 781.660 16	−1 408.949 95	3 372.709 96	工业主导	重点发展
739	咸宁市	赤壁市	官塘驿镇	10 427.700 2	−12 269.599 6	−1 841.85	均衡发展	优化提升
740	咸宁市	赤壁市	黄盖湖镇	986.033 02	−249.975 006	736.057 007	均衡发展	保留改善
741	咸宁市	赤壁市	柳山湖镇	1 742.329 96	−275.196 014	1 467.13	均衡发展	优化提升
742	咸宁市	赤壁市	神山镇	7 212.189 94	−5 393.979 98	1 818.199 95	均衡发展	优化提升
743	咸宁市	赤壁市	新店镇	4 220.129 88	−3 369.939 94	850.190 002	旅游带动	重点发展
744	咸宁市	赤壁市	赵李桥镇	3 776.389 89	−4 733.370 12	−956.974	均衡发展	优化提升
745	咸宁市	赤壁市	中伙铺镇	7 070.799 8	−4 980.520 02	2 090.280 03	均衡发展	优化提升
746	孝感市	孝南区	闵集乡	5 826.580 08	−1 193.420 04	4 633.160 16	均衡发展	重点发展
747	孝感市	孝南区	朋兴乡	6 061.089 84	−103.686 997	5 957.399 9	均衡发展	优化提升
748	孝感市	孝南区	卧龙乡	7 455.810 06	−244.149 994	7 211.660 16	现代农业	城郊融合
749	孝感市	孝南区	陡岗镇	6 150.810 06	−137.203 003	6 013.609 86	工业主导	城郊融合

续表

序号	所属市/区/州	所属市/县/区	乡镇	碳源/吨	碳汇/吨	碳排放/吨	乡镇类型	发展指引
750	孝感市	孝南区	毛陈镇	6 940.870 12	−1 073.699 95	5 867.169 92	均衡发展	城郊融合
751	孝感市	孝南区	三汊镇	7 023.910 16	−450.031 006	6 573.879 88	现代农业	优化提升
752	孝感市	孝南区	西河镇	5 110.660 16	−148.227 005	4 962.439 94	现代农业	重点发展
753	孝感市	孝南区	肖港镇	11 362	−252.699 997	11 109.299 8	现代农业	城郊融合
754	孝感市	孝南区	新铺镇	5 727.770 02	−85.102 600 1	5 642.669 92	现代农业	优化提升
755	孝感市	孝南区	杨店镇	11 533.200 2	−396.475 006	11 136.799 8	现代农业	重点发展
756	孝感市	孝南区	祝站镇	6 116.560 06	−154.604 996	5 961.959 96	均衡发展	优化提升
757	孝感市	汉川市	韩集乡	4 653.470 21	−851.565 979	3 801.899 9	均衡发展	优化提升
758	孝感市	汉川市	里潭乡	3 842.239 99	−586.820 007	3 255.419 92	工业主导	优化提升
759	孝感市	汉川市	马鞍乡	4 800.020 02	−290.459 015	4 509.560 06	现代农业	优化提升
760	孝感市	汉川市	南河乡	5 815.109 86	−820.306 03	4 994.799 8	现代农业	城郊融合
761	孝感市	汉川市	湾潭乡	3 888.060 06	−303.196 014	3 584.870 12	现代农业	保留改善
762	孝感市	汉川市	西江乡	7 506.310 06	−338.229 004	7 168.080 08	工业主导	重点发展
763	孝感市	汉川市	沉湖镇	8 490.110 35	−913.513 977	7 576.600 1	工业主导	优化提升
764	孝感市	汉川市	城隍镇	8 395.929 69	−269.850 006	8 126.080 08	均衡发展	优化提升
765	孝感市	汉川市	垌冢镇	2 558.830 08	−357.045 013	2 201.790 04	工业主导	城郊融合
766	孝感市	汉川市	分水镇	8 306.070 31	−535.059 021	7 771.009 77	现代农业	优化提升
767	孝感市	汉川市	回龙镇	4 286.060 06	−296.037 994	3 990.020 02	均衡发展	优化提升
768	孝感市	汉川市	刘家隔镇	6 795.129 88	−1 737.180 05	5 057.950 2	现代农业	优化提升
769	孝感市	汉川市	麻河镇	4 468.770 02	−637.481 995	3 831.280 03	工业主导	重点发展
770	孝感市	汉川市	马口镇	8 408.080 08	−402.359 985	8 005.720 21	现代农业	优化提升
771	孝感市	汉川市	脉旺镇	3 966.709 96	−172.395 996	3 794.310 06	均衡发展	优化提升
772	孝感市	汉川市	庙头镇	5 716.169 92	−110.078 003	5 606.089 84	现代农业	重点发展
773	孝感市	汉川市	田二河镇	5 315.069 82	−550.521 973	4 764.549 8	工业主导	优化提升
774	孝感市	汉川市	新河镇	12 766.400 4	−514.848 023	12 251.5	现代农业	优化提升
775	孝感市	汉川市	新堰镇	5 416.169 92	−468.678 009	4 947.490 23	现代农业	优化提升
776	孝感市	汉川市	杨林沟镇	5 832.029 79	−264.864 014	5 567.169 92	现代农业	城郊融合
777	孝感市	孝昌县	陡山乡	9 043.290 04	−482.852 997	8 560.429 69	现代农业	优化提升
778	孝感市	孝昌县	花西乡	7 465.430 18	−225.944	7 239.479 98	现代农业	优化提升
779	孝感市	孝昌县	季店乡	7 666.359 86	−304.506 989	7 361.850 1	生态资源	优化提升

续表

序号	所属市/区/州	所属市/县/区	乡镇	碳源/吨	碳汇/吨	碳排放/吨	乡镇类型	发展指引
780	孝感市	孝昌县	小悟乡	2 792.330 08	−3 695.5	−903.174 99	均衡发展	重点发展
781	孝感市	孝昌县	白沙镇	6 538.970 21	−185.785 996	6 353.180 18	均衡发展	优化提升
782	孝感市	孝昌县	丰山镇	3 772.870 12	−268.630 005	3 504.239 99	均衡发展	城郊融合
783	孝感市	孝昌县	花园镇	11 843.700 2	−722.888 001	11 120.799 8	工业主导	优化提升
784	孝感市	孝昌县	王店镇	7 058.5	−527.377 014	6 531.120 12	现代农业	重点发展
785	孝感市	孝昌县	卫店镇	5 816.620 12	−282.622 986	5 534	均衡发展	重点发展
786	孝感市	孝昌县	小河镇	5 707.700 2	−627.797 974	5 079.899 9	均衡发展	城郊融合
787	孝感市	孝昌县	周巷镇	9 092.650 39	−3 624.409 91	5 468.240 23	现代农业	优化提升
788	孝感市	孝昌县	邹岗镇	11 271.299 8	−575.036 011	10 696.299 8	均衡发展	保留改善
789	孝感市	大悟县	东新乡	4 856.620 12	−4 066.709 96	789.905 029	均衡发展	城郊融合
790	孝感市	大悟县	高店乡	6 114.290 04	−3 327.100 1	2 787.189 94	生态资源	城郊融合
791	孝感市	大悟县	彭店乡	5 082.729 98	−3 708.050 05	1 374.680 05	均衡发展	保留改善
792	孝感市	大悟县	城关镇	6 953.089 84	−1 567	5 386.089 84	均衡发展	保留改善
793	孝感市	大悟县	大新镇	4 788.770 02	−3 074.030 03	1 714.739 99	均衡发展	保留改善
794	孝感市	大悟县	芳畈镇	5 182.200 2	−6 487.089 84	−1 304.89	生态资源	城郊融合
795	孝感市	大悟县	丰店镇	5 496.560 06	−5 987.629 88	−491.071 99	均衡发展	城郊融合
796	孝感市	大悟县	河口镇	3 270.989 99	−957.267 029	2 313.719 97	均衡发展	优化提升
797	孝感市	大悟县	黄站镇	2 306.830 08	−2 567.100 1	−260.269 99	均衡发展	优化提升
798	孝感市	大悟县	刘集镇	4 343.339 84	−2 444.179 93	1 899.160 03	均衡发展	保留改善
799	孝感市	大悟县	吕王镇	4 142.910 16	−3 052.820 07	1 090.089 97	均衡发展	优化提升
800	孝感市	大悟县	三里镇	4 393.240 23	−4 901.620 12	−508.381 01	均衡发展	优化提升
801	孝感市	大悟县	四姑镇	3 669.540 04	−1 582.359 99	2 087.179 93	均衡发展	保留改善
802	孝感市	大悟县	夏店镇	5 063.779 79	−2 549.070 07	2 514.709 96	均衡发展	城郊融合
803	孝感市	大悟县	新城镇	7 588.720 21	−3 223.219 97	4 365.5	旅游带动	重点发展
804	孝感市	大悟县	宣化店镇	11 115.099 6	−9 691.929 69	1 423.13	均衡发展	优化提升
805	孝感市	大悟县	阳平镇	4 166.520 02	−4 446.089 84	−279.571 99	现代农业	优化提升
806	孝感市	云梦县	倒店乡	4 986.310 06	−123.096 001	4 863.220 21	现代农业	城郊融合
807	孝感市	云梦县	清明河乡	2 845.439 94	−41.238 6017	2 804.199 95	均衡发展	优化提升
808	孝感市	云梦县	沙河乡	630.546 997	−10 870	−10 239.5	现代农业	优化提升
809	孝感市	云梦县	曾店镇	5 979.100 1	−129.576 996	5 849.529 79	工业主导	城郊融合

续表

序号	所属市/区/州	所属市/县/区	乡镇	碳源/吨	碳汇/吨	碳排放/吨	乡镇类型	发展指引
810	孝感市	云梦县	城关镇	6 953.089 84	−1 567	5 386.089 84	均衡发展	优化提升
811	孝感市	云梦县	道桥镇	3 208.260 01	−82.223 197 9	3 126.040 04	均衡发展	城郊融合
812	孝感市	云梦县	隔蒲潭镇	6 904.330 08	−55.878 501 9	6 848.450 2	现代农业	优化提升
813	孝感市	云梦县	胡金店镇	3 079.449 95	−41.402 900 7	3 038.050 05	均衡发展	城郊融合
814	孝感市	云梦县	吴铺镇	6 584.029 79	−80.986 900 3	6 503.040 04	均衡发展	城郊融合
815	孝感市	云梦县	伍洛镇	5 699.740 23	−63.113 399 5	5 636.629 88	现代农业	优化提升
816	孝感市	云梦县	下辛店镇	6 543.310 06	−527.064 026	6 016.240 23	均衡发展	优化提升
817	孝感市	云梦县	义堂镇	6 009.419 92	−101.316 002	5 908.100 1	现代农业	城郊融合
818	孝感市	应城市	陈河镇	9 499.339 84	−904.999 023	8 594.339 84	现代农业	城郊融合
819	孝感市	应城市	黄滩镇	7 174.799 8	−120.843 002	7 053.959 96	现代农业	优化提升
820	孝感市	应城市	郎君镇	6 378.680 18	−512.301 025	5 866.379 88	现代农业	优化提升
821	孝感市	应城市	三合镇	6 976.129 88	−370.480 011	6 605.649 9	现代农业	优化提升
822	孝感市	应城市	汤池镇	3 904.449 95	−223.167 999	3 681.280 03	现代农业	保留改善
823	孝感市	应城市	天鹅镇	4 475.310 06	−619.458 008	3 855.860 11	现代农业	优化提升
824	孝感市	应城市	田店镇	4 409.950 2	−316.967 987	4 092.979 98	现代农业	优化提升
825	孝感市	应城市	杨河镇	7 858.040 04	−517.844 971	7 340.189 94	现代农业	优化提升
826	孝感市	应城市	杨岭镇	9 020.669 92	−1 305.390 01	7 715.279 79	现代农业	优化提升
827	孝感市	应城市	义和镇	3 882.919 92	−646.968 994	3 235.949 95	现代农业	优化提升
828	孝感市	安陆市	陈店乡	6 099.959 96	−329.540 009	5 770.419 92	均衡发展	优化提升
829	孝感市	安陆市	接官乡	3 975.179 93	−2 735.439 94	1 239.75	现代农业	优化提升
830	孝感市	安陆市	木梓乡	6 440.680 18	−404.131 012	6 036.549 8	现代农业	保留改善
831	孝感市	安陆市	辛榨乡	4 366.310 06	−137.022 995	4 229.290 04	均衡发展	保留改善
832	孝感市	安陆市	孛畈镇	4 209.140 14	−4 931.970 21	−722.825 99	现代农业	城郊融合
833	孝感市	安陆市	洑水镇	6 981.140 14	−1 446.479 98	5 534.660 16	现代农业	优化提升
834	孝感市	安陆市	雷公镇	7 147.229 98	−2 100.290 04	5 046.939 94	工业主导	城郊融合
835	孝感市	安陆市	李店镇	5 219.430 17	−173.414 993	5 046.009 77	现代农业	优化提升
836	孝感市	安陆市	棠棣镇	6 286.770 02	−429.911 011	5 856.859 86	旅游带动	重点发展
837	孝感市	安陆市	王义贞镇	6 448.529 79	−3 801.820 07	2 646.709 96	现代农业	城郊融合
838	孝感市	安陆市	巡店镇	7 030.080 08	−443.026 001	6 587.049 8	现代农业	优化提升
839	孝感市	安陆市	烟店镇	7 830.080 08	−1 269.069 95	6 561	现代农业	优化提升

续表

序号	所属市/区/州	所属市/县/区	乡镇	碳源/吨	碳汇/吨	碳排放/吨	乡镇类型	发展指引
840	孝感市	安陆市	赵棚镇	7 061.120 12	−1 835.540 04	5 225.580 08	均衡发展	城郊融合
841	襄阳市	襄城区	尹集乡	5 674.229 98	−715.932 007	4 958.299 8	现代农业	优化提升
842	襄阳市	襄城区	欧庙镇	17 476.099 6	−178.621 994	17 297.5	均衡发展	重点发展
843	襄阳市	襄城区	卧龙镇	20 604.800 8	−909.325 012	19 695.400 4	现代农业	城郊融合
844	襄阳市	樊城区	牛首镇	15 757.099 6	−414.341 003	15 342.700 2	均衡发展	重点发展
845	襄阳市	樊城区	太平店镇	15 835	−641.700 989	15 193.299 8	工业主导	城郊融合
846	襄阳市	樊城区	团山镇	8 282.660 16	−55.235 099 8	8 227.429 69	现代农业	优化提升
847	襄阳市	襄州区	程河镇	10 126.5	−154.548 996	9 971.990 23	现代农业	优化提升
848	襄阳市	襄州区	东津镇	25 027.5	−775.635 986	24 251.900 4	现代农业	优化提升
849	襄阳市	襄州区	古驿镇	20 732.800 8	−169.218 994	20 563.599 6	现代农业	重点发展
850	襄阳市	襄州区	黄集镇	18 500.699 2	−152.662 003	18 348.099 2	生态资源	优化提升
851	襄阳市	襄州区	黄龙镇	2 508.530 03	−6 275.600 1	−3 767.070 1	均衡发展	重点发展
852	襄阳市	襄州区	伙牌镇	13 072.799 8	−72.671 203 6	13 000.099 6	现代农业	优化提升
853	襄阳市	襄州区	龙王镇	17 991.199 2	−552.601 013	17 438.599 6	工业主导	城郊融合
854	襄阳市	襄州区	米庄镇	4 918.020 02	−14.470 899 6	4 903.549 6	现代农业	重点发展
855	襄阳市	襄州区	石桥镇	15 636.299 8	−335.505 005	15 300.799 8	均衡发展	城郊融合
856	襄阳市	襄州区	双沟镇	13 194.599 6	−477.347 992	12 717.200 2	现代农业	重点发展
857	襄阳市	襄州区	峪山镇	22 253.699 2	−1 257.800 05	20 995.900 4	现代农业	城郊融合
858	襄阳市	襄州区	张家集镇	10 405.400 4	−142.709	10 262.700 2	现代农业	优化提升
859	襄阳市	襄州区	朱集镇	9 642.169 92	−97.827 499 4	9 544.339 84	生态资源	优化提升
860	襄阳市	南漳县	板桥镇	4 336.359 86	−11 909.599 6	−7 573.189 9	工业主导	重点发展
861	襄阳市	南漳县	城关镇	6 953.089 84	−1 567	5 386.089 84	生态资源	优化提升
862	襄阳市	南漳县	东巩镇	7 516.259 77	−20 687.300 8	−13 171.1	工业主导	重点发展
863	襄阳市	南漳县	九集镇	36 864.601 6	−5 283.490 23	31 581.199 2	生态资源	保留改善
864	襄阳市	南漳县	李庙镇	4 793.660 16	−26 623.800 8	−21 830.199	均衡发展	重点发展
865	襄阳市	南漳县	武安镇	27 387.599 6	−5 273.990 23	22 113.599 6	生态资源	优化提升
866	襄阳市	南漳县	肖堰镇	7 674.560 06	−17 285.599 6	−9 611.009 8	生态资源	保留改善
867	襄阳市	南漳县	薛坪镇	5 446.319 82	−17 820.699 2	−12 374.4	旅游带动	保留改善
868	襄阳市	南漳县	巡检镇	8 025.180 18	−14 853.700 2	−6 828.48	生态资源	保留改善
869	襄阳市	南漳县	长坪镇	3 325.830 08	−12 043.900 4	−8 718.099 6	生态资源	保留改善

续表

序号	所属市/区/州	所属市/县/区	乡镇	碳源/吨	碳汇/吨	碳排放/吨	乡镇类型	发展指引
870	襄阳市	谷城县	赵湾乡	615.395 996	−13 502.700 2	−12 887.3	生态资源	保留改善
871	襄阳市	谷城县	城关镇	6 953.089 84	−1 567	5 386.089 84	均衡发展	优化提升
872	襄阳市	谷城县	茨河镇	6 510.209 96	−5 130.169 92	1 380.040 04	均衡发展	优化提升
873	襄阳市	谷城县	冷集镇	12 107.099 6	−10 506.799 8	1 600.290 04	均衡发展	优化提升
874	襄阳市	谷城县	庙滩镇	10 573.200 2	−4 948.049 8	5 625.189 94	生态资源	保留改善
875	襄阳市	谷城县	南河镇	2 326.300 05	−12 828.599 6	−10 502.3	均衡发展	城郊融合
876	襄阳市	谷城县	盛康镇	9 593.919 92	−10 689.799 8	−1 095.86	工业主导	重点发展
877	襄阳市	谷城县	石花镇	15 414.299 8	−9 320.389 65	6 093.879 88	生态资源	保留改善
878	襄阳市	谷城县	五山镇	5 119.729 98	−12 802.599 6	−7 682.890 1	生态资源	保留改善
879	襄阳市	谷城县	紫金镇	1 866.400 02	−21 069	−19 202.6	生态资源	保留改善
880	襄阳市	保康县	两峪乡	1 740.520 02	−8 949.070 31	−7 208.549 8	均衡发展	优化提升
881	襄阳市	保康县	城关镇	6 953.089 84	−1 567	5 386.089 84	生态资源	保留改善
882	襄阳市	保康县	店垭镇	5 431.520 02	−6 711.810 06	−1 280.28	生态资源	保留改善
883	襄阳市	保康县	过渡湾镇	2 082.530 03	−8 643.860 35	−6 561.330 1	生态资源	城郊融合
884	襄阳市	保康县	后坪镇	1 789.449 95	−10 516.700 2	−8 727.259 8	生态资源	优化提升
885	襄阳市	保康县	黄堡镇	4 122.709 96	−16 842	−12 719.3	均衡发展	优化提升
886	襄阳市	保康县	龙坪镇	1 394.099 98	−9 394.990 23	−8 000.890 1	现代农业	优化提升
887	襄阳市	保康县	马良镇	10 963	−807.568 97	10 155.400 4	生态资源	重点发展
888	襄阳市	保康县	马桥镇	7 035.25	−4 963.419 92	2 071.830 08	生态资源	保留改善
889	襄阳市	保康县	寺坪镇	5 137.609 86	−17 642.800 8	−12 505.2	生态资源	保留改善
890	襄阳市	保康县	歇马镇	10 340.200 2	−30 147.199 2	−19 807	现代农业	优化提升
891	襄阳市	老河口市	袁冲乡	9 876.040 04	−416.243 012	9 459.790 04	均衡发展	优化提升
892	襄阳市	老河口市	洪山嘴镇	14 231.799 8	−2 831.530 03	11 400.299 8	均衡发展	城郊融合
893	襄阳市	老河口市	李楼镇	8 782.769 53	−237.218 002	8 545.549 8	均衡发展	优化提升
894	襄阳市	老河口市	孟楼镇	6 174.700 2	−89.900 703 4	6 084.790 04	均衡发展	重点发展
895	襄阳市	老河口市	仙人渡镇	9 123.5	−321.773 987	8 801.730 47	现代农业	优化提升
896	襄阳市	老河口市	薛集镇	7 952.620 12	−367.476 013	7 585.149 9	工业主导	重点发展
897	襄阳市	老河口市	张集镇	6 774.270 02	−15 022.599 6	−8 248.370 1	现代农业	城郊融合
898	襄阳市	老河口市	竹林桥镇	7 719.310 06	−157.283 997	7 562.029 79	均衡发展	优化提升
899	襄阳市	枣阳市	琚湾镇	18 832.699 2	−383.005 005	18 449.699 2	现代农业	优化提升

续表

序号	所属市/区/州	所属市/县/区	乡镇	碳源/吨	碳汇/吨	碳排放/吨	乡镇类型	发展指引
900	襄阳市	枣阳市	刘升镇	12 731.799 8	−3 216.479 98	9 515.299 8	现代农业	优化提升
901	襄阳市	枣阳市	鹿头镇	15 721.799 8	−2 258.850 1	13 462.900 4	均衡发展	优化提升
902	襄阳市	枣阳市	平林镇	10 439.400 4	−2 793.540 04	7 645.859 86	均衡发展	优化提升
903	襄阳市	枣阳市	七方镇	23 860.199 2	−330.994 995	23 529.199 2	均衡发展	重点发展
904	襄阳市	枣阳市	太平镇	21 212	−562.710 022	20 649.300 8	现代农业	优化提升
905	襄阳市	枣阳市	王城镇	12 460.099 6	−2 484.340 09	9 975.780 27	均衡发展	重点发展
906	襄阳市	枣阳市	吴店镇	23 915.699 2	−5 479.359 86	18 436.300 8	现代农业	重点发展
907	襄阳市	枣阳市	新市镇	17 007.5	−4 319.939 94	12 687.5	均衡发展	重点发展
908	襄阳市	枣阳市	兴隆镇	18 433.699 2	−694.476 013	17 739.199 2	现代农业	优化提升
909	襄阳市	枣阳市	熊集镇	15 204.599 6	−2 899.129 88	12 305.5	现代农业	优化提升
910	襄阳市	枣阳市	杨垱镇	13 185.599 6	−165.287 003	13 020.299 8	现代农业	优化提升
911	襄阳市	宜城市	板桥店镇	22 128.099 6	−6 029.410 16	16 098.599 6	现代农业	优化提升
912	襄阳市	宜城市	孔湾镇	6 365.410 16	−201.625	6 163.779 79	均衡发展	优化提升
913	襄阳市	宜城市	雷河镇	9 558.530 27	−1 586.88	7 971.649 9	现代农业	优化提升
914	襄阳市	宜城市	刘猴镇	12 350.799 8	−2 091.370 12	10 259.400 4	现代农业	优化提升
915	襄阳市	宜城市	流水镇	25 613	−7 921.859 86	17 691.199 2	现代农业	优化提升
916	襄阳市	宜城市	王集镇	11 991.299 8	−669.520 02	11 321.799 8	均衡发展	重点发展
917	襄阳市	宜城市	小河镇	5 707.700 2	−627.797 974	5 079.899 9	均衡发展	城郊融合
918	襄阳市	宜城市	郑集镇	17 800.800 8	−468.614 014	17 332.199 2	均衡发展	城郊融合
919	武汉市	洪山区	天兴乡	1 130.900 02	−315.089 996	815.812 988	现代农业	优化提升
920	武汉市	蔡甸区	消泗乡	5 134.939 94	−1 465.38	3 669.560 06	旅游带动	优化提升
921	武汉市	黄陂区	木兰乡	7 686.120 12	−5 839.5	1 846.62	均衡发展	优化提升
922	武汉市	新洲区	凤凰镇	5 320.979 98	−1 317.339 97	4 003.639 89	均衡发展	优化提升